汽车网络
与新媒体营销

主　编　林　凤　谢丽仪
副主编　李晓玲　李荣锦　王晓伟
参　编　黄　鹏　黄恩若　涂　祥　区长英
　　　　林国炜　纪文煜

机械工业出版社
CHINA MACHINE PRESS

本书是职业教育汽车类专业"互联网+"创新教材,是理实一体化教材,旨在为学习者提供全面、系统的理论知识和实践任务,帮助其掌握汽车网络与新媒体营销的核心策略和技能。本书分为八个项目,分别为初识汽车网络与新媒体营销、汽车网络与新媒体营销策略、汽车网销实战运用、汽车短视频营销、汽车直播营销、汽车微信营销、汽车音频营销、汽车网络与新媒体营销综合技能,内容丰富、实用性强。本书不仅注重理论知识的传授,还关注实践任务的设计和实施。每个项目配套相应的任务工单,可以帮助学习者将理论知识转化为实际操作能力,掌握汽车网络与新媒体营销的核心技能。

　　同时本书配套建设了在线课程,依托"学银在线"平台和"智慧职教 MOOC 学院",支持读者开展线上线下混合式学习,并能对学习过程进行跟踪与记录。学银在线课程平台课程网址:https://www.xueyinonline.com/detail/249626547;智慧职教 MOOC 学院课程网址:https://mooc.icve.com.cn/cms/courseDetails/index.htm?cid=qcxgdj044lf186。

　　本书可作为职业院校汽车类专业的教学用书,也可作为汽车新媒体企业内部培训用书,还可用作汽车经销店销售部、市场部工作人员和汽车厂家新媒体策划人员的参考书。

　　为方便教学,本书配有电子课件、电子教案、参考答案等资源。凡选用本书作为授课教材的教师均可登录 www.cmpedu.com,以教师身份注册后下载,或来电咨询相关编辑,编辑电话:010-88379201。

图书在版编目(CIP)数据

汽车网络与新媒体营销/林凤,谢丽仪主编. —北京:机械工业出版社,2024.3(2025.7重印)
ISBN 978-7-111-75368-1

Ⅰ. ①汽… Ⅱ. ①林… ②谢… Ⅲ. ①汽车–网络营销–高等职业教育–教材 Ⅳ. ①F713.365.2

中国国家版本馆 CIP 数据核字(2024)第 056603 号

机械工业出版社(北京市百万庄大街22号　邮政编码100037)
策划编辑:师　哲　　　　　　责任编辑:师　哲
责任校对:王小童　牟丽英　　封面设计:张　静
责任印制:张　博
北京联兴盛业印刷股份有限公司印刷
2025年7月第1版第3次印刷
184mm×260mm·15.75印张·385千字
标准书号:ISBN 978-7-111-75368-1
定价:49.00元

电话服务　　　　　　　　　网络服务
客服电话:010-88361066　　机　工　官　网:www.cmpbook.com
　　　　　010-88379833　　机　工　官　博:weibo.com/cmp1952
　　　　　010-68326294　　金　书　网:www.golden-book.com
封底无防伪标均为盗版　　机工教育服务网:www.cmpedu.com

随着汽车行业的不断发展，各个汽车品牌之间的竞争日益激烈，车企除了提供质量过硬的产品和完善的服务外，还要进行各种形式的营销活动。当前，随着移动互联网的蓬勃发展，在用户行为和车企数字化转型的大趋势下，消费者的媒介触点和整体决策旅程在向线上迁移。在购车过程中，无论是在收集信息、制订备选清单时，还是在最终做出购买决策时，线上信息渠道及其影响度都在扩大。数字化转型驱动汽车营销持续向数字媒体、移动媒体、汽车垂媒等新媒体倾斜，新媒体营销已成为车企必不可少的一个营销环节。

为满足汽车市场对汽车网络和新媒体营销人才的需求以及职业院校汽车技术服务与营销专业的教学要求，深入落实党的二十大精神，落实新《中华人民共和国职业教育法》关于"坚持产教融合、校企合作"的有关精神，探索产教融合高质量发展新路径，深化校企协同育人，突出职业教育的特点，编者联合汽车生态数字营销企业广州广汽商贸长宏汽车科技服务有限公司，编写了本书。本书采用"基于工作过程"的方法编写，在对汽车网络与新媒体营销人才岗位调研的基础上，分析出岗位典型工作任务，然后根据典型工作任务提炼了行动领域，在此基础上构建了工作过程系统化的内容体系。

本书分为基础篇、策略篇和实战篇三个模块，以初识汽车网络与新媒体营销导入，通过汽车网络与新媒体营销策略的运用，训练汽车网销实战运用、汽车短视频营销、汽车直播营销、汽车微信营销、汽车音频营销、汽车网络与新媒体营销综合技能等实战技能。每个项目以"任务目标"引入新知识，通过"思维导读"引导学生理清思路、把握结构，并辅之以"案例分享""知识拓展""头脑风暴"等对重难点进行补充，"小提示"提升教材的思想性、科学性和时代性，做到素质教育"盐溶于水"，符合现代职业教育的育人方向和宗旨。本书实用性强、前沿性强，不仅有助于培养学生对汽车新媒体营销岗位的职业胜任力，而且有助于学生掌握汽车新媒体领域最新技术和工具，为自身职业发展打下坚实的基础，从而培养出符合车企和产业发展需求的"创新型、复合型、应用型"人才。

本书由广东机电职业技术学院林凤、广东财贸职业学院谢丽仪担任主编，广东财贸职业学院李晓玲、桂林市职业教育中心李荣锦、山东交通职业学院王晓伟担任副主编，其他参与编写的还有黄鹏、黄恩若、涂祥、区长英、林国炜、纪文煜。

本书在编写过程中，得到了广州广汽商贸长宏汽车科技服务有限公司的大力帮助，同时参考了大量国内已经出版的相关著作或教材以及相关网站，在此谨对相关人员表示衷心的感谢！

由于编者水平有限，难免有错漏之处，敬请读者批评指正。

编　者

二维码清单

名称	图形	页码	名称	图形	页码
01　认识新媒体		3	09　汽车短视频的定位策略		127
02　汽车新媒体营销导入动画		8	10　汽车短视频的内容创作		130
03　汽车新媒体营销岗位架构动画		13	11　汽车直播团队		155
04　汽车新媒体营销平台		28	12　汽车直播策划的流程		163
05　汽车用户画像		50	13　认识软文营销		186
06　汽车新媒体图文设计		60	14　PEST 分析法		228
07　H5 导入动画		104	15　汽车新媒体营销活动执行		241
08　应用 H5 技术		104			

目录

前言
二维码清单

模块一　基　础　篇

项目一　初识汽车网络与新媒体营销｜2 　　任务一　初识新媒体　2
　　　　　　　　　　　　　　　　　　　　任务二　初识新媒体营销　8
　　　　　　　　　　　　　　　　　　　　任务三　认知汽车网络与新媒体营销
　　　　　　　　　　　　　　　　　　　　　　　　岗位和职业素养　12

模块二　策　略　篇

项目二　汽车网络与新媒体营销
策略｜24 　　　　　　　　　　　　　　任务一　初识汽车网络与新媒体营销
　　　　　　　　　　　　　　　　　　　　　　　　平台　24
　　　　　　　　　　　　　　　　　　　　任务二　初识汽车新媒体营销的主要
　　　　　　　　　　　　　　　　　　　　　　　　模式　33
　　　　　　　　　　　　　　　　　　　　任务三　认知汽车用户运营策略　44

模块三　实　战　篇

项目三　汽车网销实战运用｜56 　　　　　任务一　新媒体图文设计与制作　56
　　　　　　　　　　　　　　　　　　　　任务二　网站的设计与制作　70
　　　　　　　　　　　　　　　　　　　　任务三　网店的设计与制作　88
　　　　　　　　　　　　　　　　　　　　任务四　H5 设计与制作　104

项目四　汽车短视频营销｜120 　　　　　任务一　初识短视频　120
　　　　　　　　　　　　　　　　　　　　任务二　创作汽车短视频　127
　　　　　　　　　　　　　　　　　　　　任务三　剪辑汽车短视频　138

项目五　汽车直播营销 | 150

任务一　初识直播营销　150
任务二　搭建汽车直播环境　155
任务三　实施汽车直播活动　163

项目六　汽车微信营销 | 175

任务一　初识微信营销　175
任务二　汽车微信公众号营销　180
任务三　汽车微信视频号营销　192

项目七　汽车音频营销 | 202

任务一　初识音频营销　202
任务二　汽车音频操作技能　208
任务三　汽车音频营销策略　217

项目八　汽车网络与新媒体营销综合技能 | 225

任务一　构建汽车网络与新媒体营销矩阵　225
任务二　汽车新媒体营销活动运营　236

参考文献 | 244

模块一 基 础 篇

项目一

初识汽车网络与新媒体营销

初识汽车网络与新媒体营销主要包括3个学习任务：初识新媒体、初识新媒体营销、认知汽车网络与新媒体营销岗位和职业素养。

 任务一 初识新媒体

任务目标

知识目标

1）了解新媒体的概念。

2）了解新媒体的特点。

3）掌握新媒体的主要类型。

能力目标

1）具备正确界定传统媒体和新媒体的能力。

2）具备区分不同类型新媒体的能力。

素养目标

从认识新媒体入手，让学生了解我国新媒体平台在世界科技舞台上的地位，感悟其中彰显出的中国力量、中国速度和中国精神，激发学生的民族自豪感和国家荣誉感。

思维导读

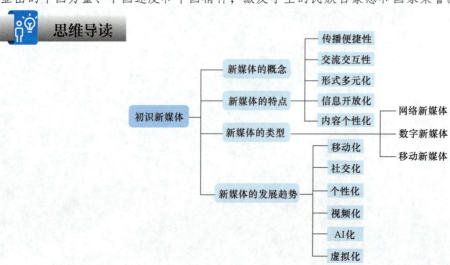

任务导入

　　小王假期去某汽车经销店兼职，看到企业的短视频、H5广告非常感兴趣，准备毕业后从事相关工作，于是开始查询学习：新媒体是什么？哪些是新媒体？新媒体有哪些特征？新媒体的发展趋势如何？

知识解读

一、新媒体的概念

　　广义的媒体指的是人们用来传递信息与获取信息的工具、渠道、载体、中介物或技术手段。狭义的媒体则指传统的四大媒体，包括电视、广播、报纸和杂志，这些也是早期的主要媒体形式。

　　随着互联网技术的出现，"新媒体"一词开始被人们所熟悉。新媒体就是能对大众同时提供个性化内容的媒体，是传播者和接受者融会成对等的交流者，而无数的交流者相互间可以同时进行个性化交流的媒体。

　　从各界对新媒体的定义中，可以总结以下几点：

　　1）新媒体是一个相对的概念，与媒介技术的不断推陈出新紧密相关。新媒体是伴随着媒体的产生和发展而不断变化的。例如，广播相对于报纸和杂志是新媒体，电视相对于广播是新媒体，而对于这些媒体而言，互联网、手机、移动电视、ITV等都是新媒体。相对于报纸、周刊（杂志）、广播、电视四大传统意义上的媒体，新媒体被形象地称为"第五媒体"。

　　2）新媒体是一个发展的概念，新媒体不会停留在任何一个现存的平台上。新媒体是相对于旧媒体或传统媒体而言的，因其所具有的阶段性特征决定新媒体本身就是不断变化的概念。时下所说的新媒体多指以移动端为载体的媒体应用，如微博、微信、今日头条、知乎等媒体平台。但科学技术在不断进步，新媒体形态也在不断发展变化。

　　综上所述，所谓新媒体是相对于传统媒体而言，是继报刊、广播、电视等传统媒体之后发展起来的新的媒体形态，是利用数字技术、网络技术，通过互联网、无线通信网、卫星等渠道，以及计算机、手机、数字电视机等终端，向用户提供信息和娱乐服务的传播形态。

　　从内容上来讲，新媒体既可以传播文字，也可以传播声音和图像；从过程上来讲，新媒体既可以通过流媒体方式线性传播，也可以通过存储、读取方式非线性传播。新媒体的本质在于：人人既可以是生产者，也可以是传播者。新媒体的意义在于：每个人都可以发声，每个人都有对内容的投票权。

二、新媒体的特点

　　随着信息技术的飞速发展，新媒体已成为人们日常生活中不可或缺的一部分。如今，越来越多的人通过新媒体来获取信息、交流想法，甚至参与到舆论的形成中。较之于传统媒体，新媒体有它自己的特点，主要体现在以下5个方面：

1. 传播便捷性

　　便捷性是新媒体的一个显著特征。传统媒体从发出信息到反馈需要一个较长周期，而新媒体不会受到时间和空间的限制。在信息技术的支持下，通过新媒体进行信息传播可以实现信息的"零时差"。一条信息可以一瞬间在千万人之间传播开，信息的接受者在接收信息的同时可以完成传播，从而成为传播者。因此，信息的传播者与接受者之间并没有太大的限制与区别，传播过程也不再受限于传播时间和传播地点，可以做到随时随地传播、接收信息。

2. 交流交互性

交互性是新媒体区别于传统媒体的最突出优势之一。在大众传播时代，报纸、广播、电视等传统大众媒体作为主流的信息传播媒介，受众使用它们的机会和可能性较小，通常是以受众的身份单向地接收信息，大众传媒以传播者的姿态自居。新媒体的出现打破了这种局面，用户不仅可以在社交网络上获取各种新闻消息，而且可以通过手机微信、新浪微博等社交网络平台发表自己的观点、想法，分享自己的所得感悟，实现实时交流、在线互动。新媒体更改了传统单边的信息发布方式，受众具有传播者和接受者双重身份。

3. 形式多元化

新媒体形式多样，通过互联网传递信息实现了信息传播的图文声一体化，它将文字、图像、声音、视频和音频等完全融合，将各种接收终端、各种传输渠道、各种信息形态整合在一起，做到即时地、无限地扩展内容，从而使内容更生动形象。

4. 信息开放化

新媒体以多点对多点的方式传播信息，传播者可以随时随地将自己的文章、观点、图片和音视频发表到网络上，受众也可以随时接收到新媒体的信息。新媒体的这种功能打破了地域限制，人们不再局限于家中、办公室和教室等某一固定场所。另外，传播者和受众可以在不同的空间选择使用不同的载体，可以是语音，也可以是视频。使用者可以在个体之间或者群体之间互动交流。根据受众需求，新媒体还有"易检索性"的特点，可以随时存储内容，查找以前的内容和相关内容非常方便。在新媒体背景下，信息传播的速度更快、覆盖的范围更广，可以说，只要有网络信号的地方，就能够利用新媒体来进行信息的传播，新媒体的开放性、影响力之深，几乎超越了所有传统的媒体形式。

5. 内容个性化

在传统大众传媒环境下，受众往往是匿名的、广泛的群体，传统媒体对受众进行单向的"同质化传播"，受众的个人需求并未得到有效满足。新媒体却可以做到面向更加细分的受众，能够为不同的受众群体提供多样化的内容，受众可以自主选择内容和服务。每个新媒体受众手中最终接收到的信息内容组合可以是一样的，也可以是完全不同的，这与传统媒体受众只能被动地阅读或者观看毫无差别的内容有很大不同。在新媒体时代，媒介正在对不同的个体实现最大限度的延伸，这种个性化体现在细节设计中。当前，包括 SNS 网站、博客、微博在内的社交网络媒体都可以为用户提供个性化的服务，如主页设计、页面排版、好友管理、图片视频分享等。对于用户而言，他们不仅拥有信息的选择权，还拥有信息的控制权，可以按照自己的个性方式创作信息内容，改变信息的传播方式。利用各种搜索引擎，人们可以根据自己的需求来选择所关注的内容；还可以根据自己的喜好，寻找自己的"朋友圈"，如 QQ 群、微信等。

想一想

请判断下列媒体中哪些是新媒体，并讨论新媒体与传统媒体之间的区别。

今日头条、微博、报纸杂志、懂车帝直播、交通广播电台、淘宝直播、抖音、数字报纸、电视、微信公众号、楼宇广告、抖音、快手。

三、新媒体的类型

新媒体是在新技术的支撑下出现的媒体形态，在不同的时代有不同的时代特征，新媒体形态的不断发展变化使新媒体类型日益丰富。融合宽带信息网络是各种新媒体形态依托的共性基础。终端移动性是新媒体发展的重要趋势。数字技术是各类新媒体产生和发展的原动力。当前的新媒体类型以网络新媒体、数字新媒体和移动新媒体等为主。

1. 网络新媒体

网络新媒体是通过网络发布信息的媒体形态。在互联网环境下，一个互联网用户可以连接到网上的任一其他用户，实现网络信息资源的共享，用户之间可以进行无障碍的交流，信息的传递与交流消除了时间与空间的限制，信息在更高的程度上实现全社会的共享。在网络新媒体环境下，信息内容的产出主要来自用户。每一个用户都可以生成自己的内容并将这些内容进行传播、交流与共享。网络新媒体的主要形式有博客、门户网站、搜索引擎、虚拟社区、微博、网络文、网络动画、网络游戏、网络杂志、网络广播、网络电视等。

2. 数字新媒体

数字媒体是指传统媒体（如纸质平面广告、广播、电视等）经数字化改造后的新形式，并不是真正发展出来的媒体新类型。随着数字化技术的快速发展，传统媒体开始运用数字技术进行记录、处理与传播信息，从而呈现出多样化的媒体形态，主要包括数字报纸、数字期刊、电子书、数字广播、数字电视等。

3. 移动新媒体

移动新媒体是基于无线通信技术，通过以手机为代表的各种移动终端传播和展示即时信息内容的个性化媒体。尤其是智能手机的普及，使移动新媒体成为普通人日常生活中获取信息的重要手段。它继承了网络新媒体不受时间和空间限制的优势，并且覆盖范围广、传播效果及时、传播成本低、影响力大，使移动新媒体成为当下最普及、最快捷、最方便的主流新媒体。移动新媒体的主要平台有微信、短视频平台、直播平台、音频平台和自媒体平台等。

头脑风暴

新媒体类型辨别

媒体	类型	媒体	类型
楼宇广告		地铁广告屏	
数字电视		今日头条	
广播电台		交互式网络电视	
微信公众号		个人微博	
个人微信		车载电视	

四、新媒体的发展趋势

随着互联网技术的不断发展和普及，新媒体已经成为人们获取信息和交流互动的重要渠道，新媒体也在不断演变和升级。新媒体的发展趋势主要体现在以下几个方面：

1. 移动化

随着智能手机和平板电脑的普及，移动设备已成为人们获取信息的主要途径。新媒体平台需要针对移动设备优化网页设计、提高加载速度、改进用户界面和交互体验。新媒体将更加注重移动端的优化和应用开发，以便为用户提供更流畅、更高效的移动体验，以满足用户随时随地获取信息的需求。

2. 社交化

社交媒体已成为新媒体的重要组成部分，人们越来越倾向于通过社交媒体进行交流和分享。社交媒体平台也在不断发展，通过提供更多的社交功能和增加社交互动性，增强用户黏性。新媒体需要充分利用社交媒体的传播力，通过创造有趣、有价值的内容吸引用户关注和互动。

3. 个性化

大数据和人工智能技术使新媒体能够更精准地了解用户需求。通过收集和分析用户行为数据，新媒体的内容和推荐将越来越个性化，根据用户的兴趣、偏好和行为等数据，为用户提供定制化的内容推荐，例如新闻资讯、音乐、电影等。此外，利用机器学习算法，新媒体可以不断优化推荐策略，提高用户满意度和留存率。

4. 视频化

视频媒体越来越受到人们的关注，短视频平台（如抖音、快手等）已成为新媒体的重要内容形式。与传统媒体不同，视频媒体能够更好地吸引用户的注意力，提供更多的视觉和听觉体验。短视频以其轻松、有趣的特点，吸引了大量年轻用户。新媒体需要关注短视频创作的趋势和技巧，制作高质量的视频内容，提高用户观看时长和分享率。同时，直播是一种重要的视频形式，新媒体可以通过直播活动与用户实时互动，增强用户参与感。

5. AI 化

人工智能技术在新媒体领域的应用日益广泛，例如自然语言处理、图像识别、语音识别等。AI 技术可以帮助新媒体平台更好地理解用户需求和行为，提供更加个性化的服务和内容；还可以帮助新媒体提高内容生产效率，例如自动生成新闻摘要、智能剪辑视频等。此外，AI 技术还可以用于用户行为分析、广告投放优化等方面，提高新媒体的运营效果。

6. 虚拟化

虚拟现实（VR）和增强现实（AR）技术为新媒体带来了全新的沉浸式体验。例如，新闻报道可以通过 VR 技术让用户身临其境地感受现场氛围；旅游推广可以通过 AR 技术为用户提供实时导航和景点信息。新媒体需要关注 VR 技术和 AR 技术的发展，探索在内容制作和传播中的应用场景，为用户提供更丰富、更立体的体验。

随着技术的不断升级和应用的深入，新媒体将继续推动营销方式和传播方式的创新和变革。新媒体平台需要不断创新，以适应这些趋势的发展，提供更好的服务和体验，以满足用户的需求。

 学以致用

任务工单　初识新媒体

专业		班级	
姓名		学号	

一、任务目标

初识新媒体，并分析其与传统媒体的区别。

二、任务内容

1. 找份报纸或杂志，听听广播，看看电视广告，了解其信息传播的特点。
2. 在智能手机上安装微博、抖音、淘宝直播等APP，了解其信息传播的特点。

三、任务实施

1. 列举至少3种你曾经使用过的新媒体工具或软件。
2. 截图展示和简要介绍该工具或软件的具体使用方法和特点。
3. 谈一谈使用感受，总结新媒体和传统媒体的区别。

要求：对新媒体的描述具体、准确、翔实，截图清晰，要具体说明该工具或软件的基本功能和特点。如果能具体指出该工具或软件在营销方面的作用体现，可加分。

序号	新媒体名称	截图	特点	感受和总结	营销作用
1					
2					
3					

任务二　初识新媒体营销

任务目标

知识目标

1）理解新媒体营销的概念。

2）了解新媒体营销的特征。

3）了解新媒体营销的发展趋势。

能力目标

1）具备新媒体营销的思维能力。

2）具备运用新媒体营销思维指导营销活动的能力。

素养目标

1）培养学生的新媒体营销意识。

2）培养学生思辨意识，能辩证看待新媒体营销。

思维导读

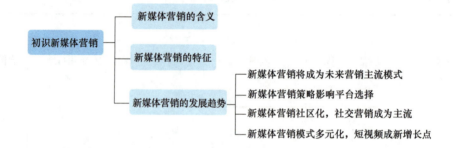

任务导入

　　在认识新媒体的基础上，小王对新媒体营销产生了浓厚的兴趣，希望了解更多关于新媒体营销的知识。他想知道新媒体营销是什么，新媒体营销有哪些特点，新媒体的发展趋势如何。

知识解读

一、新媒体营销的含义

　　新媒体营销是指利用互联网、移动互联网、社交媒体等新兴媒体平台进行营销的方式，通过内容营销、社交营销、搜索引擎营销等手段，对企业产品的功能、价值等信息进行品牌宣传、公共关系、产品促销等一系列营销活动，以提高品牌知名度、美誉度、促进销售等的一种营销方式。新媒体营销结合了现代营销理论与互联网技术，是新时代企业的一种全新营销方式，也是企业经营过程中最基本、最重要的网上商业活动。

新媒体营销的主要手段包括以下几个方面：

（1）内容营销 通过有趣、生动、有用的内容吸引用户的关注和参与，提高品牌的专业性和影响力。

（2）社交营销 通过社交媒体平台，与用户进行实时互动和交流，了解用户需求和反馈，提高用户满意度和忠诚度。

（3）搜索引擎营销 通过搜索引擎优化和搜索引擎广告等手段，将品牌信息、产品信息、服务信息等传递给目标用户，提高营销效果和 ROI（投资回报率）。

（4）移动营销 通过移动应用、移动网站、移动广告等手段，将品牌信息、产品信息、服务信息等传递给移动用户，提高营销效果和 ROI。

二、新媒体营销的特征

新媒体营销是基于新媒体平台开展营销活动，因此新媒体营销的特点与新媒体平台的特点相关。新媒体营销的特点主要表现为营销目标精准、营销成本低、传播互动强和用户互动及时等。

（1）传输速度快，接收范围广 新媒体运营是依靠互联网来实现信息推广的，能够即时地向每一个用户传递信息。企业能够根据不同的地域划分来进行广告投放，有的新媒体平台能够将广告投放划分到区。在进行产品促销时，新媒体具有更加明显的优势。在具体的营销实践中，新媒体的营销传播呈现裂变式增长，使企业的营销可以在短时间内迅速抵达更多用户。

（2）营销目标精准 新媒体营销借助"互联网+"和大数据分析，有更好的分众效果。通过用户在互联网上留下的信息、行为和关系等方面的数据绘制产品的目标人群画像，通过数据分析和监测，了解并掌握不同的用户需求，然后根据不同的用户属性、用户标签，推送不同的信息或者优化营销策略，这样能够帮助企业迅速锁定目标用户，从而实现精准营销。

（3）营销成本低 新媒体营销相比于传统的电视广告、报刊广告等，固定资金投入较少，营销的方式更加灵活。通过分众可以对营销受众进行更为精准的定位，由于针对性的信息传递，营销成本更为低廉，且效果更加突出。

（4）互动性强 新媒体营销真正实现接收者与宣传者之间的平等，多样化的展现形式、丰富的内容能契合受众的生活状态，在精准满足受众需求的同时可以实现互动式的营销沟通，从而形成很强的黏性。不管是软性营销还是更直接的商业广告，都在新媒体的传播中得到了最大化的展现，最大程度达到了营销的目的。

（5）内容为王 新媒体营销注重内容的质量和创意，通过有趣、生动、有用的内容吸引用户的关注和参与，提高品牌的专业性和影响力。

（6）多样化 新媒体营销具有多样化的特点，可以通过不同的媒体平台和营销手段，满足用户的不同需求和偏好，以提高营销效果和用户满意度。

三、新媒体营销的发展趋势

新媒体的迅速发展，不仅改变了消费者接触新媒体的习惯，也改变了企业营销方式。新媒体营销作为一种新兴、快捷、经济的营销方式，地位越来越重要，在活动营销、产品营销、精准营销等方面极具优势，可以实现营销信息的高质量、高效率传播。伴随着科技的不断发展，呈现出不断发展和壮大的趋势。

1. 新媒体营销将成为未来营销主流模式

相较于传统媒体，新媒体有许多独特的优势，新媒体双向传播的特点使用户之间互动性更强，便于及时得到效果反馈。在利用新媒体平台进行营销活动时，有助于建立品牌与用户之间的情感联系，有效刺激购买欲望，营销达到的效果更易于评估。同时新媒体用户规模正在不断扩大，覆盖用户主要以消费力强劲的中青年群体为主。新媒体平台的潜在影响力提供了巨大的营销价值，新媒体已经成为营销活动主阵地，新媒体营销将成为未来营销模式的主流，各行业将继续加大在新媒体营销上的投入。

2. 新媒体营销策略影响平台选择

不同的新媒体平台在话题讨论散播广泛度、客户互动参与度、内容信息展现度等方面各具特点，因此根据本企业的营销策略来选择相匹配的服务平台，融合各平台优势以强化营销效果，将成为新媒体营销的发展方向。以微博、手机微信为代表的社交网络平台，哔哩哔哩、抖音、快手为代表的视频内容平台，淘宝网、京东为代表的具有内容社区频道的电子商务平台等，因其内容承载渠道、客户人气值高、社交裂变散播等特点，成为新媒体营销的关键服务平台。

头脑风暴

新媒体营销如何与传统媒体营销相结合，发挥彼此优势，形成全面的营销战略？

_____

_____

3. 新媒体营销社区化，社交营销成为主流

新媒体营销呈现网络社区化态势，随着 WEB2.0 的发展，微博、博客、BBS 等论坛异军突起，用户可以分享自己的见解、经验和观点。因此，网络社区成为新媒体营销的主要阵地。

4. 新媒体营销模式多元化，短视频成新增长点

得益于双向的信息流通渠道、畅通的网络平台，新媒体营销模式呈现多元化的发展趋势。特别是随着 5G 的发展，在高清网络技术的加持下，视频内容更丰富，视频展示更直观全面，其即时性、交互性强的特点与企业营销的目的更加契合。同时，大数据以及人工智能技术的进一步应用，视频类营销将实现更高的精准性以及互动性，有效提高营销效果。短视频营销进一步得到企业青睐，将成为新媒体营销主流方式，这为直播和短视频行业的发展带来新的契机。

💡 小提示

新媒体营销正在逐步改变传统的营销模式，学习新媒体营销可以了解和把握行业发展趋势，掌握先进的技术和工具，从而在未来的职业生涯中获得更多的机会和成功。我们要勇敢地面对未知的挑战，努力学习新媒体营销的知识和技能，不断提升自己的专业能力，为自己的未来发展打下坚实的基础。

 **学以致用**

任务工单　初识新媒体营销

专业		班级	
姓名		学号	

一、任务目标

初识新媒体营销，分析新媒体营销和其他营销的区别。

二、任务内容

1. 对比新媒体营销和传统媒体营销的区别。
2. 运用新媒体营销来推销自己。

三、任务实施

1. 查找资料，分析传统媒体营销的特点。

2. 对比新媒体营销和传统媒体营销的区别。

要求：对新媒体营销和传统媒体营销之间区别的描述具体、准确、翔实，不限于以下几点，列出其他区分特点可加分。

类型/特点	传播主体	传播内容	传播载体	传播效果	其他
传统媒体营销					
新媒体营销					

3. 运用新媒体营销来推销自己（能合理运用新媒体营销来推销自己，根据呈现效果可加分，可另附作品）。

任务三　认知汽车网络与新媒体营销岗位和职业素养

任务目标

知识目标

1）了解新媒体营销团队的概念和组织架构。

2）理解汽车网络与新媒体营销的岗位要求。

3）了解汽车网络与新媒体营销人员的职业素养。

4）掌握汽车网络与新媒体营销的职业规划路径。

能力目标

1）具备组建新媒体营销团队的能力。

2）具备梳理主要新媒体营销岗位职责的能力。

3）具备规划新媒体营销岗位职业发展方向的能力。

4）具备概括新媒体营销人员通用职业素养的能力。

素养目标

1）培养学生不断学习新知识、新技能的意识。

2）培养学生精益求精的工匠精神。

3）培养学生主动承担责任、勇于奉献的团队精神。

　思维导读

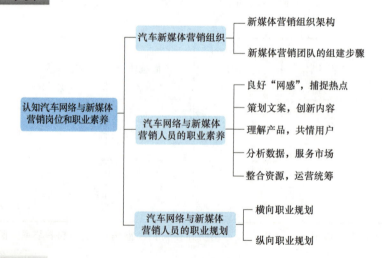

　任务导入

通过前期的了解，小王明确想从事汽车网络与新媒体营销相关工作，因此他开始查寻相关信息，想知道汽车网络与新媒体营销有哪些岗位，以及需要具备哪些职业素养，为将来从事相关工作打下坚实的基础。

知识解读

一、汽车新媒体营销组织

1. 新媒体营销组织架构

新媒体营销不能只是单枪匹马，需要军团作战、组建一个新媒体营销团队才能成功。新媒体营销团队成员的数量在企业不同的发展时期不同，企业发展初期，一个成员可能需要身兼数职，会做内容又懂推广，当企业发展规模变大之后，新媒体营销工作需要细化，这时候需要更多的营销者来从事细化的岗位，分工明确，各司其职，才能让新媒体运营顺利开展。

不同企业的新媒体营销团队的分工及其对新媒体营销岗位的工作职责要求不太相同，一般会有以下两种架构形式：

1）根据业务模块分组，例如可以分为内容运营组、用户运营组、活动运营组等。

新媒体内容运营可以根据不同的内容类型或任务进行分组，如内容策划组：负责制订新媒体平台的内容策略，包括内容主题、类型、频率等方面的规划；文字创作组：根据内容策划组的要求，进行创意构思、内容撰写、编辑和制作，确保内容的创新性、吸引力和质量；图片设计组：负责策划和设计与图片相关的内容，包括平面设计、海报等；视频制作组：负责策划和制作各类视频内容，包括宣传片、短视频、品牌广告等。

新媒体用户运营可以分为社交媒体运营组：负责管理和运营社交媒体平台上的用户互动和社区建设；用户关系管理组：负责维护和管理企业与用户之间的关系，提升用户忠诚度和参与度；客户服务组：负责处理用户的客户服务请求和问题，提供及时有效的解决方案；用户增长组：负责制订和执行用户增长策略，吸引和扩大用户基础。他们需要进行用户调研和分析，制订用户获取和留存计划，推动用户注册、激活和参与，以实现用户增长目标。

新媒体活动运营可以分成活动策划组：负责制订新媒体活动的策划方案，他们需要进行市场调研、目标设定和活动创意，规划活动流程和内容，并协调相关团队和资源；活动执行组：负责活动的具体执行和管理，包括场地布置、物料准备、嘉宾邀请、活动流程控制等，确保活动按计划进行；活动营销组：负责活动的宣传和推广工作，包括线上和线下渠道的推广、社交媒体的宣传、媒体合作等，吸引目标受众的参与和关注，并提升活动的知名度和影响力；数据分析组：负责对活动数据进行分析和评估，以评估活动的效果和参与度。

业务模块型新媒体团队架构如图 1-3-1 所示。

2）按照平台属性分组，例如抖音运营部、微博运营部、微信运营部，进行垂直运营。微信运营团队可以进一步细分为文案、社群、个人号和投放组。平台型新媒体团队架构如图 1-3-2 所示。

以上两种方式可以并存，在不同的阶段这两种方式可以有机融合在一起。新媒体团队刚组建的时候一般都是按业务模块来分，如果某一个平台做得非常大，例如在抖音平台上有几十个账号，则可以为抖音平台设置专门的运营团队。综合型新媒体团队架构如图 1-3-3 所示。

2. 新媒体营销团队的组建步骤

一个完整的新媒体营销团队组建包括企业营销过程中明确新媒体营销目标、团队岗位的搭配与管理、制订绩效考核办法等内容。

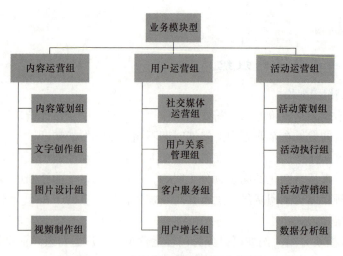

图 1-3-1　业务模块型新媒体团队架构

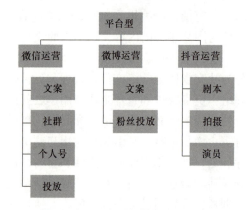

图 1-3-2　平台型新媒体团队架构

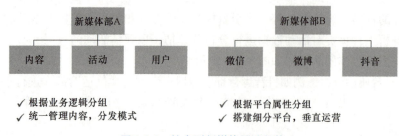

图 1-3-3　综合型新媒体团队架构

（1）明确新媒体营销目标　新媒体营销团队要明确通过新媒体营销实现什么样的特定目标。营销目标是新媒体运营思维中最重要的一点。汽车网络与新媒体营销大致会有以下几个目标：传播，增强企业知名度，提升品牌影响力；引流，获取更多潜在用户，获得更多的流量；促活，促进用户活跃度，提升新用户留存率；转化，将用户线上行为转化到线下，增加产品销量，提升用户忠诚度；拓展，加强社会新媒体资源合作拓展，发挥资源优势，提升新媒体公关危机水平；规范，保障新媒体运营内容规范，提高新媒体渠道内容发布要求的合规率等。

设置具体新媒体活动的目标不能太笼统，要具体，不能使用"提升文章转发率""提高品牌曝光率""增强用户黏性"等模糊的语句，要通过具体数字将目标呈现出来，如本月新媒体运营目标是日均新增激活用户从 6000 名增至 10000 名、注册转化率增至 40%；若以提高品牌曝光度为目标，要具体设定百度指数；若以增强用户黏性为目标，要具体设定产品活跃度。

（2）团队岗位的搭配与管理　新媒体团队设立初期，团队规模一般较小，分工不太细致，会将一些岗位合并。新媒体营销团队成员只要具备文案创作、美工设计、营销推广和数据分析等才能，就基本可以完成大部分新媒体营销工作。

新媒体营销团队在人员选择上要考虑人数是否合理，人员的知识、能力和经验是否互补。可以根据新媒体营销目标和方案拟定的工作任务及工作量，进行目标反推，拆解关键任务，分解完成关键任务所需要的能力及人力，描绘这些岗位的职业画像，再根据阶段目标倒推需要配置哪些人才、需要多少个。例如公司微信公众号要在半年内达到 5 万粉丝，要达到这个目标需要进行哪些活动策划、渠道推广、PR 等任务？完成这些任务需要什么人才？需要多少个？由此建设合理的团队结构。

（3）制订绩效考核办法　新媒体运营绩效考核的原则是：既能让团队里的每个人都明确知道自己的职责范围，又能促使整个团队为达到一定的运营目的而努力。不同的新媒体平台有不同的考核指标，如微博考核指标：微博营销涉及的数据大致有微博信息数、粉丝数、关注数、转发数、回复数、平均转发数、平均评论数；微信考核指标：订阅粉丝量、公众号打开率、原文阅读率及转发率、收藏率、文章留言数、微信后台回复率等。考核指标一般应遵循以下原则：

1）开放性原则：考核前企业应将考核标准向全体被考核对象公布，让团队知道具体的流程和标准，考核结束时要让员工有解释申诉的机会，让他们理解和接受考核结果。

2）客观性原则：考核标准的制订必须根据岗位工作内容和要求为基础，将员工分类制订合适与同类员工的标准，考核期间一定要一视同仁，不得掺入个人情感，要做到科学、合理。

3）全面性原则：绩效管理的多因性和多维性会让员工的绩效受到各方面的影响，考核者应当全面看待被考核对象，以确保结果的公平公正性。

4）可操作性原则：考评标准应做到可直接操作和量化，尽量避免一般性的评价。

5）灵活性原则：考评者应当通过多层次、多角度对员工评价，听取各方面的意见。不同岗位、不同层次、不同时期的考核重点不同，所占分值比例也不同。

新媒体营销团队的组建不是短期内达成的，企业需要根据市场、新媒体环境、自身需求等不断更新调整，以达到优化营销效果的目的。

 想一想

如何选择新媒体营销团队成员的专业背景和技能要求？

二、汽车网络与新媒体营销人员的职业素养

职业素养是指职业内在的规范和要求，是在职业过程中表现出来的综合品质，包含职业道德、职业技能、职业行为、职业作风和职业意识等方面。新媒体行业发展迅猛，新媒体从业人员需要策划优质、具有高度传播性的内容和线上活动，以达到营销效果，需要具有一定的基本素养。

1. 良好"网感"，捕捉热点

汽车网络与新媒体营销从业人员应热爱社交媒体，工作主动，关注时事，具有良好的网感。网感是对时事热点的敏感度、是对即将流行趋势的判断和把握。"网感"的好坏是判断一个新媒体营销者发展潜力大小的标准之一。在这信息爆炸的互联网时代，每天都充斥着大量的信息，新媒体营销者应善于捕捉互联网热点和话题，对于网络语言、网络流行趋势有一定的把控能力，能抓住大众兴趣的交汇点，对社会化媒体运营和粉丝经济有独特的见解，能制造热门话题，增长人气，增长粉丝，最终形成裂变传播，进而策划具有高效传播性的推广方案，有效提升品牌在各渠道的美誉度和影响力；新媒体营销者可通过不断研究互联网上的信息和捕捉网络舆论的导向，有意识培养"网感"。

2. 策划文案，创新内容

流量来源于优质的内容，新媒体营销时代归根结底是"内容为王"的时代。新媒体营销者要有良好的文案写作能力和内容创作能力，长期输出相关内容，能够设计出吸引并打动用户的文案。好的文案能让用户产生强烈的代入感，能让用户长期关注你，这样才能在潜移默化中实现流量转化。内容策划包括软文写作、制作短视频、制作音频、策划线上和线下活动等，要求新媒体营销者具备书面语言表达能力、文案语言风格把控能力，文章排版技巧、内容创新，善于结合运用图片、视频和音频等进行内容创作。

3. 理解产品，共情用户

活动策划要能达到目标，更好地向用户推广产品，新媒体营销者必须首先要熟悉自己的产品，其次要找到用户的需求和痛点的切入点，分析用户的消费心理，如求新、求利、求实、求美，还是从众等，用户在使用产品的过程中会经历的场景、遇到的问题、具体消费行为模式，然后用产品的卖点切中用户的痛点，这样才能与用户共情，写出引起用户共鸣的文案，创作用户愿意分享转发的内容，才能策划吸引用户的活动。

4. 分析数据，服务市场

数据是一面镜子，运营中的很多问题都可以通过数据反映出来。新媒体工作也是数据运营的工作，新媒体营销者需要从海量的信息中分析得到有价值的数据，如分析页面访问量、文章完读率、转化率、用户浏览时长、留言评论数据等，了解每个曲线的峰、谷出现的原因，预测它的趋向，据此利用大数据可以更好地定义用户画像，继而通过分析用户行为特征，了解用户的喜好，筛选出优质客户，进而调整营销策略，检测口碑状况，并及时进行营销策略的研究及合理调整，更好地服务市场。

5. 整合资源，运营统筹

资源整合是新媒体编辑的核心素养，新媒体营销者进行内容策划之前，一定要收集大量的资料，加以整合、提炼，融入自己的观点，能够筛选有助于内容传播的优质资源，能够整合网络上的素材。新媒体营销者最好建立素材库，并从不同的维度细分收集到的素材，每次

内容策划、编辑可以从素材库取材。同时，新媒体营销是一项系统化的工作，新媒体营销者需要学习各种新媒体平台运营的相关知识，掌握图文编辑软件、表单处理工具，以及音频和视频剪辑工具的使用技能，具备团队搭建、平台日常维护技巧，运营统筹新媒体营销策划、执行、反馈等一系列工作。

三、汽车网络与新媒体营销人员的职业规划

职业是人生的一部分，想要成为社会有用之才，必须充分认识自我、清楚地知道自己的就业方向，找到适合自己的职业，制订职业生涯规划，明确奋斗目标，不断通过自身努力，为社会发展做出贡献。职业生涯规划是迈向工作岗位的关键。汽车网络与新媒体营销人员可在汽车垂直媒体、综合类平台网站、汽车官网等从事网站策划、网络推广、网站建设与管理以及在微信、微博、抖音、车企 APP 等新媒体平台从事内容策划、统筹运营等方面的工作。

1. 横向职业规划

新媒体营销者要摸索职业成长方向，就需要从事新媒体多方面的工作，这就涉及新媒体的横向职业发展。通过对各个能力模块进行深层次学习，包括内容运营、用户运营、活动运营等，这样才能为自己增值（图 1-3-4）。

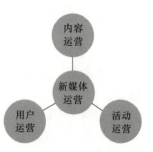

图 1-3-4　横向职业发展

（1）内容运营　内容运营指的是运营者利用新媒体渠道，用文字、图片或视频等形式将企业信息友好地呈现在用户面前，并激发用户参与、分享、传播的完整运营过程。内容运营不仅需要采集并输出高质量的内容，更需要负责内容的传播与扩散、对用户数据进行分析，从而优化内容。

内容运营的岗位职责如下：

1）根据公司平台的内容运营方向和运营需求，负责平台各版块的内容创作、软文编写、图文编辑。

2）负责平台内容的运营维护、日常更新，提升产品的影响力和关注度。

3）负责外部内容资源的接入，以及自有内容的传播。

4）负责相关平台内容运营数据的整理、分析，定期提交分析报告。

5）协助进行相关平台内容发展规划和执行，不断提升用户体验。

职业能力要求如下：

1）具有较强的选题和采编能力，较好的文字处理能力，文笔流畅，善于信息搜索与编辑整理。

2）熟悉互联网电商网站/APP 客户端的运营特点。

3）熟练掌握图片处理的能力，熟悉设计软件和工具，具备创意思维和视觉传达能力，有一定的 Photoshop 基础。

4）具备视频拍摄、剪辑和后期制作的技能，以及良好的故事叙述能力。

（2）用户运营　用户运营指以用户为中心搭建用户体系、遵循用户的需求设置运营活动与规则，制订运营战略与运营目标，严格控制实施过程与结果，以达到预期所设置的运营目标与任务。汽车网络与新媒体营销要了解受众群体，勾勒用户画像，把目标用户聚集起来，针对性地强化与用户的沟通交流，根据用户特性分群运营、搭建用户成长体系，及时给

到用户激励，促使他们生产更多优质的内容。

用户运营的岗位职责如下：

1）负责用户体系的建立、维护和完善，对用户进行分层运营和生命周期管理，通过各种运营手段与工具，有效提升用户的留存、活跃与转化。

2）熟悉用户画像工具，对用户群体进行细分、挖掘、引导和维护。

3）建立有效的会员体系和激励机制，有效提升用户黏性和用户忠诚度。

4）理解与挖掘用户需求、体验，通过与用户间多渠道多方式的沟通，收集汇总影响用户行为和使用体验的各类意见，并及时将获得的数据和分析结果反馈相关部门，积极有效地推动营销活动和产品改进。

5）针对不同用户群、不同活动，定期进行用户营销，通过多种形式对沉默不活跃用户进行召回，负责跟进执行，保证效果和质量。

用户运营的职业能力要求如下：

1）熟悉互联网特性、线上活动和用户运营，擅长用户活动策划与用户数据分析，对用户行为变化敏感，善于从用户数据中提炼用户需求特征。

2）熟悉用户分层运营及会员体系的建立和完善，熟悉新媒体营销、用户黏度维护等流程。

3）逻辑条理清晰、工作执行细心缜密、注重细节和用户体验。

4）有良好的用户服务意识，团队合作意识强，较强的项目管理能力、沟通协调能力和资源整合能力。

（3）活动运营　活动运营指针对不同性质的活动进行运营，包括活动策划、活动执行、活动监督和活动分析等运营工作。

活动运营的岗位职责如下：

1）依据活动策划目的制订活动运营计划，确定运营文案、活动推广时间、目标用户，确定活动的整体框架设计和规则。

2）挖掘及搭建多角度宣传渠道，合理有效地调用各种资源和手段达到推广效果。

3）分析用户行为、需求，了解竞争对手动向，并进行营销方案的改进。

4）与公司各部门沟通、对接，合理有效地运用各种有效资源和必要的手段，确保活动正常、有序开展，以达到预期效果；根据上级要求，能够独立推进执行，并完成业务目标。

5）跟踪整个项目的进度和活动各项数据指标，进行效果分析，并提交活动报告及建议。对活动效果进行总结并形成相应的活动复盘总结报告，发现问题并主动优化，提升业务指标。

活动运营的职业能力要求如下：

1）有较强的推动力和执行力，能快速策划并强力推动活动方案的实施。

2）有较强的活动协调和管控能力，具备优秀的数据统计及图表展现能力，能根据活动数据波动及运营行为复盘活动效果变化原因，提出优化方案，不断对活动效果进行提升。

3）关注细节，追求极致，能尽可能考虑到各种可能出现的风险因素并提出更高效、更高质量的工作方法建议。

4）具有良好的跨部门沟通能力和团队协作能力，善于调动内、外部各种资源。

2. 纵向职业规划

一般汽车网络与新媒体营销岗位职业晋升路径有 3 个等级，汽车网络与新媒体营销专员、汽车网络与新媒体营销主管、汽车网络与新媒体营销经理，如图 1-3-5 所示。

（1）汽车网络与新媒体营销专员　初级汽车网络与新媒体营销专员主要是编辑图文，做基础的文字编辑、排版，稿件的组织、编辑、分配和统计等工作。积累一定经验后，可以负责一个账号的运营，要求有内容生产能力及活动策划能力。初级汽车网络与新媒体营销专员按职能划分为用户运营专员、内容运营专员、活动运营专员，各岗位职责和职业能力要求如前文所述。

图 1-3-5　纵向职业发展

（2）汽车网络与新媒体营销主管　汽车网络与新媒体营销主管是负责管理和领导企业中汽车网络与新媒体营销团队的中级职位，一般要有相关的工作经验，对专业知识和能力的要求都比专员有所提升，其工作内容也从简单的新媒体营销推广转变为新媒体营销策划，最终转变为新媒体营销的整体项目运作。其岗位职责如下：

1）策略规划。制订汽车网络与新媒体营销的策略规划，包括确定目标受众、市场定位、品牌传播策略等，需要对市场趋势、竞争对手和目标受众进行深入分析，以制订有效的营销策略。

2）团队管理。负责管理汽车网络与新媒体营销团队，包括招聘、培训、指导和评估团队成员，合理分配团队资源，激发团队成员的工作动力，确保团队的高效协作和良好绩效。

3）平台管理。负责管理和运营汽车品牌在各个新媒体平台上的存在和活动，包括社交媒体、视频平台、博客等，确保品牌形象的一致性和有效的内容传播，制订平台运营策略，管理品牌社区和用户互动。

（3）汽车网络与新媒体营销经理　汽车网络与新媒体营销经理是负责领导和管理汽车网络与新媒体营销团队的高级职位。其能力和经验的要求比主管更高，主要工作是操盘新媒体平台矩阵的运营，经理对新媒体不同部门进行统一管理，如某汽车企业按照平台将新媒体运营团队分为微信运营部、微博运营部、抖音运营部，汽车网络与新媒体营销经理就负责安排和协调这 3 个部门的整体工作。其岗位职责如下：

1）根据战略规划，制订本企业新媒体营销团队年度目标，再分解到季度、月、周目标或者根据团队总体目标分解到各部门目标，再细化到各岗位目标，并尽可能量化目标，包括事务目标和结果目标。事务目标是具体的工作内容，如每周发布 5 篇营销软文；结果目标是年度、季度、月度等不同时间段的可量化目标或某次营销活动要达到的结果。例如公众号推送文章的打开率达到 15%，转发率达到 5%，粉丝较上月增长 10%～20% 等。

2）制订整个运营团队的预算，包含人员工资、市场推广费用。

3）搭建新媒体平台矩阵。汽车网络与新媒体营销经理需要根据企业现状及新媒体运营目标选择合适的新媒体平台，规划好需要在哪些新媒体平台分别运营哪些账号，并确定每个账号的定位、运营目标及运营思路。

4）拥有全栈运营的能力，负责制订流程与计划品牌在新媒体各渠道的整体规划、运营工作，关注维护和提高公司市场竞争力，有良好的资源整合和对外合作意识，配合公司及产品的市场战略进行外部渠道的拓展和维护。

5）团队成员管理和绩效考核，制订岗位职责，详尽描述每个部门每个岗位；对营销效果进行监控、分析、评估、优化，不断提升团队新媒体营销效率，对团队的整体目标负责；对新媒体主管报送的各项活动方案进行审核，确定最终方案；周期性地对团队成员的工作进行评价，完成绩效考核；协助平台各渠道和各部门定期策划并执行营销活动，配合公司的活动、合作项目、整体宣传和品牌推广。

小提示

在新媒体营销领域，成功的营销策略往往需要团队合作和多方协作，因此具备合作意识和团队精神是非常重要的。一方面，营销项目的实施通常需要整合各方资源，包括内容创意、广告投放、数据分析等，因此需要团队中每个成员都能够积极配合，共同协作实现目标；另一方面，在激烈的市场竞争中，具有这种素质的人才往往能够更好地融入团队，与其他人合作完成任务，获得更好的职业发展机会。

学以致用

任务工单 个人汽车网络与新媒体营销职业规划

专业		班级	
姓名		学号	

一、任务目标

基于对自己的评估分析和职业环境分析，做好个人汽车网络与新媒体营销职业规划，树立目标，明确奋斗方向。

二、任务内容

1. 通过自我评价、同学评价认识自己，可利用 SWOT 等工具进行分析、总结自己。
2. 通过网络搜索、调查相关从业者，了解汽车网络与新媒体营销的工作环境，进行职业环境分析。

三、任务实施

1. 自我评估：从兴趣爱好、性格特征、优点和缺点、职业能力、职业价值观等进行自我分析。
2. 职业环境分析：对社会总体环境、行业环境、就业前景等进行分析。
3. 职业生涯目标设定：短期发展规划、中期发展规划、长期发展规划。

要求：对自己有具体、全面的评估，能做好性格与职业的匹配、兴趣与职业的匹配以及环境与职业的匹配，设定合理的职业生涯目标。

序号	分析角度	具体内容	总结
1	自我评估		
2	职业环境		
3	职业生涯目标		

模块二　策　略　篇

项目二

汽车网络与新媒体营销策略

汽车网络与新媒体营销策略主要包括 3 个学习任务：初识汽车网络与新媒体营销平台、初识汽车新媒体营销的主要模式、认知汽车用户运营策略。

任务一 初识汽车网络与新媒体营销平台

 任务目标

知识目标

1）了解汽车网站营销平台的类型。

2）了解汽车新媒体营销平台的类型。

3）掌握汽车新媒体营销平台的选择流程。

能力目标

1）具备分析汽车网络与新媒体营销不同平台特点的能力。

2）具备根据不同情况选择不同平台的能力。

素养目标

1）培养学生自主学习的意识。

2）培养学生举一反三的学习迁移意识。

 思维导读

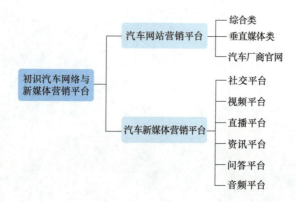

任务导入

汽车网络与新媒体营销的核心是在汽车网站和新媒体平台上实践，只有了解不同的网站和新媒体平台才能更好地开展营销。小王开始收集汽车网站营销平台和新媒体营销平台的资料，并熟悉这些营销平台，为后期的新媒体营销工作打好基础。

知识解读

一、汽车网站营销平台

汽车网站营销是以互联网技术为基础，利用数字化信息手段和网络媒体技术交互性来辅助营销目标实现的一种新型汽车营销方式。对比传统的营销手段，汽车网站营销具有成本低、覆盖面广、传播速度快等优点，汽车企业可以直接投放网络广告，可以通过网站服务提供商整合媒体资源、维护媒体关系与网友关系，并通过活动形成准第三方的网站营销素材。

不同汽车网站销售平台之间的竞争激烈，目前汽车网站营销平台主要分为三类：综合类，如天猫、京东等；垂直媒体类，如汽车之家、易车网等；汽车厂商官网。

1. 综合类

综合类平台是指提供多种商品和服务的电商平台，如天猫、京东等。这些平台拥有庞大的用户基础和完整的营销生态系统，特点是商品种类丰富、用户量大、访问量高、流量资源充足，具有较强的品牌影响力和用户基础。

对于汽车企业来说，利用综合类电商平台开设官方旗舰店，可以将线下销售渠道扩展到线上，通过运用平台的流量和数据，为汽车企业提供线上销售渠道和品牌曝光机会，提高销售效率和用户满意度。此外，综合类电商平台还可以通过各种营销手段，如优惠券、秒杀、拼团等活动吸引消费者，同时，通过在综合类电商平台上销售汽车及其配件、保险和金融等服务，可以为消费者提供一站式购车服务，使购车流程更加便捷和高效，提高用户购车体验和忠诚度。

在实施综合类汽车网络营销平台的营销策略时，需要注意以下要点。

（1）建立品牌形象　在电商平台上开设官方旗舰店，需要注重品牌形象的建立和维护。汽车企业需要在店铺界面上展示品牌文化、产品特点和服务优势，提高品牌知名度和用户认知度。

（2）优化产品展示　在电商平台上销售汽车及其配件、保险和金融等服务，需要注重产品展示的优化。汽车企业需要提供详细的产品信息、图片和视频，让消费者更加了解产品的特点和使用方法。

（3）提供优质服务　在电商平台上开设官方旗舰店，需要注重提供优质的售前、售中、售后服务。汽车企业需要及时回复用户咨询、处理用户投诉、提供售后服务等，提高用户满意度和忠诚度。

2. 垂直媒体类

垂直媒体类平台是指专注于汽车行业的网站，如汽车之家、易车网、养车无忧网等。这些平台汇聚大量的汽车资讯和消费者评论，提供全面的汽车服务和购车建议，从而吸引了大量的汽车消费者和爱好者，具有较强的行业专业性和用户黏性，还可以通过广告投放、新车发布、行业分析等方式提高品牌知名度和认知度，为汽车企业提供品牌曝光、用户互动和口碑管理等服务。

对于汽车企业来说，垂直媒体类电商平台具有强大的汽车领域专业知识和精准的用户画像，能够帮助汽车品牌和经销商更加精准地推广产品和服务，可以将品牌曝光和用户互动效果最大化。汽车企业可以在这些平台上发布新车信息，提供汽车维护、维修和改装等服务，与用户建立紧密的联系和互动。

在实施垂直媒体类汽车网络营销平台的营销策略时，需要注意以下要点。

（1）精准的定位　汽车垂直媒体类平台的用户群体具有明显的汽车消费特征，需要根据目标用户的消费特征和购买习惯，选择合适的垂直媒体平台进行宣传和推广，精准定位用户。

（2）合适的广告形式　不同垂直媒体平台有着不同的用户画像和使用场景，需要根据平台的特点选择合适的广告形式和推广方式。例如，汽车之家和易车网适合使用汽车评测、新闻资讯、车型对比等文章形式的推广，凤凰汽车则适合使用视频形式的推广。

（3）优质的内容创作　垂直媒体类汽车网络营销平台的用户对汽车产品和服务具有较高的关注度和购买欲望，需要通过优质的内容创作吸引用户的注意力、提升用户的信任度。汽车品牌和经销商可以通过发布汽车评测、新闻资讯、购车指南等优质内容，吸引用户的阅读和转化。

（4）紧密的用户互动　汽车企业可以通过发布互动话题、开展线上活动等方式，与用户建立紧密的联系和互动，并及时回复用户的留言和评论，提高用户满意度和忠诚度。

（5）数据分析和调整　在营销实施过程中，需要对广告效果和用户反馈等数据进行分析和调整，优化营销策略、提升广告效果。例如，根据不同平台的数据分析，调整投放时间、投放位置和投放方式等，使广告能够更加精准地触达目标用户。

知识拓展

我国主要的汽车垂直媒体类网站

目前，我国汽车网络营销领域拥有较高知名度和用户数量的平台有以下几个。

汽车之家：是中国最大的汽车垂直媒体类网站之一，成立于2005年，总部位于北京。汽车之家提供汽车新闻、车型报价、汽车论坛、汽车视频等服务，是我国汽车消费者最常用的汽车网站之一。汽车之家还提供汽车金融、二手车交易和汽车维护等服务。同时，汽车之家设有汽车社区，在社区中，汽车爱好者可以互相交流、分享使用体验，还可以找到志同道合的车友。它是一个全方位的汽车生活服务平台。

易车网：成立于2000年，是中国领先的汽车垂直媒体网站之一，总部位于北京。其旗下拥有易车商城、易车金融、易车二手车等子品牌。易车商城是我国最大的在线新车销售平台之一，为消费者提供全面的汽车购买服务；易车金融是专业的汽车金融服务提供商，提供贷款、租赁和保险等服务；易车二手车是我国最大的二手车交易平台之一，为消费者提供二手车买卖、置换和评估等服务。

太平洋汽车网：成立于 2002 年，总部位于广州，是中国知名的汽车垂直媒体网站之一，提供汽车资讯、新车导购、汽车改装、行车安全等多种汽车相关服务。太平洋汽车网还提供汽车视频、汽车美图、汽车科技等服务，同时拥有庞大的汽车社区，还推出了"太平洋汽车网购车服务"，提供在线购车、试驾和交易等服务。

凤凰汽车：是凤凰网旗下的汽车垂直媒体网站。凤凰汽车提供最新的汽车资讯、汽车导购、汽车评测、二手车交易等全方位服务。

懂车帝：成立于 2017 年，是中国新兴的汽车垂直媒体网站之一，总部位于北京。懂车帝提供新车导购、汽车评测、二手车交易、汽车金融等服务。此外，懂车帝还推出了汽车社交产品"懂车帝车友圈"，为汽车爱好者提供在线社交、购车咨询等服务。

百度有驾：是百度旗下的汽车垂直媒体网站，成立于 2019 年，总部位于北京。它提供新车购买、二手车交易、汽车金融、汽车维护等多种汽车相关服务。百度有驾还有汽车论坛和汽车问答社区，用户可以在这里交流使用体验、了解行业资讯、解决汽车问题。

爱卡汽车：成立于 2002 年，是中国最大的汽车社区之一。爱卡汽车提供新车导购、二手车交易、汽车维修、汽车美容等多种汽车服务。

这些汽车垂直媒体类网站都是中国汽车互联网行业的重要代表，可以提供全面的汽车服务和资讯，为消费者提供方便、快捷的购车体验。不同的网站有各自的特色和优势，消费者可以根据自己的需求和偏好选择合适的平台。

3. 汽车厂商官网

汽车厂商官网是指各大汽车厂商自主开发和运营的官方网站，是汽车厂商展示品牌形象、产品特点和服务优势的重要渠道。官网通常提供品牌介绍、车型展示、车型配置、预约试驾等服务。消费者可以在这些官网上了解品牌的历史、技术和设计等方面的信息，同时可以直接与厂商或经销商联系，进行购车咨询和交易。

对于汽车企业来说，利用汽车官网可以将品牌形象和用户体验最大化。汽车企业可以在官网上展示新车信息、提供售后服务、开展会员制度等，提高用户满意度和忠诚度。

在开发和运营汽车官网时，汽车企业需要注意以下几点。

（1）提供简洁明了的界面设计　汽车官网需要提供简洁明了的界面设计，让用户能够快速找到所需信息。汽车企业需要注重界面设计的美观性和易用性，提高用户体验和信任度。

（2）提供详细的产品信息　在汽车官网上展示新车信息，需要提供详细的产品信息，包括车型、配置、价格、性能等方面。汽车企业需要注重产品信息的准确性和完整性，让用户能够全面了解产品特点和使用方法。

（3）提供优质的售后服务　在汽车官网上提供售后服务，需要注重提供优质的服务。汽车企业需要及时回复用户咨询、处理用户投诉、提供售后服务等，提高用户满意度与忠诚度。

（4）加强数据分析和管理　在汽车官网上进行营销推广，需要加强数据分析和管理。汽车企业需要通过数据分析，了解用户需求和行为，优化产品和服务，提高用户满意度和忠诚度。

总之，不同类型的汽车网络营销平台各有优劣，汽车企业可以根据自身的产品特点、品牌形象和营销策略等来选择合适的平台进行营销推广。同时，需要提供优质的用户体验，提高品牌形象，加强数据分析和管理等。

 想一想

请判断下列媒体属于哪种网站平台？搜狐汽车、腾讯汽车、百度贴吧、天涯论坛、豆瓣。

_____

_____

二、汽车新媒体营销平台

随着互联网和移动互联网的普及，汽车新媒体营销平台已经成为汽车销售和营销的重要渠道之一。不同类型的汽车新媒体营销平台各有优劣，汽车企业可以根据自己的需求和目标选择合适的平台，实现精准营销和用户管理。同时，汽车企业需要注意平台的特点和用户需求，制订相应的营销策略和内容策略，提高营销效果和用户满意度。

1. 社交平台

社交平台是汽车新媒体营销平台的重要组成部分，主要包括微信、微博、博客和汽车论坛等平台。这些平台具有庞大的用户群体和强大的社交属性，可以为汽车企业提供用户互动和品牌宣传的机会。

（1）微信　微信在汽车行业中的应用非常广泛，汽车品牌和经销商可以通过微信的朋友圈、微信公众号和视频号等功能，实现精准营销和用户管理，提高品牌知名度和用户忠诚度。以下是微信在汽车行业中的主要应用。

1）朋友圈。朋友圈是微信用户分享生活、交流感受的社交媒体，汽车品牌和经销商会在朋友圈上发布品牌和产品信息、互动活动等，通过朋友圈的形式吸引用户关注和传播。

2）微信公众号。许多汽车品牌和经销商都拥有自己的微信公众号，通过发布文章、图文、音频、视频等形式的内容，向用户传播品牌、推广产品、提供服务等。微信公众号还提供了互动和私信等功能，可以实现品牌传播和用户管理。

3）视频号。视频号是一个基于短视频的社交媒体平台，汽车品牌和经销商会在这个平台上发布品牌和产品宣传视频，通过短视频的形式吸引用户关注和传播。

4）微信小程序。微信小程序是一种轻量级的应用程序，汽车品牌和经销商可在微信小程序上开发汽车销售和售后服务等应用，为用户提供便捷的服务和体验。

总之，微信在汽车行业中的应用非常广泛，汽车品牌和经销商可以通过微信的各种功能，实现精准营销和用户管理，提高品牌知名度和用户忠诚度。同时，需要注意内容质量和互动效果，不断优化和改进营销策略，实现更好的营销效果。

（2）微博　微博是一款基于互联网的社交媒体平台，其用户群体非常广泛，包括了各个年龄段和职业领域的用户。微博在汽车行业的具体应用体现如下几方面。

1）品牌宣传。许多汽车品牌和经销商会在微博上发布品牌宣传、产品信息、活动信息等，吸引用户关注和传播。

2）用户互动。微博提供了丰富的用户互动功能，包括评论、转发、点赞等，许多汽车品牌和经销商会通过这些功能与用户进行互动，增强用户的黏性和忠诚度。

3）KOL合作。微博上有很多汽车领域的KOL（关键意见领袖），他们拥有大量的粉丝和影响力，许多汽车品牌和经销商与KOL合作，通过KOL的影响力吸引用户关注和传播。

4）数据分析。微博提供了丰富的数据分析功能，可以实时监测微博的阅读量、转发量和互动量等指标，为品牌营销和用户管理提供数据支持。

（3）博客　博客可以发布个性化的内容和服务，对于汽车企业来说，建立自己的博客可以为品牌宣传和营销提供一个独立的平台。博客在汽车企业营销中的具体运用主要包括以下方面。

1）发布最新的产品信息。汽车企业可以在博客上发布最新的产品信息，包括车型、配置和价格等，吸引用户关注和传播。同时，汽车企业可以通过博客的SEO优化等方式，提高网站的曝光度和用户流量。

2）分享行业动态和趋势。汽车企业可以在博客上分享行业动态和趋势，包括新技术、新政策和新产品等，提高品牌的专业性和影响力。

3）提供汽车知识和服务。汽车企业可以在博客上提供汽车知识和服务，包括汽车维护、维修和驾驶技巧等，提高用户的满意度和忠诚度。

4）与用户互动和交流。汽车企业可以在博客上与用户互动和交流，回答用户的问题和建议，提高用户的参与度和信任度。

5）宣传企业文化和价值观。汽车企业可以在博客上宣传企业文化和价值观，包括企业使命、愿景和价值观等，提高品牌的认知度和忠诚度。

（4）汽车论坛　汽车论坛是汽车爱好者、车主和消费者分享和交流汽车相关信息的一个社区平台。用户可以在其中分享汽车购买、维护、维修等方面的经验和知识。汽车品牌可以通过参与汽车论坛，回答用户的问题和提供专业的建议，增强用户对品牌的信任感和忠诚度。同时，汽车品牌可以在汽车论坛上发布品牌资讯和试驾体验等内容，吸引用户关注。汽车论坛在汽车企业营销中的具体表现有如下几方面。

1）注册账号并建立专属版块。汽车企业可以在知名的汽车论坛上注册账号，并建立自己的专属版块，发布品牌资讯、新车信息和活动预告等内容，吸引用户关注和讨论。

2）参与用户讨论并回答问题。汽车企业可以通过回复用户的帖子，回答用户的问题，展示企业的专业知识和服务，提升用户对企业的信任度和满意度。

3）发布互动活动。汽车企业可以在论坛上发布各种互动活动，如线上抽奖、话题讨论等，提高用户参与度和品牌曝光率。

4）研究用户需求和行为。汽车企业可以通过分析用户在论坛上的讨论和行为，了解用户对车型、功能和服务等方面的需求，为企业的产品和服务提供改进方向和创新思路。

2. 视频平台

视频平台是指提供视频播放、分享、交流等服务的在线平台，包括长视频平台和短视频平台。在汽车新媒体营销中，视频平台被广泛应用于品牌宣传、产品展示和用户教育等方面。

（1）长视频平台　长视频平台是指提供较长视频播放和分享服务的平台，其视频一般超过10min，如爱奇艺、腾讯视频、优酷等。对于汽车企业来说，长视频平台可以用来发布汽车广告、品牌宣传、产品介绍、赛事直播等内容。长视频平台的优势在于可以提供详细和深入的信息，同时可以提高品牌的专业性和影响力。汽车企业可以通过在长视频平台上发布高质量的视频内容，吸引用户关注和传播，提高品牌的认知度和忠诚度。

（2）短视频平台　短视频平台是指抖音、快手、小红书等平台，主要提供较短时间的视频内容，时长一般在几分钟以内。对于汽车企业来说，短视频平台可以用来发布汽车广告、品牌宣传、产品介绍、用户互动等内容。短视频平台的优势在于可以提供轻松和有趣的信息，同时可以提高品牌的亲和力和传播力。短视频平台的内容分发能力很强，可以让品牌更快地扩散和传播。

汽车企业在运用视频平台时，需要注意以下两点。

1）视频内容的质量要高。无论是长视频平台还是短视频平台，视频内容的质量都至关重要。汽车企业需要投入足够的人力、物力和时间，制作出高质量的视频内容。

2）视频内容要具有互动性。汽车企业可以通过视频内容增加用户参与度和互动性，如在视频中添加调查问卷和互动抽奖等，吸引用户的注意力和参与。

3. 直播平台

汽车直播平台是一种基于互联网的直播平台，如抖音、懂车帝、汽车之家、爱卡汽车等。它以汽车为主要内容，为用户提供汽车展示、汽车试驾、汽车讲解等直播内容。汽车直播平台的用户群体主要是汽车爱好者和消费者，他们可以通过直播平台了解汽车的最新动态、产品信息和技术特点等。

汽车直播平台提供了直播回放、直播互动、直播打赏等功能，包括评论、点赞、分享等，汽车品牌和经销商可以通过这些功能与用户互动，增强用户的黏性和忠诚度，为用户提供更全面的直播体验。同时，汽车直播平台可以通过数据分析等手段，为品牌营销和用户管理提供数据支持。因此，汽车品牌和经销商可以通过直播平台实现精准营销和用户管理，提高品牌知名度和用户忠诚度。同时，需要注意直播内容的质量和互动效果，不断优化和改进营销策略，实现更好的营销效果。

4. 资讯平台

资讯平台是指提供汽车新闻和资讯的网络平台。这些平台通常会涵盖行业新闻、车型评测、购车指南、汽车科技和市场动态等多个方面，如今日头条、腾讯新闻、新浪新闻等，其用户群体非常广泛，包括普通用户、媒体从业者、政府机构、企业等。

汽车品牌和经销商会在这些平台上发布最新的汽车行业动态、汽车品牌和产品信息，让用户深入地了解汽车行业的发展趋势和产品信息，提高品牌的专业性和影响力，通过个性化推荐、热点跟踪等方式吸引用户关注和传播。这些平台还提供了评论和分享等功能，可以实现品牌传播和用户互动。

汽车企业通过资讯平台制订相应的营销策略，包括选择合适的资讯平台、制作有吸引力的内容、提高内容质量和用户参与度等。同时，汽车企业可以通过与用户互动和交流，了解用户需求和反馈，提高用户的满意度和忠诚度。

5. 问答平台

问答平台是指为用户提供问题咨询和解答服务的在线平台。用户可以在问答平台上提出汽车相关的问题，得到专业人士或其他用户的解答。常见的问答平台有百度知道、搜狗问问、知乎等。问答平台的优势在于可以提供针对性的解决方案，能帮助用户解决实际问题。

对于普通用户来说，问答平台可以提供丰富的汽车知识和购车经验分享，帮助用户更好地了解汽车产品和相关服务。同时，用户可以通过与其他用户的互动和交流，建立自己的社交网络，拓展社交圈子。

对于汽车企业来说，可以通过在问答平台上积极回答用户提出的问题，为用户提供汽车行业的咨询和专业的解决方案，展示自身的专业知识和技术实力，增加用户对企业的认知和信任度。此外，还可以利用问答平台与用户互动和交流，了解用户的需求和关注点，针对性地进行产品研发和市场推广，并优化产品和服务。

因此，汽车企业需要制订相应的问答平台营销策略，包括选择合适的问答平台、回答用户问题、提高回答质量和用户参与度等。

6. 音频平台

汽车新媒体中的音频平台主要指在线音频平台，如喜马拉雅、荔枝、豆瓣FM、企鹅FM等。通过运用音频平台，汽车企业可以将品牌声音传递给更多的用户，吸引消费者的关注和听取，提高品牌的知名度和美誉度。

汽车企业音频平台的营销策略包括选择合适的音频平台、制作有吸引力的内容、提高内容质量和用户参与度等。具体来说，可以通过以下方式运用音频平台。

1）制作汽车相关的音频节目。例如，汽车品牌可以制作自己的品牌声音、汽车文化、车型介绍、技术解析、驾驶技巧、访谈、广告等方面的音频节目，以满足用户对于汽车相关知识的需求，增加用户的黏性和参与度。

2）发布汽车广播节目。汽车品牌可以通过合作方式，在各大FM广播电台播放品牌广告、车型介绍等，也可以在喜马拉雅等在线音频平台上发布汽车相关广播节目，增强品牌的影响力和知名度。

3）与知名主播合作。汽车品牌可以与知名汽车主播合作，共同制作汽车相关音频内容，借助主播的影响力吸引更多用户关注和参与，增强品牌的美誉度和形象。

头脑风暴

选取你最常用的两个新媒体平台，介绍平台内容发布要求。

 **学以致用**

任务工单 初识汽车网络与新媒体营销平台

专业		班级	
姓名		学号	

一、任务目标

认识各类汽车网络与新媒体营销平台及其特点。

二、任务内容

1. 学习各类汽车网络与新媒体营销平台。
2. 归纳分析各类平台的区别。

三、任务实施

1. 学习6类新媒体营销平台。
2. 明确各类新媒体营销平台的典型代表。
3. 归纳分析各类新媒体营销平台的区别。

要求：对各类新媒体营销平台的典型代表举例具体准确，能正确介绍各平台的特点和受众群体。如果能具体指出该工具或软件在营销方面的作用体现，可加分。

新媒体平台类型	典型代表	平台特点	受众群体	营销作用
社交平台				
视频平台				
直播平台				
资讯平台				
问答平台				
音频平台				

任务二　初识汽车新媒体营销的主要模式

任务目标

知识目标

1）了解汽车新媒体营销模式的主要类型。

2）理解各种新媒体营销模式的含义。

3）熟悉各种新媒体营销模式的实施条件。

能力目标

1）具备准确概述不同的新媒体营销模式的能力。

2）具备分析汽车企业新媒体营销模式的能力。

素养目标

培养学生的思辨意识和社会主义核心价值观。

思维导读

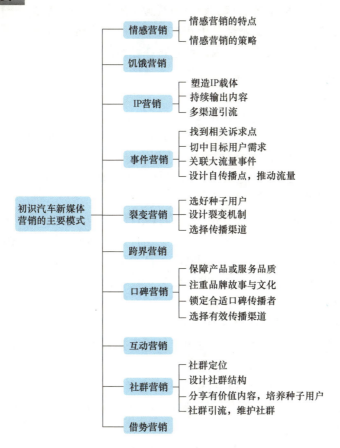

任务导入

小王了解汽车网络与新媒体营销平台后，需要进一步掌握汽车网络与新媒体营销策略的核心内容和应用方法，更好地了解汽车消费者的心理和需求，不断地探索新的营销手段和方法，运用创新的思维来构建和实施营销策略，使自己在就业市场上更具有竞争力。

知识解读

汽车新媒体营销是指汽车企业利用数字信息为支撑的新型互动传播媒体，如微信、微博、知乎、B站、抖音、快手和视频号等对自己的产品和品牌进行营销。通过新媒体营销，汽车企业可根据品牌与产品的特点选择适合自己的新媒体营销传播推广渠道，让传统的营销理论与策略在新媒体平台上焕发新的生机。常用的新媒体营销策略有情感营销、饥饿营销、IP营销、事件营销、裂变营销、跨界营销、口碑营销、互动营销、社群营销和借势营销。

一、情感营销

当今是情感经济的时代，汽车企业在汽车网络与新媒体营销中打出感情牌，从情感层面影响用户，寄情感于营销之中，这样更容易获取流量，提高用户对品牌的忠诚度。情感营销即从消费者的情感需要出发，借助情感包装、情感促销、情感广告、情感口碑、情感设计等策略，唤起和激起消费者的情感需求，诱导消费者产生心灵上的共鸣。一旦能将消费者的情感能量释放爆发出来，消费者将不会过于看重汽车产品的价格、数量及性能，而在乎是否能获得心理上的认可和情感上的满足，因此情感正在创造品牌和财富，在为汽车产品的推广营销带来爆炸式的营销效益，让有情的营销赢得无情的竞争。

1. 情感营销的特点

（1）辐射面广　人人皆有情感，情感营销能营造一个温馨、和谐、充满情感的营销环境，让消费者从情感上接受企业的产品，树立企业的品牌形象，影响具有广泛性。

（2）引导性好　情感营销攻心为上，把用户对企业品牌的忠诚建立在情感的基础之上，满足用户情感上的需求，这种通过情感让客户从心理上认同本企业的产品，比单纯通过价格、促销活动的引导性效果更好。

（3）信任感强　感人心者莫外乎情，情感营销将用户内心含蓄隐晦的情感直接展现出来，而且小小的情感可产生大大的折射，客户在这种体验下更容易被营销内容所打动、更容易深化用户对产品的印象，实现情感上的共鸣，产生偏爱和信任，形成一个非该企业品牌不买的忠实客户群。情感营销成功带来的购买效果更具有持久性。

2. 情感营销的策略

（1）设计情感主题　设计情感主题是指企业抓住用户特殊时间的特殊情感需求变化，创造一种表现情感的全新的经营和服务主题，然后根据主题设计产品和提供特殊服务，引起用户的共鸣。

（2）塑造形象标识　在新媒体平台中，企业的整体形象和特征要一致，具有较高的辨识度，包括在Logo设计、颜色和布局等，这样容易引起用户的注意，使用户产生归属感和认同感。

（3）提供情感服务　通过钟情于用户，对客户真诚、尊重、信任，处处为客户着想，为用户提供售前、售中、售后服务，从而赢得客户的好感和信任。如企业应用新媒体平台采用不同的交流方式、不同的推送内容，与不同地区、年龄和性别的用户进行互动；坚持发布优质的内容，及时回复用户的消息；尊重不同用户之间的情感、行为差异，培养忠实用户，提高消费转化率。

二、饥饿营销

饥饿营销是指商品提供者人为造成产品短缺，吊足消费者的胃口，让其购买欲望达到极点，以期达到调控供求关系、制造供不应求"假象"，维持商品较高售价和利润率的目的。饥饿营销能否成功的关键点在于产品对消费者的吸引力，以及如何让消费者感受到供不应求的紧迫感。饥饿营销的最终作用不仅是为了调高价格，更是为了使品牌产生高额的附加价值，从而为品牌树立起高价值的形象。如新车上市，推出时都要排队等候，有的要先交钱排队，有的要加价销售才能提前买到。厂家利用刚上市汽车产能未达产契机采取限量销售的方式，以扩大"热销"的影响，到产能达产后可以快速销售。实施饥饿营销需具备以下条件。

（1）**市场竞争不激烈**　市场竞争程度较低，替代品少或者替代品性价比低，而本产品质量优异，价格又低于同类产品，这时企业就处于主动地位，适合采用"饥饿营销"策略，很容易形成消费者抢购，因为即使企业供货不足，消费者也不会轻易转而消费其他产品，达到加剧消费者占有这种商品欲望的效果。

（2）**恰当把握消费心理**　饥饿营销是双刃剑，首先，消费者对该汽车产品有一定的认可并能接受，其次，不同消费者的欲望阈值不同，车企需要恰当把握用户心理，适当把握营销尺度。若力度太小达不到企业的目标，若力度太大则让消费者产生畏惧感，过于吊用户的胃口，也会消耗用户的耐心，易使品牌和车厂诚信形象受到一定程度的影响，导致用户转移向竞争对手，对本品牌产生厌恶心理，使品牌价值被拉低。

（3）**有效进行宣传造势**　饥饿营销实施要能够吸引更多用户的关注和行动、引导和激发用户的欲望，有效的宣传必不可少。车企需要根据产品的特点和各新媒体平台的不同调性投放不同的营销内容，考虑各个媒介渠道在不同的宣传阶段中分别扮演什么角色，使用什么话术。新车上市后的抢购和缺货等实况传播更是产生新车供不应求气氛的关键，需要车企在销售过程中配合新媒体宣传。另外，还要特别注意信息传播的度：过多，新车无秘密可言；过少，激不起媒体与用户的兴奋。

三、IP 营销

IP 是 Intellectual Property 的缩写，是指"知识财产"，指包括音乐、文学和其他艺术作品，发现与发明，以及一切倾注了作者心智的词语、短语、符号和设计等被法律赋予独享权利的"知识财产"。也可以理解为 IP 是能够仅凭自身的吸引力，挣脱单一平台的束缚，在多个平台上获得流量，分发的内容是一种"潜在资产"。当下越来越多的企业开始借助 IP链接用户，企业占据一个 IP 就相当于占据一个消费入口，能够持续地提供流量，带来巨大的红利。打造 IP 营销可以从以下几个方面入手。

1. 塑造 IP 载体

要做好 IP 营销，需要首先选择一个产品，接着对产品进行人格化塑造。产品是 IP 人格的载体，人格化是企业通过一些文化创作的手段，让产品具有一些拟人的功能和元素，赋予产品以情感、情绪，让产品拥有像人一样的性格或感情。企业通过人格化的 IP 营销，可以建立起企业与用户之间的互动关系，使企业的品牌形象在用户心中更有温度。

2. 持续输出内容

要做好 IP 营销，需要通过持续优质的内容生产能力建立 IP 势能，因此 IP 内容营销越来越重要，不仅是在产品上，还要在用户体验上都要创新，只有不断地创新才能够吸引住年轻消费者。IP 内容营销可以分为两种：一种是品牌 IP 营销，以品牌本身的消费群体为主，通过持续不断的，具有情感、情怀、趣味等的品牌输出内容来吸引并深度黏合用户；另一种是跨界 IP 营销，主要针对大致相同的消费群体，联合不同行业进行营销。

3. 多渠道引流

要做好 IP 营销，需要通过 IP 势能实现与用户更低成本、更精准、更快速的连接，因此 IP 营销一个很重要的特征就是自带流量，不受任何媒体、平台和行业的限制，具有无限的延展性。这就需要从一开始就要定位于多屏发展，最大化内容的价值，实现多渠道引流。例如除了在微信上分发内容之外，还在优酷发布视频节目，在喜马拉雅发布音频，除此之外还涉足图书出版等其他 IP。

四、事件营销

事件营销是指企业策划、组织和利用具有名人效应、新闻价值及社会影响的人物或事件，吸引媒体、社会团体和消费者的兴趣与关注，以提高知名度、树立名牌形象。简单地说，事件营销就是通过把握新闻的规律，制造具有新闻价值的事件，并通过具体的操作，让这一新闻事件得以传播，从而达到广告的效果。事件营销作为品牌提升、市场推广的一把利刃，在短时间内对品牌知名度、美誉度、市场销量的迅速提升，威力不可低估。事件营销要取得成功需要把握以下关键因素。

1. 找到相关诉求点

新媒体营销者需要从产品的特性出发，通过事件去延展出相关的某一个点，如便宜、造型、某个功能等，策划具有较高新闻价值的事件，以使用户记住，通过事件植入用户的心智中，不会随着事件的热度减退而淡出用户的印象。

2. 切中目标用户需求

新媒体营销者需要关注目标用户的地域特点、年龄层次、收入水平、社会角色等，获得精准用户画像，这样有针对性地在目标人群聚集处策划并宣传事件，更容易引起用户关注该事件。

3. 关联大流量事件

营销事件要借势而为才能将效果放到最大，与名人、社会热点相关的新闻事件关联，这类事件用户关注度一般较高，这样的新闻事件自带大流量属性。所以，将产品与容易吸引大流量的新闻事件进行关联可以有效地增加产品或品牌的曝光量。

4. 设计自传播点，推动流量

为了增加事件营销的传播效果，应该在基础的传播点上进行设计，增加自传播属性。自传播就是能够让围观者（用户/传播者）自发进行分享和传播。或者企业发动资源，通过 KOL 进行转发、发声，来引导大众，引发舆论。

五、裂变营销

裂变营销是一种通过社交网络和口碑传播等方式，将现有用户转化为品牌的推广者，从而实现品牌传播和用户增长的营销策略。裂变营销的核心思想是通过用户自发的分享和推荐，将品牌信息传播到更广泛的受众中，从而实现品牌曝光和用户增长的目标。裂变营销就像细胞分裂一样，由最开始的一个迅速分裂成无数个，这种营销方式在传统终端促销的基础上，借助终端市场消费者的自发传播行为不断在社交圈内进行传播，由最开始的一个或者几个消费者发展出成千上万的消费者。

裂变营销通常采用一些具有传播性和分享性的内容或活动，例如优惠券、抽奖、邀请好友等，来吸引用户参与和分享。当用户参与活动或分享内容时，他们可以获得一些奖励或优惠，同时可以邀请更多的朋友参与或分享，从而形成一个传播链条，将品牌信息传播到更多的人群中。

裂变营销的优点是可以快速扩大品牌影响力和用户基础，同时可以降低营销成本和提高转化率。但是，裂变营销存在一些风险和挑战，例如难以控制传播效果，难以保证用户质量和口碑效应等。因此，在实施裂变营销策略时，需要注意平衡品牌推广和用户体验，同时需要加强监测和管理，及时发现和解决问题。裂变营销需要注意以下要点。

1. 选好种子用户

裂变营销在最初必然有一批基础的用户群体，通过这群用户的传播成功发展出更多的用户，再复制这一过程。整个过程的特点是分裂由少到多，速度由慢到快，循序渐进最终成功推广。因此，选择好基础的用户群体至关重要。车企需要了解目标人群的特点和需求，要弄清楚品牌针对的消费者以及营销所面向的群体是哪些，具有哪些特点和需求，才能够设计出吸引消费人群的营销内容。

2. 设计裂变机制

根据目标用户设计符合其特点、需求的裂变流程，投其所好，在诱导裂变时都需要通过具体的活动内容来实现，设置一些能够让目标用户动心的利益点，如分享抽奖、红包等，考虑如何借助这些利益点来达到裂变传播的效果。此外，通过利益达到传播目的的一些具体环节和流程也需要明确，在这一过程中需要突出利益点，设置低门槛。

3. 选择传播渠道

裂变营销其实本质上就是终端市场的裂变，其核心是在一开始市场不要全面铺开，而是要精耕细作，围绕最初拥有的市场来进行针对性的突破。如果传播方式和渠道简单易操作，更容易产生裂变效果。当下，很多网络应用对于裂变营销的运用非常成功，借助 APP、微信、QQ 空间等平台，可以非常方便地在社交圈内进行转发和分享，并依托巨大的流量和社交功能，获得高效的传播。

六、跨界营销

市场竞争日益激烈，一方面市场竞争的背后是产品的同质化、市场行为的模仿化和竞争的无序化，另一方面产品功效和应用范围在不断延伸，各个行业间界限正在逐步被打破，一个企业、一个品牌、一个产品单打独斗的时代早已结束，跨界营销打破传统的营销思维模式，避免单独作战，寻求非业内的合作伙伴，发挥不同类别品牌的协同效应，通过行业与行业之间的相互渗透和相互融合，品牌与品牌之间的相互映衬和相互诠释，把一些原本毫不相干的元素进行融合、互相渗透，赢得目标消费者的好感，使跨界合作的品牌能够实现双赢。跨界营销的实质就是实现多个品牌从不同角度诠释同一个用户特征。它改变了传统营销模式下品牌单兵作战易受外界竞争品牌影响而削弱品牌穿透力、影响力的弊端，同时解决了品牌与消费者多方面的融合问题。

跨界营销面向的是相同或类似的消费群体，因此企业在思考跨界营销活动时，需要对目标消费群体开展详细、深入的市场调研，深入分析其消费习惯和品牌使用习惯，作为营销和传播工作的依据。

案例分享

2018 年年初，红旗汽车品牌发布会宣布以"中国式新高尚精致主义"为品牌理念，意在打造"中国第一、世界著名"的"新高尚品牌"，展现年轻开放的姿态。

红旗汽车转变定位，寻求更广泛的市场接触，亲近普通消费者。李宁作为代表中国运动品牌的中坚力量，承载着国人对运动的热爱。两个品牌跨界合作，推出联名穿搭，开启"国潮"风。联名款囊括了帽子、卫衣和背包等服饰品类。整体设计以红旗经典车款为灵感，结合李宁和红旗品牌的 logo，以及李宁 2018 年主打的各种复古元素，完美呼应了文案和印花中"中国制造"4 个字。与此同时，为了配合主题，LOOKBOOK 的宣传照一律以红墙、绿瓦、林荫老街道为背景，年代感呼之欲出，更添一分怀旧气息。

一个是代表国家形象的汽车品牌，一个是向国潮时尚转变的运动品牌，跨界合作，把属于中国的文化、潮范、时髦感结合得天衣无缝，彰显了"中国制造"的灵魂。

点评：车企跨界营销案例数不胜数，从亚运会到冬奥会，从手游 IP 到服饰联名，屡见不鲜。这个案例展示了红旗汽车与李宁跨界合作的成功之处，品牌联名的价值是双向输出的，良好的跨界合作，能充分整合双方资源，实现品牌效应的叠加，从而使品牌印象产生更具张力的表达和联想。因此，这种跨界合作能够让品牌拥有更多元的形象，同时能扩大双方的市场触达范围，吸引更多不同领域的消费者关注。这是一个成功的营销策略，也是品牌创新的一种尝试，适时地迎合了市场和消费者的需求，使两个品牌都获得了更多的关注和认可。

七、口碑营销

口碑是指用户对产品或品牌的评价。口碑营销是指企业运用各种有效的手段，引发用户对其产品、服务及企业整体形象进行讨论和交流，并激励用户向其身边的人群介绍和推荐企业的产品或服务的营销方式和过程。口碑营销利用了用户购买后的再分享，用户与周围亲朋好友关于产品或服务信息的互动交流，这种模式可信性高、传播成本低，有利于企业培育和增强品牌影响力，挖掘潜在客户。借助新媒体社交分享的便利属性，口碑营销成为新媒体平台上最常见的营销模式之一。

1. 保障产品或服务品质

产品或服务的品质是口碑营销的基石。口碑营销不是靠创意取胜的，也不是靠炒作一鸣惊人的。一个良性的口碑营销，应该是建立在产品品质和服务有保障的前提下，这样才能形成持久和正面的口碑效应。

2. 注重品牌故事与文化

好的品牌故事与文化是消费者和品牌之间的"情感"切入点，品牌故事提供了快速的联想空间，使消费者对产品进一步熟悉、亲近，甚至在不知不觉中加深了对产品的感情，这比理性的叙述有效得多，全力激发消费者的潜在购买意识，因此企业做好品牌故事与文化宣传，可以将企业的品牌文化和精神形象化地呈现给用户，缩短产品和消费者之间的距离，实现低成本的口碑传播，甚至能支撑品牌溢价效应。

3. 锁定合适口碑传播者

将正确的品牌信息传递给有影响力的人可以让品牌影响力或产品销量得到爆炸式增长，因此口碑营销需要锁定合适的传播者。口碑传播者尽量是第三方，以客观有真实感的口吻传播口碑，更易赢得消费者的信任。口碑传播者可以是深受品牌文化感染的用户，"铁杆粉丝"，目标用户群体中的意见领袖，如业内专家、权威媒体、名人、垂直领域网红等。优秀的口碑传播者不仅能提高品牌知名度，而且能驱动消费者接触、认可、购买、喜爱产品，以点带面推动口碑和品牌的建设，有效增加最终的转化率。

4. 选择有效传播渠道

口碑影响并不是独立存在的，需要与论坛、微博、软文、新闻和事件等辅助与配合。口碑的传播渠道需要根据产品的属性进行选择，尽可能选择目标用户群相互之间的联系纽带作为传播渠道。粉丝渠道，如品牌的官方抖音、小红书、微博、微信等渠道，只能影响自身的粉丝，所以影响力的大小还要看自身粉丝的多少。社交网络渠道包括微信群、微信朋友圈、QQ群、QQ空间等；媒体渠道则包括记者采编、权威媒体等。

头脑风暴

社交媒体上的口碑营销对企业的影响有多大？请分享一个社交媒体上积极或负面口碑影响了汽车品牌的案例，并探讨汽车企业如何应对这种情况。

_____

_____

八、互动营销

互动营销是指企业在营销过程中与消费者进行交流，让消费者直接与企业对话，能够让消费者更加深入地了解产品的特点和性能，企业由此能了解客户的需求，做出各方面的改进，满足客户，巩固原有的客户群体。互动营销是一个双边行为，其中一边是消费者，另一边是企业，抓住共同利益点，找到巧妙的沟通时机和方法将双方紧密结合起来，以达到互助推广的营销效果。

在新媒体时代，互动营销是众多企业开展营销活动的发展方向，是企业营销战略中的重要组成部分。互动营销的实质就是充分考虑消费者的实际需求，切实实现商品的实用性。互动营销的形式可以是线上互动，如自媒体；也可以是线下互动，如商场活动、门店活动等。

（1）签到　　企业可将签到活动设置在微信公众号、微博中，也可通过小程序设置，并通过一定的奖品来激励用户参与，如发红包、抽奖、连续签到送赠品等。

（2）互动游戏　　以各种互动游戏的形式吸引用户参与活动，用户可扫码参与活动，扫码即成为企业公众号粉丝，互动且吸粉。通过用户的游戏成绩排名来派发奖品，也可以设置成绩门槛，用户达到设定的游戏成绩即可以领取奖品。

（3）投票活动　　用户可以参与投票，也可以上传作品参赛，根据获得的票数获取设定的奖品或通过竞猜获取奖品。

（4）助力型活动　　参与的用户需要分享活动界面给微信好友，通过好友助力，集齐设定元素才可以参与抽奖。

（5）设计互动型 H5　　传统展示型 H5 已无法满足年轻消费者对新奇事务的好奇心，互动型 H5 能够让消费者参与到 H5 剧情的发展过程中，通过互动引起共鸣。

九、社群营销

社群营销是一种将一群具有共同爱好的人，通过感情及社交平台连接在一起，运用有效的管理手段使社群用户保持较高的活跃度，为达成某个目标而设定任务，通过长时间的社群运营，增强社群用户的集体荣誉感和归属感，以加深品牌在用户心中的印象，提升品牌凝聚力的营销方式。社交平台包括微博、微信、社区、论坛等。

社群营销是目前能做到的较低成本转化并实现裂变增长的营销手段，可以从以下方面展开。

1. 社群定位

想做好社群营销，首先要准确定位社群，找到社群成员之间的共同特征，也就是常说的用户画像。准确定义群名，群名就应该是社群的定位，相当于招牌，定位清晰，能更精准地开展用户营销。

2. 设计社群结构

组织运营团队，包括群主和管理员的设置；设置运营规则，不遵守群规的有相应的处理；还要设置意见领袖，带领发起话题讨论。

3. 分享有价值内容，培养种子用户

分享有价值的内容是最关键的，每天分享和群定位相关的一些关键内容，并发展种子用户，种子用户中最好有一些熟悉的人，这样能响应号召，配合度高，才能带动气氛，形成活跃的社群氛围。

4. 社群引流，维护社群

合理设置门槛，吸引精准的用户。如果没有入群门槛，引来非精准流量，这个社群就毫无价值。同时，按照群规则积极维护社群，避免变成一个只发广告的僵尸群，这时候想要再次激活就难了。

　　如何维护社群的秩序和氛围，防止社群变成纯粹的广告发布群？有哪些措施可以避免成员的流失和不活跃现象？

_____

_____

十、借势营销

　　借势营销是借助大众关注的社会热点、流行文化、娱乐新闻、媒体事件等，潜移默化地把营销信息植入其中，来提高自身品牌的曝光度和知名度，从而实现品牌推广和用户增长的目标。借势营销的核心思想是利用外部资源和环境，增强自身品牌的竞争力和吸引力。如制作当前热点事件或流行文化相关主题的广告、发布相关主题的社交媒体内容、举办相关主题的线上或线下活动等，吸引用户关注和参与。通过与当前热点事件或流行文化相关联，借势营销可以快速吸引用户的注意力和兴趣，提高品牌曝光度和知名度。

　　借势营销的优点是可以快速提高品牌曝光度和知名度，同时可以降低营销成本和提高转化率。但是，借势营销存在一些风险和挑战，例如难以控制外部环境和资源，难以保证品牌与热点事件或流行文化的相关性等。实施借势营销的要点有以下几方面。

　　（1）选择合适的热点事件或流行文化　借势营销的成功与否，很大程度上取决于选择的热点事件或流行文化是否与品牌相关，是否能够吸引目标用户的关注和兴趣。因此，在选择热点事件或流行文化时，需要考虑品牌的定位和目标用户的需求，选择与之相关联的内容和活动。

　　（2）保持品牌特色和风格　借势营销虽然是利用外部资源和环境来提高品牌曝光度和知名度，但是品牌的特色和风格仍然是吸引用户的关键。因此，在实施借势营销策略时，需要保持品牌的独特性和一致性，避免过度迎合热点事件或流行文化，导致品牌形象模糊或失去特色。

　　（3）制订合适的营销计划和策略　借势营销需要制订合适的营销计划和策略，包括选择合适的营销渠道、制作相关主题的广告、发布相关主题的社交媒体内容、举办相关主题的线上或线下活动等。同时，需要考虑营销成本和预期效果，制订合理的预算和目标，确保营销策略的可行性和有效性。

　　（4）加强监测和管理　借势营销需要加强监测和管理，及时发现和解决问题。例如，需要监测用户反馈和口碑效应，及时调整营销策略和内容，避免出现负面影响。同时，需要加强对外部环境和资源的管理，避免侵犯他人权益或违反相关法律法规。

　　借势营销是一种有效的营销策略，可以快速提高品牌曝光度和知名度。但是，在实施借势营销策略时，需要注意平衡品牌推广和用户体验，同时需要加强监测和管理，及时发现和解决问题。

小提示

　　在学习过程中，需要不断地思考、探究和辩证看待汽车网络与新媒体营销的现象、问题和策略，培养思辨意识，形成独立思考的能力，从而更好地应对复杂的营销环境。

　　同时，要有较高的社会责任感和公益意识，注重商业效益的同时，也要关注社会效益，实现企业和社会的双赢。因此，在策划新媒体营销内容时要注重社会责任的体现，弘扬社会主义核心价值观，为企业的可持续发展和社会的进步贡献自己的力量。

 学以致用

任务工单　初识汽车新媒体营销的主要模式

专业		班级	
姓名		学号	

一、任务目标

认识汽车新媒体营销策略的主要类型，并能正确分析汽车企业的新媒体营销策略。

二、任务内容

1. 收集汽车新媒体营销策略的资料。

2. 分析总结其成功和不足的方面。

三、任务实施

1. 任选一种汽车新媒体营销策略进行深度分析。

2. 查阅收集资料，分享一个成功的案例。可结合某一点来展开介绍，如：

1）在社群营销中，种子用户在社群营销中有着怎样的作用？如何培养种子用户并激发其在社群中的活跃度？

2）在借势营销中，如何既保持品牌的特色和风格，又与热点事件或流行文化相协调？

任务三　认知汽车用户运营策略

任务目标

知识目标

1）理解用户运营的概念。

2）了解汽车用户运营的内容。

3）掌握汽车用户运营的步骤。

能力目标

1）具备选择适当的指标评估汽车新媒体用户运营效果的能力。

2）具备进行用户拉新、促活、留存及转化的能力。

3）具备构建汽车用户画像的能力。

素养目标

培养学生的数据思维、法制意识和信息安全意识。

思维导读

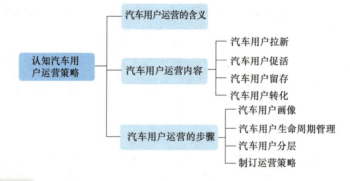

任务导入

　　小王留意到很多汽车经销商都开通了公众号、短视频账号等新媒体渠道进行车型推广，通过内容营销、活动互动等方式吸引用户关注，并进行用户分群精准推送，将感兴趣的潜在用户转化为预约客户。他意识到新媒体营销实现商业转化，用户运营是必不可少的一环。这让他对用户运营、数字化转型有了新的认识，于是开始了解用户运营的含义、内容和步骤等。

知识解读

一、汽车用户运营的含义

　　汽车用户运营是指汽车企业通过一系列活动、策略来管理和维护汽车用户的关系，提供良好的用户体验，建立长期的客户关系，并促进业务增长的过程。它涉及与潜在用户、车主和其他相关用户进行有效的沟通、互动和关怀。用户运营工作主要围绕四方面展开，包括拉新、促活、留存及转化。

随着互联网和社交媒体的普及，越来越多的汽车企业将重心转向新媒体，与用户进行互动、建立品牌形象和促进业务增长。开展新媒体运营，用户是核心。汽车新媒体用户运营的目标是通过新媒体平台与用户进行互动和传播，建立积极的用户关系，提升用户满意度和忠诚度，并促进品牌影响力和业务增长。它强调与用户的互动和关怀，通过提供有价值的内容、个性化服务和引导用户参与，建立用户社群和用户口碑传播，从而针对精准用户开展新媒体工作，最终提高转化率和曝光量，为企业带来持续的品牌价值和市场竞争优势。

衡量汽车新媒体用户运营效果的指标可以根据具体的目标和策略而有所不同，常用的指标如下。

1）粉丝或关注者数量：衡量用户运营效果最直接的指标是新媒体平台上的粉丝或关注者数量。通过统计粉丝或关注者的增长和减少情况，可以了解达到用户运营目标的程度。

2）社交媒体互动指标：互动指标反映了用户在新媒体平台上的活跃度和参与度，这包括评论数、点赞数、分享数、转发数、点击率等。高互动指标表示用户对内容感兴趣，参与度较高。

3）帖子/内容的曝光和传播：衡量帖子或内容在新媒体平台上的曝光度和传播范围。可以通过计算帖子的曝光量、分享量、转发量、帖子传播的网络范围等指标来评估内容的影响力和传播效果。

4）点击率：是指广告或内容在新媒体平台上的点击量与展示量之比。较高的点击率表示用户对广告或内容感兴趣并进行了点击，从而增加了用户与品牌的互动和参与。

5）网站/应用的访问量：通过统计网站或应用的访问量，了解用户通过新媒体平台访问品牌网站或应用的情况。较高的访问量表示用户对品牌感兴趣，愿意了解更多相关信息。

6）转化率：是指用户从潜在状态转变为实际购买或采取行动的比例。较高的转化率表示用户运营策略成功地促使用户采取行动。

7）参与活动和促销的用户数量：统计参与品牌活动、促销和竞赛等用户数量，评估用户参与度和对品牌的兴趣。

8）用户满意度：用户满意度反映了用户对品牌和产品的整体体验和满意程度。可以通过调查、用户反馈和评价等方式收集用户满意度的数据。较高的用户满意度表示用户运营策略成功地吸引和留住了用户。

综合考虑多个指标，可以全面地评估汽车新媒体用户运营的效果，并根据实际情况进行优化和改进。

二、汽车用户运营内容

1. 汽车用户拉新

汽车用户拉新是指汽车企业通过各种策略和措施吸引新的用户，使他们成为汽车品牌的潜在或现实消费者。汽车用户拉新的重要性在于扩大用户基础、增加销售机会，并为汽车企业带来持续的业务增长。通过有效的市场推广、广告宣传、产品创新和用户关系建立，汽车企业能够吸引更多的潜在用户，建立良好的品牌形象，并提高市场竞争力。

想一想

判断汽车品牌在新媒体平台上的用户拉新效果有哪些指标？

_____

_____

利用新媒体进行汽车用户拉新是现代汽车行业中常用的策略之一。汽车企业利用新媒体平台进行用户拉新的主要步骤如下：

1）确定目标用户群体：首先需要明确目标用户群体的特征和兴趣，包括年龄段、地理位置、购车意向、偏好和需求等方面的信息。通过细分用户群体，可以更精确地定位目标受众，并针对他们制订相应的拉新策略。

2）有针对性的内容营销：通过新媒体平台发布有针对性的汽车内容，满足潜在用户的需求和兴趣，包括新闻报道、产品介绍、购车指南、行车安全知识、技术解读等。使用多媒体元素（如图片和视频），增加内容的吸引力和分享性，确保内容质量高、有价值且与用户群体相关。

3）社交媒体广告宣传：利用社交媒体平台的广告工具进行有针对性的广告投放，以吸引潜在用户的关注和参与。通过设置准确的广告定位和兴趣标签，将广告展示给符合目标用户群体的人群。同时，优化广告内容和呈现方式，使其与用户的兴趣和行为一致，提高广告的点击率和转化率。

4）数据分析和优化：持续监测和分析新媒体平台上的数据，了解用户的行为和反馈。根据数据分析结果，不断优化拉新策略和活动，以提高效果和转化率。

通过以上方法和步骤，汽车企业可以利用新媒体平台有效地进行汽车用户拉新。重要的是与目标用户群体建立联系、提供有价值的内容、互动和参与，以及持续优化拉新策略，以实现用户增长和业务发展。

2. 汽车用户促活

汽车用户促活是指在汽车企业通过一系列策略和措施激发用户的参与和互动，提高他们在汽车品牌新媒体平台上的活跃度，如在社交媒体平台上积极互动和回应用户，定期组织线上和线下的活动，提供个性化的推荐内容和定制化的服务等。促活的目标是增强用户的黏性和忠诚度，增加用户与品牌之间的互动和关系，以提高品牌影响力和用户参与度。

（1）判断用户活跃度的标准　判断用户活跃度的标准可以根据不同的平台和业务需求有所不同。评估用户在特定平台或应用上的活跃程度常用的标准如下。

1）登录频率和时长。用户的登录频率和在平台上的停留时长可以反映其活跃度。较频繁的登录和较长的停留时长通常表示用户对平台内容或服务的兴趣和参与度较高。

2）互动行为。用户在平台上的互动行为是评估活跃度的重要依据，包括发布评论、点赞、分享、转发、私信交流等。较多的互动行为通常表示用户对内容的关注和参与度较高。

3）发布内容的频率和质量。如果用户在平台上频繁地发布内容，尤其是高质量和有价值的内容，那么可以认为他们具有较高的活跃度。用户在平台上分享自己的经验、观点、图片或视频等，能够吸引其他用户的关注和互动。

4）参与活动的程度。用户参与平台上举办的各种活动、竞赛和调查等也是评估活跃度的重要指标。参与活动的程度可以体现用户对品牌或平台的关注和参与程度。

通过对用户在平台上的行为数据进行分析，如点击量、浏览量、访问路径等，可以了解用户的参与度和活跃度。较多的点击量和浏览量、多样化的访问路径等都可以显示用户的活跃程度。需要注意的是，不同平台和业务可能有不同的定义和评估活跃度的指标。因此，在评估用户活跃度时，应根据具体情况选择合适的指标，并结合多个指标综合考量，以得到更全面的活跃度评估结果。

（2）汽车用户促活策略

1）新媒体平台互动和组织活动：鼓励用户参与互动和活动，提高他们的活跃度，包括投票、调查、评论、分享和用户生成内容等，组织有奖互动活动，提供抽奖、特别优惠等激励，吸引用户积极参与。同时，及时回复用户的评论和提问，与他们进行互动，增强用户对品牌的参与感和归属感。

2）个性化推荐和定制化服务：通过数据分析和用户行为了解，提供个性化的推荐内容和定制化的服务。根据用户的兴趣、喜好和购车需求，向他们推荐相关的车型、配置和购车方案。为用户提供定制化的购车咨询和服务，提高用户的参与度和满意度。

3）精准推送和提醒：利用新媒体平台的推送通知和个性化消息功能，向用户提供及时的提醒和信息。例如，定期推送维护提醒、新车上市信息、促销活动通知等，以引起用户的注意并促使他们参与相关活动。

4）用户反馈和建议收集：积极收集用户的反馈和建议，了解他们的需求和意见。通过在线调查、意见反馈表、用户评价等方式，给予用户表达意见和参与的机会，并回应他们的反馈。这不仅可以提高用户满意度，还能增强用户对品牌的参与感和忠诚度。

通过以上策略，汽车企业可以利用新媒体平台促进汽车用户的参与度和活跃度，重要的是不断与用户互动、提供有价值的内容、个性化的服务，并鼓励用户参与活动。这将增强用户对品牌的关注度和忠诚度，并促使他们成为品牌的忠实倡导者。

头脑风暴

探讨不同的汽车用户促活策略的优势和适用场景。

_____

_____

3. 汽车用户留存

用户留存是指汽车企业通过各种策略和措施，使已经成为用户的消费者继续保持对品牌的忠诚度，延长他们在品牌的使用周期，减少用户的流失和转移。

（1）判断汽车新媒体用户流失的标准

1）不活跃用户数量：不活跃用户是指在一段时间内没有与品牌或平台互动的用户。可以根据定义的不活跃时间阈值（如 30 天、60 天、90 天）来确定不活跃用户的数量。较高的不活跃用户数量可能意味着用户流失的情况。

2）注销或取消关注数量：监测用户的注销行为或取消关注的数量。用户主动选择注销账户或取消关注可能表示他们不再对品牌或平台感兴趣，从而导致流失。

3）平均使用时长减少：通过比较不同时间段内用户在新媒体平台上的平均使用时长，可以观察到用户的活跃程度是否下降。若平均使用时长明显减少，可能意味着用户对品牌或平台的兴趣降低，面临流失风险。

4）转化率下降：转化率是指用户从潜在状态转变为实际购买或采取行动的比例。如果用户转化率明显下降，无法完成预期的购车或相关行动，可能表示用户对品牌或平台的兴趣和参与度下降，存在流失风险。

5）低互动指标：互动指标包括用户评论、点赞、分享、转发、点击率等行为指标。若用户的互动指标显著下降，说明用户与品牌或平台的互动程度降低，可能预示着用户流失。

6）客户投诉或负面反馈增加：监测用户的投诉和负面反馈数量，如社交媒体上的负面评论、投诉邮件等。若投诉或负面反馈数量增加，可能反映用户对品牌或平台的不满，存在流失风险。

以上标准可以根据实际情况和业务需求进行选择和调整。综合考虑多个指标，可以全面地评估汽车新媒体用户流失的情况，并根据分析结果采取相应的措施，以提高用户留存和忠诚度。

（2）汽车用户留存策略　在运用新媒体进行汽车用户留存时，可以采取以下策略：

1）定期发布有价值的内容：通过新媒体平台（如公司网站、官方博客、社交媒体等）定期发布与汽车相关的有价值内容，如行业资讯、汽车技术解读、购车指南、驾驶技巧等。这些内容能够吸引用户的关注和参与，保持用户对品牌的兴趣和忠诚度。

2）建立用户社区和分享平台：在新媒体平台上建立汽车用户社区或专属论坛，让用户能够相互交流、分享使用经验和感受。提供一个用户之间互动和与品牌互动的平台，促进用户的留存和忠诚度。

3）个性化用户关怀和服务：通过新媒体平台持续关注用户的反馈和需求，与用户进行个性化沟通和关怀，回应用户的留言和评论，提供专业的解答和帮助，以及提供个性化的售后服务、购车咨询、独家生日礼品、积分兑换等，增强用户对品牌的信任和满意度，促进留存。

4）数据分析和优化：持续分析新媒体平台上的数据，了解用户行为、参与度和留存情况。根据数据分析结果，优化留存策略和活动，持续改进用户体验和参与度，提升留存效果。

综合运用上述措施和策略，结合新媒体平台的特点和功能，汽车企业可以提高用户在新媒体平台上的留存率，增强用户与品牌的连接，促进持续的用户参与和品牌影响力的提升。

4. 汽车用户转化

汽车用户转化是指通过一系列新媒体营销和推广活动，将潜在用户或普通用户转变为具有实际购车意向或完成购车行为的用户。换句话说，转化是指成功地引导用户从兴趣和关注阶段进入购车阶段，实现用户的购车行为或其他相关行动。

（1）汽车用户转化效果的指标

1）销售转化率：是指从潜在客户到实际购车客户的转化比例。它表示在一定时间内潜在客户中有多少人最终完成了购车行为，是衡量销售业绩的重要指标。

2）线索转化率：是指将潜在客户转化为具有明确购车意向的客户的比例。线索可以是用户填写表单、预约试驾、搜索车型信息等行为，线索转化率反映了营销活动的效果。

3）点击转化率：是指通过广告、软文或其他新媒体内容引起用户点击到目标网页的比例。通过点击转化率，可以了解广告或内容的吸引力和用户对进一步行动的兴趣。

4）注册转化率：是指将访问网站或应用的用户转化为注册用户的比例。它衡量了用户对品牌或平台的兴趣和参与度。

5）社交分享转化率：是指用户通过社交媒体分享品牌内容或活动后，其他用户点击并转化为潜在客户或购车客户的比例。社交分享转化率反映了用户对品牌的认可和推荐力。

汽车企业了解用户在购车决策过程中的转化情况和行为变化，从而优化运营策略和提高用户转化效果。不同的指标可能在不同的阶段具有不同的重要性，综合考虑多个指标才能全面评估汽车用户转化效果。

（2）汽车用户转化策略　提升新媒体汽车用户转化率需要综合运用多种策略和手段，包括以下方法：

1）定位正确的用户：通过数据分析和市场调研，准确定位潜在购车用户的特征和需求。了解目标用户的兴趣、行为和偏好，针对性地提供个性化的内容和营销活动，增加用户的参与度和购车意愿。

2）简化用户转化路径：确保用户转化过程简单明了，避免烦琐的步骤和冗长的表单填写。通过优化用户界面和购车流程，降低用户购车的难度和阻碍，提高用户的转化率。

3）提供有价值的内容：在新媒体平台上提供与汽车相关的有价值内容，如购车指南、汽车技术解读、用户案例分享等。有价值的内容能够吸引用户的关注和参与，提高品牌认知和用户忠诚度。

4）个性化推荐和定向广告：利用新媒体平台的数据分析和个性化推荐功能，向用户提供个性化的购车方案和优惠活动。定向广告可以精准地推送与用户需求相关的信息，增加用户的购车意愿和转化率。

5）数据分析和优化：持续跟踪和分析用户转化数据，了解用户的行为和转化路径。根据数据分析结果，不断优化营销策略和用户体验，提高转化率和用户满意度。

通过综合运用以上策略，汽车企业可以有效提升新媒体汽车用户的转化率，将潜在客户转化为实际购车客户，并增加品牌的影响力和市场份额。

想一想

不同平台用户的转化路径不同，举例说明一个新媒体平台，如短视频平台、公众号的用户转化路径。

三、汽车用户运营的步骤

汽车新媒体用户运营是一项复杂的工作，涵盖多个步骤，以提供个性化、精准化的服务，吸引用户、留存用户，并促进用户转化。汽车新媒体用户运营的主要步骤如下。

1. 汽车用户画像

用户画像是新媒体运营工作的起点，并且为用户运营锚定整体方向。通过收集和分析汽车用户的基本信息、兴趣爱好、购买行为等数据，可绘制用户画像，对汽车用户进行分类。汽车用户画像能帮助企业更好地了解不同汽车用户群体的需求，有针对性地开展后续的汽车用户运营策略。汽车用户画像的步骤如下：

（1）**数据收集与整合**　首先，需要收集汽车用户在网站、移动应用、社交媒体等渠道的行为数据和基本信息。这些数据包括汽车用户的年龄、性别、地理位置、搜索行为、点击行为、购买行为、兴趣爱好、互动行为等，同时，对数据进行整合和清洗，剔除无效数据、重复数据和缺失数据，保证数据的质量。

（2）**提炼用户标签**　提炼用户标签是汽车用户画像建立的基础。它是通过若干个关键词或特征来描述用户的基本信息和行为，从而形成汽车用户画像的轮廓。这些关键词或特征可以帮助企业更好地了解汽车用户，制订个性化的营销策略。通过了解以下3个因素来提炼用户标签：

1）WHO：汽车用户是谁，即分析固定属性。在提炼用户标签的过程中，首先需要确定用户是谁。这包括汽车用户的基本信息，如年龄、性别、地理位置和职业等。这些信息可以从汽车用户在注册时提供的数据中获取，也可以通过其他途径获得，如社交媒体上的用户信息。

2）WHERE：汽车用户在哪里，即分析用户路径。确定汽车用户在哪里也是提炼用户标签的重要一环。这包括汽车用户活跃在哪个平台，常用的社交媒体或论坛是哪些等。这些信息可以通过数据分析和汽车用户调研获得。

3）WHAT：汽车用户在做什么，即分析用户场景。用户场景是指用户在特定情境下的行为和需求，这是汽车用户画像的关键。不同的用户场景对于汽车企业的营销策略和服务提供都有不同的影响。了解汽车用户在不同场景下的需求，可以为汽车企业提供更个性化和针对性的服务。

因此，提炼用户标签可以用以下公式来描述

$$用户标签 = 固定属性 + 用户路径 + 用户场景$$

（3）**描绘用户画像**　综合汽车用户固定属性、用户路径及用户场景后，提炼出关键词，就形成了一套完整的汽车用户标签（表2-3-1）。新媒体运营者需要在用户标签的基础上进行画像描述，呈现完整的汽车用户特征。

汽车用户画像是一个持续优化的过程。在进行用户标签的提炼时，需要不断循环研究和优化更新用户标签，并结合数据分析和用户调研，不断调整和完善汽车用户画像的轮廓。这样，汽车企业可以更加深入地了解用户，实现精准营销和个性化服务，提高用户的满意度和忠诚度。

表 2-3-1 用户画像标签

标签类别		常用标签	举例
固定属性	基本信息	年龄、性别、地理位置、婚姻状况	年龄段（青少年、青年、中年、老年） 性别（男性、女性） 地理位置（城市、乡村、海外）
	社会属性	职业、教育程度、社会地位、出行方式	职业（学生、上班族、自由职业者等）
	行为偏好	用户的兴趣爱好、消费行为、网站浏览习惯	兴趣爱好（运动、美食、旅游等） 购买偏好（汽车、时尚、科技产品等） 网站浏览频次（每天、每周、每月等）
用户路径		常用的社交媒体或论坛、常用的搜索网站、购物喜好平台	主要活跃平台（微信、微博、抖音等） 常用社交媒体（微信、QQ、Facebook、Instagram、Twitter 等） 购物平台（淘宝、京东、唯品会等）
用户场景		用户在某特定场合或特定时间的行为	上下班路上，晚上睡前等场景内，用户如何学习、如何娱乐等

小提示

汽车企业应严格保护用户的个人隐私和信息安全。在数据收集和使用过程中，遵守相关的法规，保护用户的隐私权益。

想一想

在绘制汽车用户画像时，目标用户的标签是不是越多越好？

_____

_____

2. 汽车用户生命周期管理

新媒体汽车用户的生命周期可以分为导入期、成长期、成熟期、休眠期和流失期，如图 2-3-1 所示。

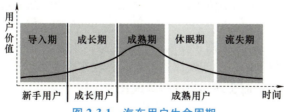

图 2-3-1 汽车用户生命周期

在不同生命周期阶段，汽车企业需要针对用户的特点和需求制订不同的新媒体运营策略，以提高用户的满意度和忠诚度，促进用户的持续成长和发展。

（1）导入期　导入期是指用户刚刚接触汽车品牌或产品，对企业了解较少，或仅在新媒体平台上完成注册，需要通过新媒体渠道吸引用户的兴趣和关注。导入期运营策略包括：

1）品牌传播：通过新媒体平台，推广汽车品牌形象和特色，提高品牌知名度。

2）引导互动：利用有趣的内容、互动活动等方式，吸引用户主动参与互动，培养用户兴趣。

3）新用户福利：为新用户提供专属的优惠和礼品，激励其体验和试用汽车产品。

（2）成长期　成长期是指用户逐渐了解并使用新媒体平台，对企业有了一定认知，并完成首次关键行为，如完成一次完整的视频播放或首次付费。在这个阶段，需要持续培养用户，增强其对汽车品牌的忠诚度。成长期运营策略包括：

1）个性化推荐：根据用户的兴趣和行为，提供个性化的汽车推荐和定制服务，增加用户黏性。

2）定期互动：通过新媒体平台，与用户保持良好的互动，回应用户的问题和反馈，建立良好的用户关系。

3）用户教育：提供汽车知识和驾驶技巧等内容，帮助用户更好地了解汽车产品和用车知识。

（3）成熟期　成熟期指用户对汽车品牌或产品已经非常熟悉，对企业有较高的忠诚度和满意度。在这个阶段，需要维持用户的忠诚度，提供更优质的服务和内容。成熟期运营策略包括：

1）会员权益：推出会员专属权益和优惠，激励用户购买和使用汽车产品。

2）专属活动：邀请成熟用户参加特殊活动和体验，加强用户与品牌之间的情感联系。

3）社群运营：建立汽车品牌的社交媒体社群，促进用户之间的互动和分享。

（4）休眠期　休眠期指用户对汽车品牌或产品失去兴趣，活跃度下降。在这个阶段，需要通过针对性的运营策略唤醒用户的兴趣，重新吸引其回流。休眠期运营策略包括：

1）个性化营销：通过个性化的推送和内容，重新激活休眠用户，引导其重新关注和体验汽车产品。

2）专属优惠：提供休眠用户专属的优惠和礼品，鼓励其再次购买或参与活动。

3）活动邀请：邀请休眠用户参加特殊活动和独家体验，重拾对汽车品牌的兴趣。

（5）流失期　流失期指用户对汽车品牌或产品没有兴趣，超过一段时间未登录或访问。这个阶段，虽然用户已经离开，但仍可以通过一些运营手段挽回流失用户。流失期运营策略包括：

1）用户调查：了解用户离开的原因和不满意之处，帮助企业改进产品和服务。

2）流失用户回访：定期回访流失用户，了解其对产品的看法和改进意见，争取再次合作的机会。

3）专属回流优惠：提供流失用户专属的回流优惠，吸引其重新关注本品牌。

通过针对不同生命周期阶段的新媒体运营策略，汽车企业可以更好地满足用户需求，提高用户满意度和忠诚度，从而实现用户的持续成长和发展。

3. 汽车用户分层

在进行汽车用户分层时，新媒体运营者可以借助 RFM 模型来设计管理层级。RFM 模型是一种用于评估用户价值状况的方法，它通过最近 1 次消费（Recency）、消费频率（Frequency）、消费金额（Monetary）这 3 个指标来对用户进行分析和分类。

但是，对于不同的企业、不同的产品，3 个指标需要进行相应的变化。对于汽车新媒体运营来说，可以将 3 个指标进行调整，见表 2-3-2。

表 2-3-2　汽车新媒体营销 RFM 指标

汽车网络与新媒体营销平台	三大指标
汽车企业官网	最近 1 次登录、登录频率、浏览时长
车企 APP	最近 1 次打开、打开频率、停留时间
抖音账号	最近 1 次打开、打开频率、浏览时长

根据这 3 个指标，可以将汽车新媒体用户群体划分为 8 个用户层级，如图 2-3-2 所示。

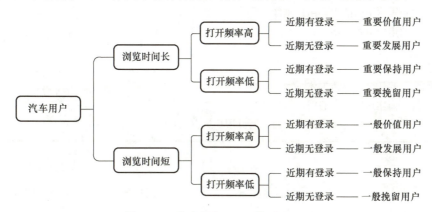

图 2-3-2　汽车用户 RFM 模型分层图

4. 制订运营策略

划分出不同的用户级别后，新媒体运营者需要进行精细化用户运营，尤其是将重点精力投在优质用户上，制订具体的新媒体运营策略，包括品牌宣传、内容营销、社交媒体运营、优惠促销、会员权益和用户关怀等方面，以满足不同用户的需求和提高用户满意度，提高营销效果。例如对于活跃度高、打开频率高或浏览时间长的重要用户，可以为其提供定制化的购车咨询和服务，或定期推送维护提醒、促销活动通知等。

头脑风暴

选取几个不同层级用户分析其采用相应的新媒体运营策略是什么。

_____

_____

 学以致用

任务工单　认知汽车用户运营策略

专业		班级	
姓名		学号	

一、任务目标

针对不同新媒体平台不同的用户画像制订不同的用户运营策略。

二、任务内容

1. 分析不同新媒体平台的主要用户画像。
2. 制订相应的用户运营策略。

三、任务实施

1. 列举你熟悉的几个汽车新媒体平台。
2. 查阅资料，描述这些平台的用户画像特征。
3. 从拉新、促活、留存与转化 4 个方面，制订用户运营策略。

序号	平台名称	用户画像	用户运营策略
1			
2			
3			

模块三　实　战　篇

项目三

汽车网销实战运用

汽车网销实战运用主要包含四个学习任务：新媒体图文设计与制作、网站的设计与制作、网店的设计与制作、H5设计与制作。

任务一　新媒体图文设计与制作

 任务目标

知识目标

1）了解图片格式。

2）掌握图片色彩搭配技巧。

3）掌握图片文字设计技巧。

4）掌握电商海报设计与制作技巧。

能力目标

1）具备根据企业需求设计图片的能力。

2）具备使用工具设计网络电商广告的能力。

素养目标

1）培养学生的用户导向思维，以用户需求为中心进行新媒体图文设计与制作。

2）激发学生的设计热情，培养学生的审美意识，提高学生的创意设计能力。

 思维导读

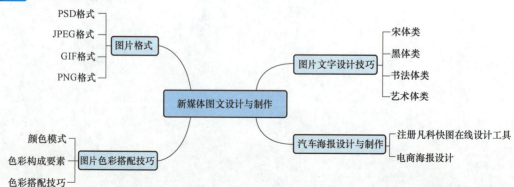

任务导入

小王看到汽车企业通过网上发布宣传海报、在线下派发宣传单，发现这种线上+线下的图片宣传方式给企业带来了不少客流量，于是小王产生了学习新媒体图文设计的想法。如何进行新媒体图文设计？汽车电商广告设计应掌握哪些技巧？

知识解读

在实体店中，消费者可以通过观看、品尝、触摸、倾听等方式感知商品，而网上购物只能通过图片、文字、视频等形式对商品进行判断。图片是网页中最直观的元素，也是最容易让浏览者了解商品的元素之一。生动的图片可以跨越语言和地域的差异，清晰地展现商品特点。可见，图文视觉效果对产品销量起着举足轻重的作用。

一、图片格式

图像格式指的是图像文件存放在记忆卡上的格式，即用计算机表示和存储图像信息的格式。同一幅图像可以用不同的格式存储，不同格式之间所包含的图像信息并不完全相同，因此，文件大小也有区别。由于数码相机拍下的图像文件很大，其存储容量却有限，因此图像通常都会经过压缩再存储，分为有损压缩和无损压缩。因此，了解图片格式有助于在设计网页时有针对性地选择图片类型。常见的图片格式有 PSD、JPEG、GIF、PNG。

1. PSD 格式

PSD 格式是 Photoshop 图像处理软件的专用图像格式，文件扩展名是 .psd。它具有极强的操作灵活性，可以支持图层、通道、蒙版、未栅格化的文字和不同色彩模式的各种图像特征。因此，以该格式存储的图像所占用的存储空间相对更大。但是这种格式可以保留所有原始信息，在图像处理中对未完成制作的图像可以选用 PSD 格式保存。值得注意的是，由于 PSD 图像文档容量较大，很多浏览器不支持显示，通常将 PSD 格式文档存储为 JPEG、GIF 或 PNG 格式。

2. JPEG 格式

JPEG 是联合照片专家组（Joint Photographic Experts Group）的缩写，文件扩展名是 .Jpg 或 .jpeg，是常用的图像文件格式。JPEG 格式可针对彩色或灰阶的图像进行大幅度的有损压缩。但是 JPEG 压缩技术非常先进，在获得极高的压缩率的同时能展现丰富生动的图像。也就是说，JPEG 格式可以用较小的磁盘空间获得较好的图像品质。一般情况下，若不追求特别精细的图像品质，可以选用 JPEG 格式存储图像。JPEG 格式的图像多用于网络和光盘读物上，它是数码相机用户较为熟悉的存储格式。

3. GIF 格式

GIF 是图像交换（Graphics Interchange Format）格式的简称，分为静态 GIF 格式和动态 GIF 格式，文件扩展名是 .gif。它是一种压缩位图格式，支持透明背景图像。GIF 格式文件短小、下载速度快，网店中很多小动画都是 GIF 格式，但 GIF 格式只能显示 256 色。GIF 格式是把多幅图像保存为一个图像文件，从而形成动画，最常见的是通过一帧帧的图片串联起来的动画形式。归根到底 GIF 仍然是图片文件格式。和 JPEG 格式一样，GIF 格式是一种在网络上非常流行的图形文件格式。目前几乎所有相关软件都支持它，公共领域有大量的软件都在使用 GIF 图像文件。

4. PNG 格式

PNG 是一种无损压缩的格式，是专门为图像的网络展示的文件格式。它吸取了 JPEG 格式和 GIF 格式的优点，既能保留所有与图像品质有关的信息，又能把图像文件压缩到极限，以利于网络传输。完成商品图片后，可以选择 PNG 格式存储图像，不仅可以提高网络上传速度，还利于在不同的浏览器中快速打开图像。

案例分享

使用数码相机等设备拍摄的图片占用一定的存储空间，网站、网店、微信公众号等平台对图片都有一定的尺寸和格式限制。以淘宝店铺为例，网店对店标、店招、宝贝分类、促销区公告和宝贝描述等不同模块的图片有尺寸和格式要求。了解这些限制，是做好图片设计的前提条件。表 3-1-1 所示为淘宝网页中常见的图片格式和尺寸。

表 3-1-1　淘宝网页中常见的图片格式和尺寸

序号	常见的图片形式	支持图片格式	尺寸要求（像素）
1	店标	GIF、JPG、PNG	80×80
2	商品主图	GIF、JPG、PNG	800×800
3	直通车推广图	GIF、JPG、PNG	800×800
4	钻石展位图	GIF、JPG、PNG	640×200、520×280、160×200、375×130、520×280、640×200、800×90
5	宝贝分类图	GIF、JPG	宽度≤148
6	公告栏图	GIF、JPG	宽度≤340、建议高度不超过450
7	店招图	GIF、JPG、PNG	950（天猫990）×120（默认）1920×150（全屏）
8	轮播图片	GIF、JPG、PNG	950×（450~650）（默认）
9	全屏轮播图	GIF、JPG、PNG	1920×（400~600）（建议）

二、图片色彩搭配技巧

一幅令人赏心悦目的图片能吸引消费者，因此从事新媒体图像设计的工作者要掌握色彩搭配技巧。相反，一幅颜色"乱搭"的图片会让消费者质疑店铺的审美水平，甚至质疑商品的质量，所以商品图片的色彩搭配尤为重要。

1. 颜色模式

主流的颜色模式包括 RGB 模式、CMYK 模式、LAB 模式和灰度模式等。可以根据图片最终的用途在各种颜色模式之间进行合适的转换，例如，显示器、投影仪等发光物体使用 RGB 模式，打印机等吸光物体使用 CMYK 模式。

（1）RGB 模式　RGB 模式通过对红（R）、绿（G）、蓝（B）3 个英文单词的第 1 个字母，由红色、绿色、蓝色 3 个颜色通道的变化以及它们相互之间的叠加来得到各种颜色，因此也称为加色模式。计算机定义颜色时，R、G、B 3 种成分的取值范围是 0~255，0 表示没有刺激量，255 表示刺激量达到最大值。R、G、B 均为 255 时就合成了白色，R、G、B 均为 0 时就形成了黑色。RGB 模式由光源发出的色光混合生成颜色，一般用于电视、幻灯片、网络和多媒体等。

（2）CMYK 模式　CMYK 模式是当阳光照射到一个物体上时，这个物体会吸收一部分光线，并将剩下的光线进行反射，反射的光线就是人眼所看见的物体颜色。CMYK 代表印刷上用的 4 种颜色，C 代表青色（Cyan），M 代表洋红色（Magenta），Y 代表黄色（Yellow），K 代表黑色（Black）。在印刷中，它们分别代表 4 种颜色的油墨。在 CMYK 模式中，颜色由光纤照到不同比例的 C、M、Y、K 油墨的纸上，部分光谱被吸收后，反射到人眼中的光而产生的。RGB 模式与 CMYK 模式在本质上没有区别，只是产生色彩的原理不同。RGB 模式产生颜色的方法是加色法，CMYK 模式产生颜色的方法是减色法。在处理图像时，一般不采用 CMYK 模式，因为存储空间较大，一般在印刷时才把 RGB 模式转换为 CMYK 模式。

（3）LAB 模式　LAB 模式是 Photoshop 图像处理软件内部的颜色模式，由 R、G、B 3 个基色转变而来，是 RGB 模式转换为 HSB 模式和 CMYK 模式的桥梁。例如，要把 RGB 模式的图像转换为 CMYK 模式的图像，Photoshop 在内部首先把其转换为 LAB 模式，再由 LAB 模式转换为 CMYK 模式。在 LAB 模式下定义的色彩最多，且与光线和设备无关，在处理图片时将图像转换为 LAB 模式后，通过调整的图片产生较明亮的色彩。

（4）灰度模式　灰度模式中只有黑、白、灰 3 种颜色，它是一种单一色调的图像，即黑白图像。用单一色调表现图像，1 个像素的颜色用 8 位元来表示，一共可表现 256 阶（色阶）的灰色调（含黑和白），也就是 256 种明度的灰色。它是从黑→灰→白的过渡，灰度图像的每个像素都有 1 个 0~255 之间的亮度值。其中，0 为黑色，255 为白色，亮度是唯一影响灰度图像的要素。

2. 色彩构成要素

在色彩的视觉展现中，色相、明度、纯度是色彩最基本的三要素，是人眼能够正常感知色彩的基本条件。熟悉并灵活应用三要素是新媒体图文设计的基础。

（1）色相　色相指各类色彩视觉感受，色相具体指的是红橙黄绿青蓝紫等各种颜色。它们的波长各不相同，光波较长的色彩给人较强的视觉冲击；反之，冲击力较弱。红色是波长最长的色彩，紫色是波长最短的色彩。红橙黄绿蓝紫以及处在它们之间的橙红、橙黄、黄绿、蓝绿、蓝紫、紫红等 12 种色彩组成色相环。在色相环的各种色彩中加入白与灰可以产生多种色彩。色相主要体现实物的固有色和冷暖色，如图 3-1-1 所示。

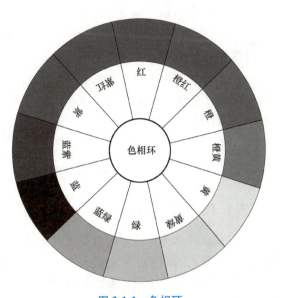

图 3-1-1　色相环

（2）**明度** 明度是眼睛对光源和物体表面敏感程度的感觉，取决于光线的强弱，指的是色彩的深浅和明暗程度，如图 3-1-2 所示。色彩明度的变化即深浅的变化，可使色彩更加具有层次感。明度值越高，图像的效果越明亮、清晰；明度值越低，图像的效果越灰暗。图像与背景的明度越接近，辨别图像越困难；反之，图像与背景的明度相差越大，辨别图像越清晰。

（3）**纯度** 纯度也称为饱和度，是指色彩鲜艳度与混浊度的感受。在同一色相中，纯度越高，越鲜艳、越明亮，给人较强的视觉刺激效果；反之，纯度越低，越柔和、平淡。纯度的变化会带来色彩性格的变化。因为有了纯度变化，界面才更加鲜明。

图 3-1-2 明度示意图

3. 色彩搭配技巧

一幅图的色彩包括主色、辅助色和点缀色，一般遵循的"黄金比例"是 7∶2∶1，即主色色域占总面积的 70% 左右，辅助色占总面积的 20% 左右，点缀色占总面积的 10% 左右。合理的颜色搭配使图片更加和谐，不会喧宾夺主。

（1）**主色** 在新媒体图文设计中，主色是画面中面积最大、最受瞩目的色彩，决定了整幅图文的风格。主色一般控制在 1~3 种颜色，过多点缀会让人产生视觉疲劳，辅助色和点缀色都应围绕主色进行搭配。新媒体图文设计应根据商品特征、消费群体容易接受的色彩进行搭配。如双 11 汽车营销海报可采用鲜艳的红色为主色，传达热情、兴奋、饱满、幸福等感觉。以汽车周边产品服装搭配为例，主色一般指大衣、裙子、长裤等的颜色。

（2）**辅助色** 辅助色的作用是辅助和衬托主色，所占用的面积略少于主色，否则给人头重脚轻的感觉。合理的辅助色能丰富界面色彩。以汽车周边产品服装搭配为例，辅助色一般指上衣、背心、短外套等的颜色。

（3）**点缀色** 点缀色有牵引和提醒的作用，面积一般比较小，可以是一种或多种颜色。巧妙使用点缀色可以使画面层次分明，达到画龙点睛的效果。

 想一想

请说说自己身上的服饰，其主色、辅助色和点缀色分别有哪些。

在百度搜索"汽车海报"图片，挑选一幅感兴趣的海报，说说该海报的主色、辅助色和点缀色分别是哪些。

三、图片文字设计技巧

文字是新媒体图片内容的重要组成部分，与色彩相辅相成。文字的设计要与画面风格相符合，格格不入的图文搭配会让人产生反感，这样会导致客流量的损失。新媒体图片的文字设计能增强视觉营销效果，提高画面的诉求力，增强信息传达力。图文设计时，需要根据文字内容和文字载体的应用场合、产品风格等方面综合考虑。字体类型不宜太多，一般控制在

3 种以内，并且字体之间是紧密关联的。

不同的字体类型给人带来不同的视觉感受。从视觉感官与应用的角度来说，字体类型可以分为宋体类、黑体类、书法体类和艺术体类等，如图 3-1-3 所示。

新媒体图文设计　　　　　　　　（宋体）

新媒体图文设计　　　　　　　（微软雅黑）

新媒体图文设计　　　　　　　（黑体）

新媒体图文设计　　　　　　　　（楷体）

图 3-1-3　几种不同类型的字体

1. 宋体类

宋体是比较传统的字体，笔画方正、纤细、结构严谨，体现了秀气、端庄和优雅。宋体类的字体有华文系列宋体、方正雅宋系列宋体、汉仪系列宋体等。以 Canva 在线设计平台的素材为例，其宋体图文效果如图 3-1-4 所示。

图 3-1-4　应用宋体的图文效果

2. 黑体类

黑体字又称为方体或等线体，没有衬线装饰，笔画横平竖直，体现了阳刚、端正和气势。黑体类的字体有方正黑体简体、方正大黑简体、思源黑体等。以 Canva 在线设计平台的素材为例，其黑体图文效果如图 3-1-5 所示。

3. 书法体类

书法体指的是具有书法风格的字体，自由多变、顿挫有利，给人以古典文化气息，能赋予商品较强的文化底蕴。书法类的字体有隶书、行书、草书和楷书等。以 Canva 在线设计平台的素材为例，其书法体的图文效果如图 3-1-6 所示。

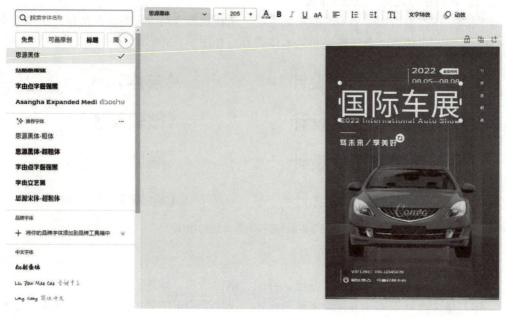

图 3-1-5　应用黑体的图文效果

图 3-1-6　应用书法体的图文效果

4. 艺术体类

艺术体是指非正常的、特殊的、印刷用的字体，其笔画和结构都进行了形象化处理，可提高图文的艺术品位。艺术类的字体有娃娃体、新蒂小丸子体、汉鼎和文鼎等。以 Canva 在线设计平台的素材为例，其艺术体的图文效果如图 3-1-7 所示。

图 3-1-7　应用艺术体的图文效果

团队成员赏析 Canva 在线设计平台关于汽车的素材，综合考虑设计背景、应用场景、营销效果等因素，探讨图文的颜色搭配、字体选择等是否合理。

四、汽车海报设计与制作

网络上有各种免费的新媒体在线设计工具，提供丰富的版权图片、原创插画以及各类优质设计模板。用户可以在选择喜欢的模板之后，进行简单修改即可创建出电商海报、海报、简历、Banner、名片和邀请函等各类设计。下面以电商广告为例，讲解凡科快图在线设计工具的网页操作。

1. 注册凡科快图在线设计工具

在百度搜索"凡科快图"，进入凡科快图官方网站，单击界面右上角的"注册"，采用手机、邮箱或微信等方式注册，如图 3-1-8 所示。登录后，即可进入设计界面。

知识拓展

通过参考在线设计工具提供的模板，用户可以构思自己的图片版式。用户在学习、借鉴在线编辑器的同时，尽量开发、设计自己的作品。新媒体图文设计需要向浏览者展现商品的核心卖点，通过美观精致的图片向消费者传达商品信息，树立消费者对品牌的信任度并提高销量。用户在掌握在线设计工具的同时，还需要了解新媒体平面设计的要点，学习版式的构成、颜色的搭配和图像文字的选择等。

63

图 3-1-8　凡科快图账号注册界面

2. 电商海报设计

（1）选择合适的模板　凡科快图提供了大量的免费模板，如营销海报、新媒体配图、网站电商、印刷物料、企业办公、社交生活、广告投放等。

步骤1：单击左侧"新建设计"即可开始设计，如图3-1-9所示。

图 3-1-9　新建设计

步骤2：选择合适的模板进行编辑，这里以"手机海报"为例，如图3-1-10所示。

图 3-1-10　选择"手机海报"

步骤3：在"手机海报"界面中，展示了海量的模板，包含了不同的主题，如春节、情人节、母亲节、父亲节、儿童节、国庆节以及商务、旅游、促销等。在搜索栏中输入"汽车"主题，挑选符合企业营销目的、应用场景的模板。这里以"简约风汽车促销倒计时手机海报"搜索结果为例，如图3-1-11所示。

图 3-1-11　选择合适的模板

（2）图片编辑　步骤1：把该汽车图片替换为自己的产品。可以单击右边的"更换图片"，也可以双击该图片，如图3-1-12所示。

图 3-1-12　更换图片

步骤2：在弹出的对话框中，可以在"我的素材"中上传已准备好的素材图片，也可以在搜索栏中搜索相关主题，如"汽车"，选择心仪的素材进行替换，如图3-1-13所示。

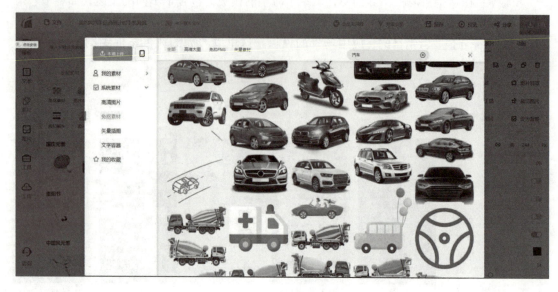

图 3-1-13　选择替换素材

步骤 3：根据版面位置，调整替换图片的大小，图 3-1-14 所示。

图 3-1-14　调整素材大小

知识拓展

　　单击某图片，表示选中该图片，可以对该图片进行美化操作。如进行 AI 抠图、图片特效、画笔工具、裁切图片等操作，还可以调整该图片的像素、透明度，选择圆角、滤镜、图片填充色等。此外，还可以添加旋转出现、弹性放大、向上淡入、向左飞入、向上弹跳等入场动画，添加弹跳、闪现、脉冲、震动、钟摆等强调动画，添加淡出、弹跳、缩小、旋转、悬挂脱落、加速退出等退场动画，如图 3-1-15 所示。

图 3-1-15　美化图片

（3）文字编辑　步骤 1：编辑文字。双击需要替换的文字，在编辑框中输入新替换的文字。

步骤 2：美化文字。在对话框右侧，可以对文本进行优化，如重新选择字体、字号、加粗、斜体、下划线、删除线、文字背景色、对齐方式、字间距等，增加平面特效或 3D 特效，选择阴影、描边、弧度等。还可以像编辑图片一样添加入场动画、强调动画和退场动画等，如图 3-1-16 所示。

图 3-1-16　编辑和美化文字

（4）预览效果并导出作品　除了对模板、文本、素材和图片进行编辑外，还可以选择编辑界面左侧的"工具"，把二维码、图表、表格、词云、地图、背景穿透等工具合理地应用到编辑界面中，如图 3-1-17 所示。对界面的编辑确认无误后，单击右上角的"下载"按钮即可。

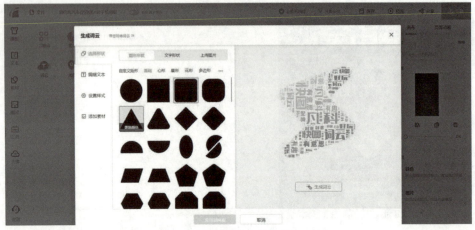

图 3-1-17　巧用工具

作品完成后，可以根据载体对图文大小的要求，调整作品的尺寸，如图 3-1-18 所示。

图 3-1-18　调整作品大小

 学以致用

任务工单　新媒体图文设计与制作

专业		班级	
姓名		学号	

一、任务目标

学会汽车新媒体图文的设计与制作。

二、任务内容

请你为某汽车经销店设计一张周年庆典海报。

三、任务实施

1. 了解某经销店的经营特色。
2. 了解相关经销店周年庆典活动的特色。
3. 了解该经销店的周年庆典活动策划情况。
4. 根据该经销店的周年庆典活动策划情况，设计一张周年庆典海报。

序号	事项	具体内容
1	某经销店的经营特色	
2	相关经销店周年庆典活动特色	
3	该经销店的周年庆典活动策划情况	
4	经销店的周年庆典活动海报设计	

任务二　网站的设计与制作

任务目标

知识目标

1）了解汽车网站搭建的意义。

2）认识汽车网站和界面。

3）熟悉网站制作流程。

4）掌握汽车网站设计与制作技巧。

能力目标

1）具备信息收集、处理和加工的能力。

2）具备根据企业需求进行网站策划的能力。

3）具备使用工具设计网站的能力。

素养目标

1）培养学生按时守信的诚实作风、乐观向上的敬业精神、沟通协作的团队意识、探索实践的创新能力，以及主动获取知识和应用知识的自主学习能力；

2）培养学生勤奋学习的态度、务实求真的工作作风和创新意识，高度的责任心和良好的团队合作精神，审美水平和创意设计能力。

思维导读

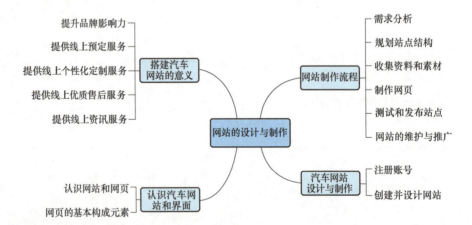

任务导入

小王在汽车经销店兼职期间，发现很多消费者在来实体店之前已经对该品牌的汽车有了一定的了解。其中，大部分消费者是从企业的官方网站上了解有关汽车的信息。小王开始探索搭建汽车网站有什么意义？网站应包含哪些内容？如何搭建汽车官网？

知识解读

随着互联网的快速发展，汽车网络营销已经成为一种非常有效的营销手段。借助互联网可以向消费者提供有关企业的信息和新闻，如企业简介、企业文化、汽车信息，以及汽车维修、美容等相关汽车技术知识，从而树立品牌形象，提升综合实力。

一、搭建汽车网站的意义

网络成为汽车营销的新宠不仅在于它是信息传播和广告发布的重要途径，还表现在它已经成为厂家和经销商的全新营销平台。搭建汽车网站具有很大的意义：

1. 提升品牌影响力

通过企业专用网，可向消费者提供企业相关咨询，强化品牌影响力，展示企业商品，达到营销推广的效果，提升客户对品牌的忠诚度。如"本田中国"官网，为消费者提供了"Honda 产品""Honda 技术""Honda 赛事""Honda 资讯""关于 Honda""社会贡献"等内容，如图 3-2-1 所示，让消费者通过网站就能了解该品牌的企业文化、相关资讯以及产品性能等内容。

图 3-2-1　"本田中国"官方网站首页

2. 提供线上预定服务

网上预定功能是为意向客户提供优质购车服务的项目之一，消费者无须到实体店，只需要使用计算机或者手机就可以随时随地查看汽车网站，对比汽车性能和价格，了解经销商活动，与线上销售顾问实时互动。图 3-2-2 所示为"丰田中国"官方网站的线上预约体验和线上预约购车界面。只需要下载官方 APP 进入订购界面、选择经销店并查看该店终端销售价格、线上签署购车合同并支付定金、生成线上可视化订单追踪车辆状态、车辆到店完成提车这 5 个步骤，即可方便又快捷地完成网上订购。

3. 提供线上个性化定制服务

通过网站，消费者足不出户即可定制自己喜欢的汽车。网上订车模式打破了固有的研发模式，广泛吸取用户的反馈，真正地生产出符合消费者需求的产品。图 3-2-3 所示为一汽奥迪官方网站的个性化订购界面。消费者可以从车型、外观（车漆颜色、车毂、灯光、车身）、内饰（风格、座椅、转向盘、装备升级包、其他配置）、其他装备（驾驶辅助系统、舒适装备、泊车辅助系统）等方面定制心仪的汽车。

图 3-2-2 "丰田中国"官方网站的线上预约体验和线上预约购车界面

图 3-2-3 一汽奥迪官方网站的个性化订购界面

4. 提供线上优质售后服务

越来越多的汽车品牌商把营销策略的重心不仅放在售前，对售后服务也越来越重视。售后服务是影响品牌信誉，提高综合竞争力的一个有效途径。图 3-2-4 所示为奔驰汽车官方网站的售后服务界面。其不仅提供了"客户关怀热线"，在"车主服务"中还提供了"服务指南""保养维修及救援""选装配件及精品""EQ 客户服务"等服务。

5. 提供线上资讯服务

汽车品牌通过自建网站、各大门户网站汽车频道（如新浪汽车、网易汽车等）、汽车论坛（如汽车之家、爱卡汽车网论坛）等发布汽车品牌相关信息，如提供汽车报价、汽车图片、汽车视频、汽车价格及车型信息，频繁更新多条汽车新闻和报价等。图 3-2-5 所示为新

图 3-2-4　奔驰汽车官方网站的售后服务界面

图 3-2-5　新浪汽车网界面

浪汽车网界面。其中"试车"栏目提供了体验试驾、购车完全指南、SUV 测评、海外试驾、好车对对碰等服务;"导购栏目"提供了购车手册、相对论、竞争力分析、购车帮帮忙、车型导购、行情导购等服务。

> **头脑风暴**
>
> 　　不同汽车品牌的自建网站都有各自的特点,浏览自己感兴趣的汽车网站,说说该网站从哪些方面体现了对本品牌的宣传。
>
> _____
>
> _____

二、认识汽车网站和界面

1. 认识网站和界页

（1）**网站**　网站是在因特网上根据一定的规则,使用 HTML（超文本标记语言）等工具制作的用于展示特定内容相关网页的集合。人们可以通过网站来发布自己想要公开的资讯,或者利用网站来提供相关的网络服务,获取自己需要的资讯或者享受网络服务。

（2）网页　网页是构成网站的基本元素，是承载各种网站应用的平台。人们上网浏览的页面就是网页。当在网页浏览器输入网址后，经过一段复杂而又快速的程序，网页文件会被传送到用户的计算机，再通过浏览器解释网页的内容，从而展示给用户。一个网页通常是一个单独的 HTML 文档，包括文字、图像、声音和超链接等元素。

2. 网页的基本构成元素

文本、图像、超链接、音频、视频等是网页的基本元素，这些元素的有机组合形成不同类型、不同风格的网页。

（1）文本　文本是网页中非常重要的基本元素，也是页面中主要的信息载体。文本体积小，传输速度快，所以用户可以快速地浏览和下载。网页中的文本样式多变、风格不一，能很好地吸引浏览者的注意力。需要注意的是，文本的颜色要与背景颜色区分开，以便于用户能清晰地看到文本内容；标题、段落要注意字符的大小，以及行间距、字间距、首行缩进等；同一面的文本样式不宜太多，最好控制在 3 种以内。

（2）图像　图片比文字更生动、更具体、更直观。图片能传递文本不能传递的信息，具有强烈的视觉冲击力。例如淘宝网的横幅广告、钻展图、直通车图、详情页等都是利用图片来吸引消费者。图片是网页中不可或缺的元素，在考虑图片的美观性和清晰度的同时，也要考虑图片的容量，以免影响网页下载速度。

（3）超链接　各个网页链接在一起后，才能真正构成一个网站，而超链接就是实现这一功能的"桥梁"。也就是说，超链接指的是从一个网页指向一个目标的连接关系。这个目标可以是另一个网页，也可以是相同网页上的不同位置，可以是文字链接、图像链接和锚链接等。当浏览者单击已经链接的文字或图片后，链接目标将显示在浏览器上，并且根据目标的类型来打开或运行。通常，把鼠标指针移动到网页对象上，如果鼠标指针变为手的形状，说明该对象是一个超链接，单击该对象就可以链接到目标页面。

（4）音频　人耳所能听到的声音，其最小的频率是 20Hz、最大的频率是 20kHz。20kHz 以上人耳是听不到的，因此音频的最大带宽是 20kHz。要在计算机内播放或是处理音频文件，也就是要对声音文件进行数、模转换，这个过程同样由采样和量化构成。音频文件可以使网页效果更加多样化，营造一个轻松愉快的网络购物环境，达到良好的营销效果。网页中常见的音乐格式有 mid、MP3。

（5）视频　根据视觉暂留原理，当连续的图像变化每秒超过 24 帧画面时，人眼无法辨别单幅的静态画面，看上去是平滑连续的视觉效果，这样连续的画面称为视频。现代浏览器对视频相关功能的支持做了很大提升，HTML5 中新增了 <video> 标签，使用它可以嵌入视频到网页中。可以通过设置属性来控制视频的播放、暂停、音量、播放速度、循环等功能。HTML5 支持多种常用的视频格式，如 MP4、WebM 和 Ogg 等，并且可以通过设置多个 <source> 标签来指定不同的视频格式，以兼容不同的浏览器。HTML5 还提供了 JavaScript API 用于对视频进行控制，例如可以通过 JavaScript 代码来控制视频的播放、暂停、音量和播放速度等。

三、网站制作流程

明确了网站的建设目的后，即可根据需求分析确定网站的风格、业务逻辑和网页规模等，并实施网站建设方案，最后进行测试与后期维护。网站开发的流程一般分为以下 5 个步骤：

1. 需求分析

开发网站的起点是需求分析，这决定了网站能否吸引浏览者。需求分析两个方面，一方面要符合网站建设委托者的需求：了解网站当前需求和日后可能出现的需求、网站的总体风格和视觉效果、主界面和次界面数量以及网站实际运行的环境等；另一方面要对浏览者进行需求分析：对浏览者的年龄、学历、爱好、职业特点和消费水平等进行定位分析，对浏览者的浏览习惯、浏览目的和潜在需求等进行综合分析。

2. 规划站点结构

确定了网站的需求后，就要确定站点结构。规划站点结构是为了更好地服务浏览者，帮助浏览者快速地找到自己所需要的内容。图 3-2-6 所示为某品牌汽车网站的站点结构。

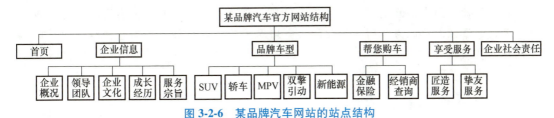

图 3-2-6 某品牌汽车网站的站点结构

想一想

开发网站而不做站点规划，可能会出现什么后果？

_____

_____

3. 收集资料和素材

确定站点结构后，就可以着手收集网站建设的相关资源，如文字资料、图像素材、企业信息等，主要形式有文字、图像、音频和视频等。需要注意的是，收集的素材应分类保存，方便随时调用。例如，"品牌车型"为一个文件夹，子文件夹有"SUV""轿车""MPV""双擎引动""新能源"等。

4. 制作网页

当一切准备完成后，就可以进行网页制作了。通常使用图像处理软件（如 Photoshop 等）设计网页中的图像、网页版式和网页的配色方案等。应根据企业要求和浏览者需求进行网页的色彩搭配和素材图像的选择。

5. 测试和发布站点

发布站点之前需要在因特网上申请一个主页空间，指定网站或主页在因特网上的位置。这就需要申请域名，域名要容易记忆，与网站内容相关；还要申请服务器空间，这样网站才可以被浏览者访问。

在创建网站的过程中，由于各网页的反复设计、重新调整，或者由于工作疏忽使网站的链接使用本地绝对链接（文件或目录在硬盘上真正的路径），可能会导致所指向页面的超链接被移动或者删除。网站上传到服务器后，需要网站开发者测试每一个链接是否有效，杜绝失效链接。

6. 网站的维护与推广

网站的内容要与时俱进，信息滞后的网站不能吸引消费者。定期对站点的某些页面进行更新，让网站内容"保鲜"来吸引消费者。例如，某款汽车计划进行新车发布，营销人员要联合网站维护人员开展新闻发布会、新车性能展示、测评结果等活动，全方位推广该款新车。工作人员还需要定期检查页面元素和各超链接是否正常，检查后台程序是否被不法分子窜改或入侵。此外，还应做好网站推广工作，例如竞争搜索引擎排名、与其他网站交换链接、发布因特网广告等。

> 💡 **小提示**
>
> 在有限的时间内，开发一个网站不能仅凭一己之力完成，而是需要团队合作。通过网站开发，增强沟通能力与团队管理能力，培养团队协作精神，提高自身分析问题和解决问题的实践能力。

四、汽车网站设计与制作

凡科建站是一款在线自助建站产品，无须懂技术代码、无须租用空间，利用完善、智能的系统即可轻松快速创建企业官网、电商网站、手机网站和微网站。这里以凡科建站为平台讲解汽车网站的搭建。

1. 注册账号

在百度搜索"凡科建站"，进入凡科建站官方网站，使用手机号或邮箱注册账号。

2. 创建并设计网站

（1）选择合适的模板　步骤1：登录账号，如图3-2-7所示，单击"进入管理"。

图 3-2-7　登录账号

步骤2：在管理界面，单击右上角的"切换网站"，在该界面可以管理网站。单击"新建网站"即可创建网站，也可以单击曾经创建的网站进行管理和编辑。创建网站后，选择要编辑的网站名称，单击界面左侧的"去设计电脑网站"或"去设计手机网站"。这里以设计电脑网站为例，如图3-2-8所示。

（2）设计网站　平台根据不同的行业进行分类，提供了大量的网站模板，如图3-2-9所示。如果没有浏览者所在行业的模板，可以在搜索栏输入关键字，如"汽车"，浏览模板，选择符合自身需要的模板进行编辑。

（3）装修网店界面

1）设置样式。编辑界面左侧的工具可方便地对模块、样式、设置、百度优化和辅助工具等进行界面优化，如图 3-2-10 所示。

图 3-2-8　新建网站

图 3-2-9　平台提供的不同行业的网站模板

图 3-2-10　编辑界面工具

步骤 1：设置主题样式。如图 3-2-11 所示，平台提供了不同的主题颜色以及排版模式，设计者可根据实际需求进行选择。

步骤 2：设置基础样式。样式分为顶部区、横幅区、版式区和底部区，用鼠标左键单击可以显示或隐藏该区域，也可以设置网站的宽度和背景颜色，还可以通过填充图片的方式设置网站背景。

步骤 3：设置顶部样式。在这里可以对顶部的类型（固定或不固定）、高度、背景和下拉框进行设置。

步骤 4：设置版式样式。在版式设置中，"横幅和导航"必不可少，因此该区域不可隐

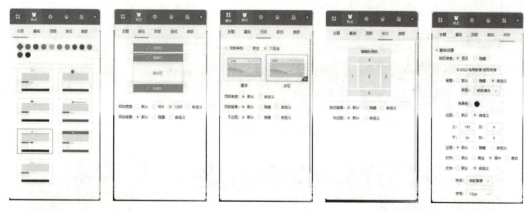

图 3-2-11　设置主题样式

藏。单击标有数字"1""2""3""4""5"的区域可以隐藏或者显示该区域。网页布局的类型有很多,一般可以分为左右型结构、川字型结构、二字型结构、厂字型结构、三字型结构、匡字型结构、同字型结构和回字型结构等,如图 3-2-12 所示。

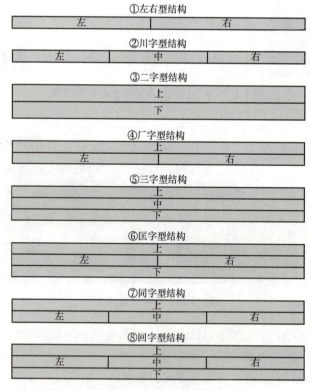

图 3-2-12　网页布局类型

2)设置网站名称和 logo。

步骤 1:设置浏览器标题。在网站首页的编辑界面,单击"设置→基础设置",在"浏览器标题"中输入内容,如"惠民汽车网站",如图 3-2-13 所示。

图 3-2-13　设置浏览器标题

步骤 2：添加网站 logo。在网站首页的编辑界面，单击左上角"添加 logo"按钮，在弹出的"添加图片"对话框中单击"更多图片"，选择凡科快图编辑图片。也可以单击"我的文件"，单击"直接上传"，选择事先已准备好的图片素材，单击"确定"按钮，如图 3-2-14 所示。添加图片成功后，可以在网站首页的编辑界面拖动 logo 的边框调整图片的大小。把鼠标放在 logo 图片上，可以进行编辑 logo、设置链接、固定 logo、添加图片描述和隐藏 logo 等操作，如图 3-2-15 所示。

图 3-2-14　添加网站 logo

图 3-2-15　优化 logo 设置

3）编辑导航栏。把鼠标移动到导航栏上方，可以对导航栏进行管理、设置固定样式、设置样式、新增栏目、隐藏和恢复排版等操作，如图 3-2-16 所示。单击"管理栏目"按钮，进入栏目管理界面，编辑一级目录、二级目录、三级目录。在网站的策划阶段已经规划站点结构，导航栏就能很好地体现站点结构。如图 3-2-17 所示，设置了"首页""服务""企业介绍""车型"等一级目录，可以单击右上角的"添加栏目"新增一级目录。在"操作"栏目下有"编辑"按钮，可以对二级目录修改栏目名称、设置超链接、选择上级栏目、选择打开方式和访问权限等。

图 3-2-16　编辑导航栏

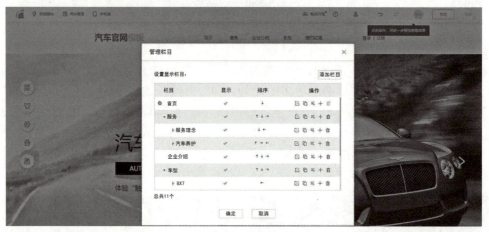

图 3-2-17　编辑栏目

4）添加网站横幅。把鼠标移动到横幅的位置，系统就会自动显示编辑横幅对话框。单击"编辑横幅"，在"常规"编辑界面可以"添加横幅"、更换横幅图片、调整横幅顺序、删除横幅、设置横幅超链接，在"切换样式""切换动画""横幅特效""高级"等编辑界面可以对横幅进行优化，如图 3-2-18 所示。

图 3-2-18　编辑横幅

5）添加并展示文章。

步骤1：单击"文章→添加文章"，如图3-2-19所示，在"常规"编辑界面，把事先已准备好的文章和图片素材复制进来并进行排版；在"高级"编辑界面，可以进行文章分类，设置发布时间、来源、作者、文章内容首图、付费下载、开启付费图文等操作；在"百度优化"编辑界面，可以对文章浏览器标题、文章详情页关键词、文章详情页描述等内容进行设置，有利于搜索引擎对网站界面进行抓取。

图3-2-19　添加文章

步骤2：单击"文章→管理文章"进入文章管理界面。在这里可以进行添加文章、删除文章、批量导入、批量修改、置顶、文章阅读权限等操作，如图3-2-20所示。同样，单击"文章→功能设置"，可以进行文章评论权限、浏览数、二维码、副标题、浏览权限、链接外部文章以及百度优化等设置；单击"文章→文章分类"，可以进行文章分类操作。

图3-2-20　管理文章

步骤3：展示文章。

方法1：通过文章列表展示文章。单击"新增模块→基础→文章列表"，选择"文章样式"，在文章选项中选择需要展示的文章，如图3-2-21所示。

方法2：单击"新增模块→新增素材→文章展示"，选择合适的样式，如图3-2-22所示。把鼠标移动到需要编辑的文章上，出现"编辑文章"的图标，单击图标，把样式中的文章替换为企业需要展示的文章，如图3-2-23所示。

6）添加并展示产品。

步骤1：添加产品参数。在添加产品之前，首先要设置产品参数，如图3-2-24所示，单击"产品→产品参数→添加产品参数"，按照实际情况进行添加。如添加"长×宽×高""轴

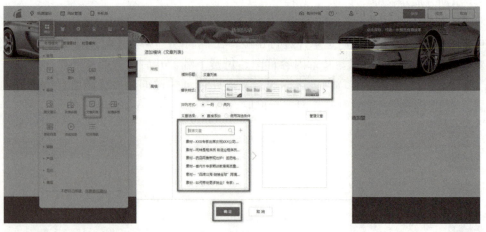

图 3-2-21　展示文章 1

图 3-2-22　展示文章 2

图 3-2-23　根据样式编辑文章

距""轮距""最小转弯半径"等参数。在"启用"栏，绿色"√"表示已启用该参数，红色"×"表示已停用该参数，还可以进行编辑、删除、调整参数顺序等操作。

步骤 2：产品分类。一个企业可能有很多产品，要对产品进行分类，才便于消费者更好

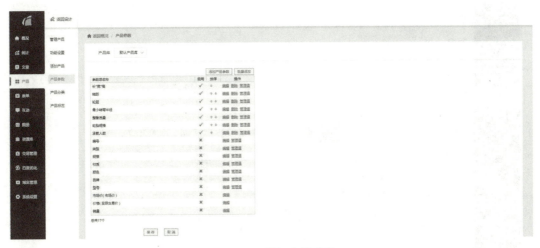

图 3-2-24　添加产品参数

地找到其需要的产品。例如，某品牌把汽车分为 SUV、轿车、MPV、双擎引动、新能源 5 类。在网站的界面中，也可以按照这 5 类展示商品。如图 3-2-25 所示，单击"产品→产品分类→添加产品分类"，在"分类名称"中分别输入类别。

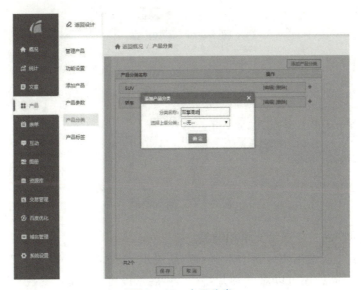

图 3-2-25　产品分类

　　步骤 3：添加产品。产品参数添加成功后，效果如图 3-2-26 所示。在"基本信息"编辑界面，按照"产品参数"的指引填写基本信息；在"产品分类"中选择步骤 2 设置的类别。单击"开启在线支付"，按照指引进行操作，即可开通在线产品订单支付功能。在"详情介绍"编辑界面，把准备好的图文复制/上传到编辑区域，即可形成商品详情页。

　　步骤 4：管理产品。产品越多，越容易混淆，要加强对产品的管理。如图 3-2-27 所示，单击"产品→管理产品"，在该编辑界面可以添加产品、删除产品、批量添加、批量修改，也可以重新设置产品的基本信息、详情介绍和百度优化等。

图 3-2-26　添加产品

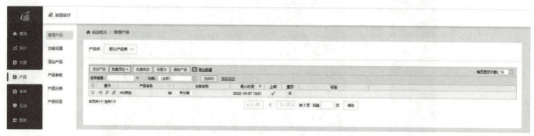

图 3-2-27　管理产品

步骤 5：展示产品，与展示文章相类似。

方法 1：单击"新增模块→新增素材→产品展示"，选择"模块样式"，在文章选项中选择需要展示的商品；还可以对"图片特效""展示设置""展示参数"等进行优化，如图 3-2-28 所示。

方法 2：单击"模块→新增素材→产品展示"，选择合适的样式，如图 3-2-29 所示。把鼠标移动到需要编辑的文本/图片上，出现"编辑文本"或"编辑图片"的图标，单击图标，替换为需要展示的图片或文字信息；还可以对文本/图片进行模块特效、模块动画、超链接等优化设置。

7）添加并展示图册。

如图 3-2-30 所示，单击"模块→新增模块→图册目录"，在"添加模块"对话框中选择模块样式，单击"+"号，在弹出的"创建图册"对话框中输入"图册名称"，如"SUV"，

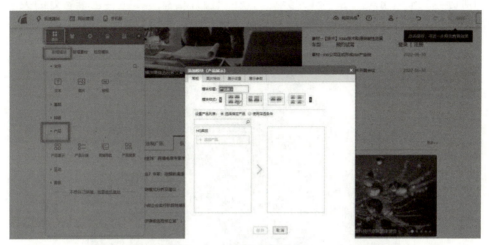

图 3-2-28　展示产品方法 1

图 3-2-29　展示产品方法 2

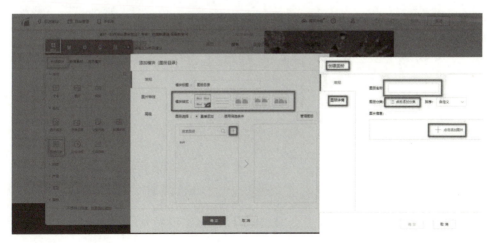

图 3-2-30　添加图册

在"图册分类"输入分类，如"SUV 分类"，在"图片信息"中上传已准备好的关于 SUV 的照片若干张；还可以在"图册详情"中输入有关图册的介绍，效果如图 3-2-31 所示。

详情介绍

　　SUV的特点是强动力、越野性、宽敞舒适及良好的载物和载客功能，也有人说，SUV是豪华轿车的舒适精细加上越野车的本性。SUV是轿车与越野车的混合体，与两者相比，SUV有着更大的优势。

图 3-2-31　图册展示效果图

 学以致用

任务工单　网站的设计与制作

专业		班级	
姓名		学号	

一、任务目标

学会汽车电子商务网站的设计与制作。

二、任务内容

1. 充分了解感兴趣的某汽车品牌的特点，模拟为该品牌设计一个网站。
2. 按照网站制作流程开展设计工作。

三、任务实施

1. 需求分析。
2. 规划站点结构。
3. 收集手机资料和素材。
4. 制作网页。

序号	内容	设计情况
1	设置样式	
2	设置网站名称和 logo	
3	编辑导航栏	
4	添加网站横幅	
5	添加并展示文章	
6	添加并展示产品	
7	添加并展示图册	
8	测试和发布站点	
9	网站的维护与推广	

任务三 网店的设计与制作

任务目标

知识目标

1）了解网上开店的优势、常见的网上开店平台，掌握网上开店的流程。

2）掌握装修店铺与发布商品的技巧。

3）掌握网店管理的技巧。

能力目标

1）具备网店开设、装修的能力。

2）具备网店运营与管理的能力。

素养目标

培养学生分析问题、解决问题的能力，沟通能力和团队协作精神，勇于创新、敬业乐业的工作作风。

思维导读

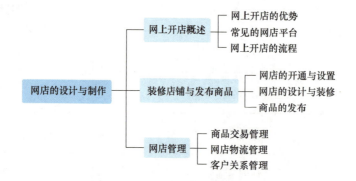

任务导入

小王看到企业通过网上开店为客户提供了很多汽车配套产品，如"爱车养车系列"提供了玻璃清洗液、燃油添加剂、车用清洁剂等；"个性选配系列"提供了车轮配件、行李舱附件、安全座椅、车载香氛、车门射灯、个性加装、脚垫等；"无忧服务系列"提供了车辆维护、商务车维护套餐、乘用车维护套餐等。不仅方便客户购买相关产品和服务，还提升了企业的服务能力和知名度。那么，如何开设网店呢？

知识解读

随着网络购物热潮的兴起，网络零售市场的发展如火如荼，汽车行业也逐渐"触网"，利用网上商店销售汽车产品、提供增值服务。

一、网上开店概述

1. 网上开店的优势

网上开店指的是店主（卖家）通过自己建立网站或者在相关网站平台（如淘宝网、京东商城、拼多多等电子商务平台）上注册虚拟的网上商店（简称网店），将所要销售的商品或服务的信息发布到网上。对该商品或服务感兴趣的浏览者进入网店后，浏览相关信息，如形象、性能、质量、价值、功能和服务等，选中商品或服务后，通过线上付款或者货到付款等方式，借助物流（如快递、邮寄）等完成商品交易的过程。网上开店有以下 3 个优势：

（1）经营成本低　相比传统商店，网店不需要像实体店那样装修，基本不需要租金、水费、电费、管理费和人工费等方面的支出；也不需要专人实时看守，大大节省了人力方面的投入。

（2）经营方式灵活　一是销售规模不受店面限制。在实体店，面积越大租金越贵；相对而言，面积越小能展示的商品品种越少。网店则不受面积限制，可以上架多款商品供消费者对比、选择。二是销售时长不受限制。实体店受到营业时间的限制，而网店能实现 24h 不打烊。三是网店门槛低，实现零库存。商品可以直接从厂家发货给消费者，而无须经过店主，甚至可以一件代发，非常方便。基本不存在库存的积压导致资金积压的情况。

（3）消费群体广泛　实体店的客户一般是居住、生活、工作在实体店所在区域的消费者。网店突破了地域的限制，消费者可以来自全国各地，甚至是其他国家。

> **想一想**
>
> 请从以下几个方面对比分析实体店和网店：交易对象、交易时间、交易地点、营销方式、营销成本、购物方式、流通环节。
>
> _____
>
> _____

2. 常见的网店平台

按照交易对象的不同，网店可以划分为多种不同的电子商务运营模式，最常见的有企业对企业模式 B2B（Business to Business）、企业对个人模式 B2C（Business to Consumer）、个人对个人模式 C2C（Consumer to Consumer）。随着互联网技术的发展和进步，网上开店的平台越来越多，部分平台已经积累了相当高的人气，选择好的平台，对网店的经营和推广非常有利。在网店平台竞争时代，可以选择 1 个或多个平台开店，如淘宝网、天猫商城、京东商城、拼多多等。

3. 网上开店的流程

与线下实体店相比，网上开店流程相对简单。这里以淘宝网个人店铺的开店过程为例。

（1）开店前的准备　开店前的准备指的是个人要对市场环境以及自身优、劣势进行分析。通过评价自身的优势（Strengths）、劣势（Weaknesses）、外部竞争上的机会（Opportunities）和威胁（Threats），对自己所处的情境进行全面、系统、准确的研究。进行了充分分析后，就要对网店进行定位。一是分析目标客户定位，明确产品卖给谁，即明确目标消费群体；二是分析销售产品定位，明确卖什么产品，即明确产品的性质、质量、样式、品牌、包装、价格和目标市场等；三是分析商品价格定位，明确怎么卖，即明确竞争策略、价格策略、产品策略、促销策略和分销策略等。

（2）**找货源和准备商品素材** 网店货源的渠道有很多。一是从批发市场进货，普通批发市场的商品价格一般性价比比较高，品种繁多、数量充足、进货时间自由。二是寻找网上货源。网上的精品批发货源有很多，以淘宝为例，登录千牛工作台，单击"商品→商品管理→找货源→工厂货源"，如图 3-3-1 所示，店主可以根据自己擅长的领域进货，如在搜索栏输入"汽车行车记录仪"，挑选合适的产品进行销售。有的批发商能实现一件代发，店主无须压货，商品直接从批发商发货到消费者手中。为了便于发布商品，确定好货源后还要准备好商品素材，如做好商品拍摄、美化商品图片、制作商品主图与详情页等工作。如果采用的是网上货源，有的批发商提供了相关的素材，店主根据实际情况完善素材即可。

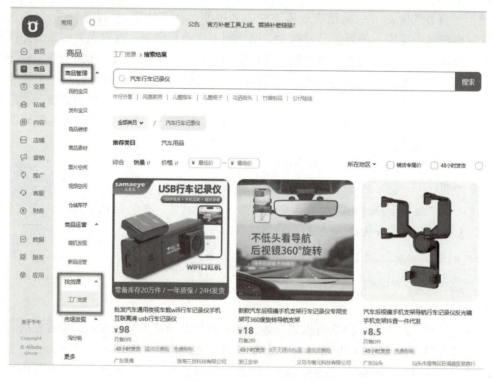

图 3-3-1　精选网上货源

（3）**选择开店平台** 不同类型的平台对商家的入驻门槛要求不同。商家应在开店之前将意向平台开店规则等了解清楚。规则是运行、运作规律所遵循的法则，也是一种管理手段。本书以淘宝为例，淘宝平台制订了一系列规则和措施来规范卖家在平台上的行为，例如淘宝规则、淘宝网特殊商品/交易争议处理规则、淘宝网定制商品管理规范、淘宝网评价规则、淘宝网商品材质标准、淘宝网信息规则、淘宝网争议处理规则等。

（4）**开设店铺** 以淘宝网开设个人网店为例，首先要了解清楚商家的入驻流程。

1）个人商家。需准备的材料有个人身份证正/反面照片、已实名认证的个人支付宝。

2）个体工商户商家。需准备的材料有营业执照类型为个体工商户，营业执照照片、法人身份证正/反面照片，已实名认证的个人支付宝或企业支付宝。

3）企业商家。需准备的材料有营业执照类型为公司（企业或农民）专业合作社等，营业执照照片，法人身份证正/反面照片，已实名认证的企业支付宝。

（5）店铺装修　好的店铺装修能带给客户好的心情，营造良好的购物环境。独具匠心的店铺装修能感动客户，增加店铺吸引力、延长客户停留时间、提升店铺形象、提高产品销量。需要注意的是，店铺的装修风格要符合店铺定位与商品品味。

（6）发布商品　发布商品就是上传商品主图、选择二级类目、设置商品名称和商品属性、上传商品详情页、设置价格和物流等。发布商品阶段非常重要，要提前分析和判断，做好能吸引消费者的主图和详情页的设计，因此要提前制作。还要合理设置商品价格，提前制订好促销策略、价格策略和营销策略等。

（7）营销推广　在买方市场，随着大量商品的生产和市场种类的细分，消费者对商品的选择越来越多。店铺开设初期，人气相对较低，需要进行适当的营销推广。推广，也就是做广告，广而告之，让更多的消费者了解店铺和商品。可以进行淘宝客、直通车、钻展等工具进行推广，也可以采用搜索引擎推广，借助论坛、百度知道、微信、微博、小红书等社交工具推广。在商品销售过程中，安排好客服人员及时与消费者进行沟通，妥善、高效地解答消费者疑问，促成订单。消费者确认购买商品后，店主需要联系快递公司揽件、填写订单号和更新订单信息等。

（8）售后服务　售后服务包括技术支持和退换货服务等。在完成交易后，买卖双方都需要对对方进行评价。如遇到买家差评或者投诉，还应尽快联系买家解决相关问题。

二、装修店铺与发布商品

1. 网店的开通与设置

（1）开通淘宝店铺　以淘宝店铺为例，打开淘宝网首页，单击右上角的"免费开店"，如图 3-3-2 所示，根据提示进行注册。值得注意的是，根据开设店铺的类型提前准备好相关材料再进行注册能提高效率。

图 3-3-2　注册淘宝店铺

（2）设置店铺基本信息　申请了淘宝店铺后，需要对淘宝店铺的基本信息进行设置。

店铺名称：店铺名称就像一个人的名字，不仅是一家店铺的代号，也是店铺外观形象的重要组成部分。好的店铺名称能迅速把店铺的经营理念传递给消费者，拉近与消费者的距离。店铺名称应该通俗易懂、彰显个性、用意吉祥、不用生僻字、与店铺商品相关。

店铺标志：店铺标志设计利用了视觉符号的象征功能，具有简洁、明确、一目了然的视觉传递效果。店铺标志整体设计所传递的气质须符合品牌战略，具备具体的、清晰的、强烈的感染力，实现品牌的气质识别。

完善店铺基础信息的操作步骤如下：

步骤1：登录淘宝，进入千牛工作台，单击"店铺→店铺信息"，单击右上角"编辑信息"按钮，进入淘宝店铺基础信息的编辑界面，填写店铺名称，如"靓车优品特卖店"，完善标志、联系地址等，如图3-3-3所示。要注意，180天内店铺名称可以修改3次。

图3-3-3　完善店铺基础信息

步骤2：查看店铺信息，根据"店铺经营建议"，单击"去完成"，完成"免登声明""便捷亮照""开店证明"等操作；单击"去管理"，完善店铺标签，获得店铺标签可在主搜商品卡片、猜你喜欢卡片等实现流量加持；单击"去推广"，参加"直通车/引力魔方/极速推100元/98元优惠券3选1领取"，也可以开启"引力魔方-智能任务"，做任务拿红包，获得流量加速权益，帮助提升投放成效，如图3-3-4所示。

 小提示

　　店铺名称应该积极向上、引人注目、彰显独立的品位与风格，给浏览者以深刻的印象。可以采用具有好的寓意、用字吉祥的名字，符合人们的审美标准。如果仅仅为了吸引他人目光，使用一些低俗的词汇，结果只会适得其反。

图 3-3-4　淘宝店铺基础信息及店铺经营建议界面

2. 网店的设计与装修

通过对网店的精心设计与装修，能让买家从视觉上和心理上感受到店主的用心与细心，能够更好地提升店铺形象，增强买家对店铺的信心。很多买家都有类似的购物经历，对店铺形象产生怀疑心理：一个装修粗陋的店铺，商品质量能好吗？店铺装修的操作步骤如下：

在千牛工作台单击"店铺→店铺装修"，在店铺装修的下拉菜单中，可以进行手机店铺装修和 PC 店铺装修，如图 3-3-5 所示。以 PC 店铺装修为例，单击"PC 店铺装修→装修模板"，淘宝官方提供了 3 个免费的装修模板，浏览后选择合适的模板，单击"马上使用"即可，如图 3-3-6 所示。如果想要更加精美的装修模板，可以单击最下方的"装修模板市场"，这里提供了大量的付费无线店铺模板和 PC 店铺模板，如图 3-3-7 所示。

图 3-3-5　店铺装修界面

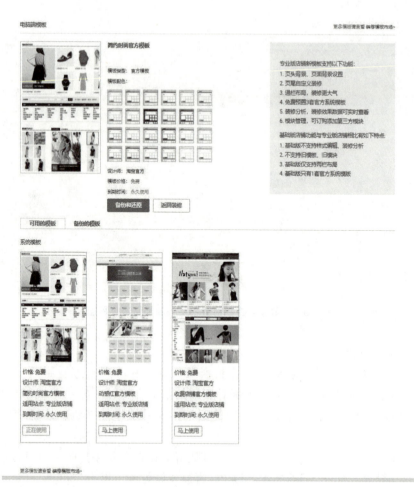

图 3-3-6 淘宝官方免费装修模板

图 3-3-7 淘宝付费装修模板

3. 商品的发布

发布商品的关键要素为商品标题、商品主图和详情描述。在商品发布之前，需要准备好商品的实物图片和信息资料，按照提示一步一步地完成操作即可。

（1）商品标题　消费者在淘宝网搜索商品一般采用两种方式，一是按照商品属性进行类目检索，二是在搜索栏输入关键词进行搜索。关键词是商品标题的重要组成元素，能提高商品的曝光率。商品标题限定在 30 个汉字（60 个字符）以内，如果商品标题没有包含买家所搜索的关键词，则该商品无法出现在搜索结果列表中。因此，商品标题非常重要。关键词可以分为以下几类：

1）核心关键词：即商品名称或俗称，如行车记录仪、车载手机支架、汽车座椅储物袋、汽车遮阳帘等。

2）属性关键词：即商品风格、材质和颜色等与属性相关的词，如很多汽车品牌开始布局周边产品，其中，服装是不错的选择（如服装的风格属性有韩版、淑女风、校园风等，材质属性有天麻、蚕丝、纯棉等）。

3）促销关键词，即关于促销的词，如折扣、特价、打折等。

4）品牌关键词：如果卖家自身是较为出名的品牌商或代理某品牌，可以在标题中加入品牌名称，因为很多消费者是冲着某品牌而购买该商品的。

5）功能关键词：该产品能达到某种功效，如防滑、遮光等。

6）人群关键词：该品牌汽车周边产品适合的消费人群，如老人、男性、女性等。

（2）商品主图　买家搜索关键词后，淘宝网通过类目筛选和关键词截取的方法推送相关商品图片，买家首先看到的便是商品主图。商品主图非常重要，关系到品牌形象和商品的单击率。

1）计算机端商品图片：大小≤3MB，宽度不能大于 5000，长度不能大于 5000，展示效果可自行把控。若图片宽高为 700×700 或以上，详情页会自动提供放大镜功能；图片空间支持上传 gif 格式，但发布页、详情页均不支持使用和展示。

2）3∶4 主图（视频）：宽度≥750px、高度≥1000px、宽高强制比例 3∶4，上限 5 张图片。设置 3∶4 主图的前提是需要设置 3∶4 主图视频，设置后商品详情页将不显示 1∶1 的主图。

3）白底图（第 5 张主图）：38K＜大小＜300K，背景为白底（白色），宽高建议 800×800，部分类目开放上传入口。

4）长图（第 6 张主图）：宽度≥480px、宽高强制比例 2∶3，宽高建议 800×1200。部分类目开放上传入口，单击上传后提供剪裁工具，无须自己剪裁。

（3）详情描述　商品标题仅仅 30 个汉字，不足以充分说明产品的详细信息，需要通过商品详情页来展示商品的具体信息。以行车记录仪为例，详情描述的内容包括网店活动介绍，如促销、预告、新款等；商品细节与特点展示，如超清画质、远程监控、手机 APP 互联、自动循环录像、语音声控、碰撞锁存等；效果展示，如安装前和安装后的使用对比图；温馨提示，如如何使用安装门店、为何视频不清晰、如何避免漏录等。发布商品的步骤如下：

步骤 1：登录千牛工作台，单击"商品→商品管理"，可以进行发布宝贝、商品装修、商品素材、图片空间、仓储库存等操作，如图 3-3-8 所示。这里以"发布宝贝"为例进行介绍。单击"发布宝贝",上传商品主图、确认商品类目,如图 3-3-9 所示。

图 3-3-8　商品管理页面

图 3-3-9　上传商品主图界面

步骤 2:确认类目后,继续完善。按照界面提示,完善商品基础信息,如商品标题、导购标题、类目属性、商品类型、店铺中分类等;完善商品的销售信息,如颜色分类、发货时效、一口价、总数量等;完善支付信息,如库存扣减方式、售后服务等;完善物流信息,如提取方式、区域限售等;完善图文描述信息,如主图图片、详情描述、上架时间等。商品信息完善后,单击最下方的"发布"即可完成商品发布,如图 3-3-10 所示。

图 3-3-10　发布商品

三、网店管理

1. 商品交易管理

　　网店的客户订单即是销售凭证，是买家付款后需要卖家进行处理的交易数据。一般的订单管理内容包括卖出商品备注、发货地址确认、卖家收货地址错误处理、取消订单、延长买家确认收货时间、买家退货处理、买家未收到货处理和买家评论管理等。如图 3-3-11 所示，进入千牛工作台，单击"交易→已卖出的宝贝"，可以查看"近三个月订单"和"三个月前订单"，以及"等待买家付款""等待发货""已发货""退款中""需要评价""成功的订单""关闭的订单"，店主可以根据不同的订单状态及时进行处理。例如，针对"等待买家付款"订单，店主可以进行催付；针对"等待发货"订单，店主督促仓库或者批发商按时发货。

2. 网店物流管理

　　在商品发布过程中，系统提示需要选择运费模板，否则商品无法正常发布。物流模板操作：进入千牛工作台，单击"交易→物流管理→物流工具→运费模板设置"，如图 3-3-12 所

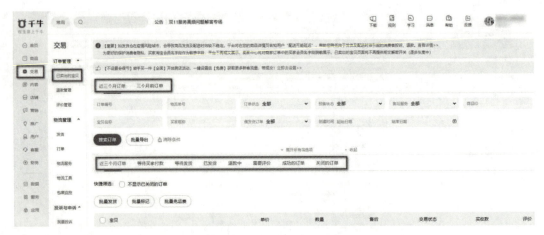

图 3-3-11　查看订单界面

示。在物流管理运费模板界面中，单击"新增运费模板"，输入模板名称，如"双十一促销"。根据实际情况输入发货地，如"中国→广东省→广州市→天河区"。勾选计价方式："按件数""按重量"或"按体积"。勾选"自定义运费"或"包邮"，如果勾选"包邮"，则所有区域的运费将设置为 0 元，且原运费设置无法恢复；如果勾选"自定义运费"，则进一步勾选"指定条件包邮"，单击"编辑"，在弹出的"选择区域"对话框中勾选包邮的区域，确认无误后单击"保存"，如图 3-3-13 所示。

图 3-3-12　设置运费模板

3. 客户关系管理

　　店主需要对在店铺发生过购买行为的消费者进行客户管理，清楚了解客户的个人信息和购买记录，通过客户的购买行为分析商品自身的优势和劣势，从而分析热销商品和滞销商品；分析客户的购买行为，了解客户的购买需求和购买心理，有针对性地进行营销决策。淘宝后台的客户关系管理操作如下：

　　1）利用客户运营平台。

　　步骤 1：登录千牛工作台，单击"用户→用户运营→人群管理"。在"人群管理"界

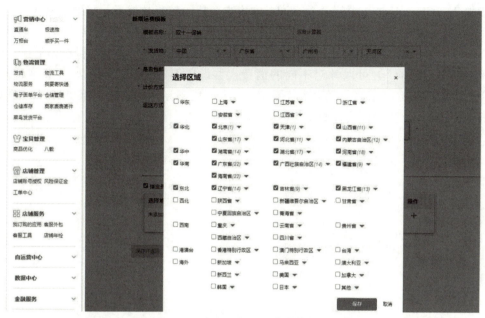

图 3-3-13　新增运费模板

面，可以查看总消费数。总消费数由新客数、老客数、粉丝数和会员数组成。其中，新客数指的是近 365 天无店铺支付且 30 天有店铺访问，或近 30 天支付 1 次且 365 天内首次支付的买家（去重）；老客数指的是近 365 天有过店铺支付的消费者数（去除首次支付的新客）；粉丝数指的是关注店铺或微淘的消费者数（去重）；会员数指的是符合入会门槛且入店铺会员的消费者数。店主还可以了解昨日新增数、新增新客变化浮动、触达转化情况，以及大促偏好会员（过去 365 天内在 S 级大促中有过购买、浏览、加购等行为的会员）、30 天内新增会员（30 天内加入店铺会员的消费者）、双 11 已购会员（本年度 10 月 21 日至 11 月 11 日有本店购买行为的会员）、90 天已购会员（90 天内有本店购买行为的会员）等 21 个细分人群情况，如图 3-3-14 所示。

图 3-3-14　客户运营核心数据

步骤 2：了解了店铺人群运营关系增长和成交变化的核心数据后，采取策略提高店铺销量。千牛工作台提供了一系列运营策略（如会员运营、老客运营、自定义运营）、触达通道（淘宝群）以及多种运营素材，还可以查看策略效果。以运营素材为例，操作如下：

单击"运营素材"，可以针对不同的消费人群设置不同的优惠群，如"新客优惠券""老客优惠券""粉丝优惠券""会员优惠券""人群优惠券"等，选择需要设置的优惠券，单击右上方的"创建优惠券"，如图 3-3-15 所示。

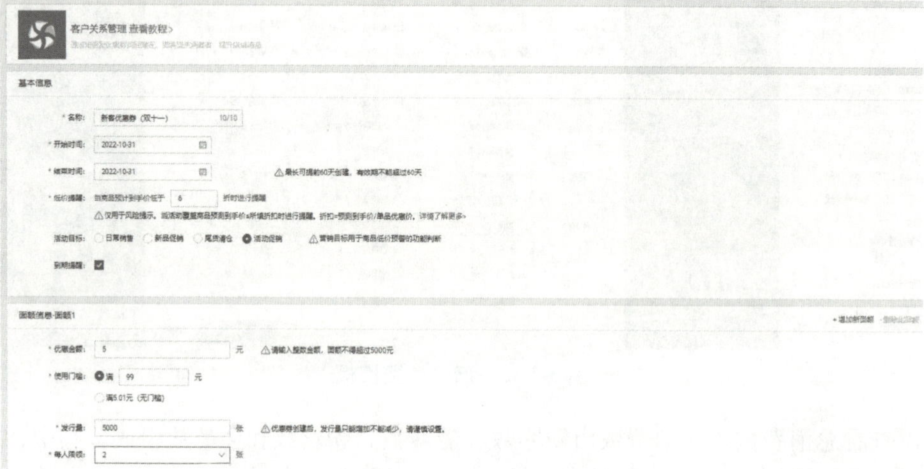

图 3-3-15　创建优惠券界面

根据实际情况填写"名称""开始时间""结束时间""低价提醒""优惠金额""使用门槛""发行量""每人限额"等内容。此外，还可以单击右侧的"增加新面额"，最多可以创建 3 个面额，如图 3-3-16 所示。

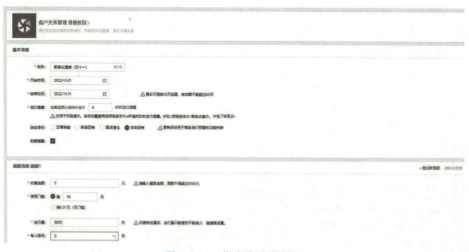

图 3-3-16　优惠券设置界面

2）利用应用市场。进入千牛工作台，单击左侧的"服务"，进入"服务市场"，在搜索栏输入"客户关系管理"或"CRM"，如图 3-3-17 所示。以"赤兔 CRM"为例，提供了会员营销、客户关怀、积分互动、客户管理、客户声音、数据赋能等，如图 3-3-18 所示。

图 3-3-17　服务市场订购界面

功能模块	核心功能点	专业版	旗舰版（强烈推荐）
会员营销 （促老客回购）	短信快捷营销	✓	✓
	指定号码群发	✓	✓
	跨店铺营销	✓	✓
	流程化营销	✓	✓
	优惠券营销	✓	✓
	自动化营销	✓	✓
	多场景营销	✓	✓
	多维度营销效果分析	✓	✓
客户关怀 （留住新客户）	下单关怀	✓	✓
	首次/二次催付	✓	✓
	即时/延时发货提醒	✓	✓
	物流流转提醒	✓	✓
	退款关怀	✓	✓
	回购达谢	✓	✓
	评价关怀	✓	✓
	订单批量备注	✓	✓
积分互动 （会员体系搭建）	多款赚积分玩法	✗	✓
	丰富花积分玩法	✗	✓
	灵活积分规则	✗	✓
	自定义会员中心装修	✗	✓
	粉丝管理	✗	✓
	私域营销工具-微口令	✗	✓
	私域营销工具-微信推广	✓	✓
	中奖查询H5	✓	✓
客户管理	自定义属性管理	✓	✓
	客户属性变更	✓	✓
	多维度分组筛选	近20种分组条件	近100种分组条件
	黑名单管理	✓	✓

图 3-3-18　赤兔 CRM 部分功能展示

想一想

很多车主喜欢购买不同的汽车用品来提高用车体验，如汽车香水、车内置物架、车载手机支架等。汽车配件是一个庞大的消费市场，应牢牢把握这部分市场的消费群体，利用淘宝后台"服务市场"提供的各种营销工具做好客户服务工作。根据"新客优惠券""老客优惠券""粉丝优惠券""会员优惠券""人群优惠券"不同的作用，如何区分设置这些不同类别的优惠券的优惠金额？

_____

_____

 竞赛小知识

在汽车营销技能竞赛（高职组）比赛中，汽车营销活动策划赛项可合理运用新媒体手段进行活动策划设计，如巧妙利用汽车网站和新媒体等平台，以新媒体图文、H5 等形式，使策划方案更全面、更细致。

_____

_____

学以致用

任务工单　网店的设计与制作

专业		班级	
姓名		学号	

一、任务目标

学会汽车网店的设计与制作方法。

二、任务内容

1. 开通淘宝店铺。
2. 设置店铺基本信息。
3. 装修网店。
4. 发布商品。
5. 管理网店。

三、任务实施

序号	内容	设计情况
1	开通淘宝店铺	
2	设置店铺基本信息	
3	装修网店	
4	发布商品	
5	管理网店	

任务四　H5 设计与制作

任务目标

知识目标

1）了解 H5 的概念。

2）理解 H5 的特征。

3）掌握 H5 的主要类型。

能力目标

1）具备正确使用 H5 软件各项应用功能的能力。

2）具备根据市场需求开展 H5 设计与制作的能力。

素养目标

培养学生的创新精神，激发学生的爱国主义和民族自豪感。

思维导读

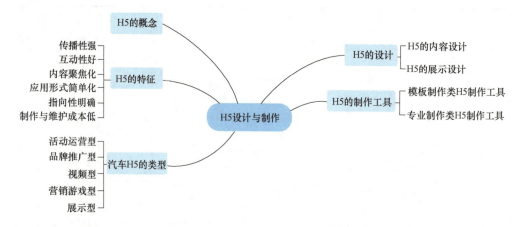

任务导入

小王假期去某汽车经销店兼职，此时距离经销店淡季营销活动还有 1 周的时间。为做好客户邀约，加深公众对本次活动的印象，增加活动吸引力，市场经理安排小王采用新媒体技术 H5 制作本次活动邀请函。于是，小王开始查询学习：H5 是什么？H5 有哪些特征？如何使用合适的软件制作 H5？

一、H5 的概念

H5 是 HTML5 的简称，全称为 Hyper Text Markup Language，中文译为"超文本标记语言"，

数字5指HTML的第5次重大技术修改，其标准规范于2014年10月最终制定并在全球推行。

HTML是一种制作万维网页面的标准计算机语言，是网页的开发端和接收端约定如何标记标题、正文、图片、文字样式等页面内容的一整套规范。H5页面是利用HTML5编码技术实现的一种数字应用，在传播上具有多维信息传播，跨终端应用，幻灯播放型、场景体验型、交互游戏型页面的特点。总之，H5是一种借助网络表现形式来达到制作者相关传播目的的一种新型表现形式。图3-4-1所示为宝马官方商城的微信小程序界面。

图 3-4-1 宝马官方商城的微信小程序界面

想一想

请判断下列软件中哪些可以制作H5，并讨论H5与APP之间的区别。

兔展、易企秀、搜狐快站、微页、MAKA、百度H5、凡科互动、iH5、秀米、H5DS、木疙瘩、易企微、意派、人人秀、爆米兔、今日头条、微博、抖音、快手。

_____

_____

二、H5 的特征

1. 传播性强

H5创意营销的主要传播行为集中在微信及微博平台上，优势是能够借助朋友圈及微博强大的传播力度及范围。另外，HTML5技术本身所具有的跨平台多设备传播的特点，也减少了传播过程中的阻碍，传播性更强。

2. 互动性好

在宣传一款产品概念的传播过程中，最重要的就是产品本身的互动性，以及用户在体验后的感官感受。H5 广告借助先进的数字技术，突破屏幕浏览的界限，实现图像绘制、屏幕擦除、摇一摇、重力感应和 3D 交互等互动效果，能通过不同形式的单击设置，让用户体验到单击的快感，画面更精致、美观，让用户的感官体验更加丰富。

3. 内容聚焦化

从内容的颗粒度来说，H5 营销的内容更加具体、细致，一般一个 H5 针对一个专门的活动，内容一般是会议邀请、组织招聘、产品推广和品牌传播等。

4. 应用形式简单化

H5 营销是基于网页的营销方式，用户运用无须下载，不占用手机内存，可即点即用，方便快捷。只要能打开网页的环境就能进行 H5 营销，H5 营销门槛较低，用户的使用成本较小。

5. 指向性明确

传统 APP 营销一般面向整个品牌端，不针对特定的活动，其为满足用户社交功能、休闲购物、便利出行、旅游住宿、休闲娱乐等需求的移动营销方式，相对而言是功能性的营销。一般 H5 营销针对特定的活动节日，指向性明确，内容有参与度，相对而言是场景与事件营销。

6. 制作与维护成本低

H5 采用的是 Web（网络）界面的结构，其本身为网页的创建。H5 营销是基于网页的营销方式，且可以跨平台使用，所以只需产品经理、设计师、前后端开发各 1 位就可以完成项目开发。

H5 的后期维护升级只需在 Web 上直接调试，开发人员完成调试后，受众即可直接浏览最新 H5 版本，开发人员可以随时做出调整修改，无须做更多适配工作。

三、汽车 H5 的类型

日常使用的 H5 制作软件具有多种多样的功能，被称为移动端的 PPT。按照其不同的功能分类，主要有以下几种类型：

1. 活动运营型

活动推广的 H5 页面形式多变，包括游戏、邀请函、贺卡和测试题等形式。如今的 H5 活动运营页需要有更强的互动、更高的质量、更具话题性的设计来促成用户传播。图 3-4-2 所示的汽车展览会邀请函，可以通过填写个人信息来参加活动。

2. 品牌推广型

与活动运营型页面不同的是，品牌推广型的 H5 页面等同于是这个品牌的微官网，重点在于塑造品牌形象，向客户传达品牌理念，因此这类页面在设计上必须特别注重贴近品牌的定位和气质，使客户对品牌留下难以磨灭的印象。这种页面最好运用大胆的设计、走心的文案，需要 UI 和交互的人员有更多的创造力。如吉普汽车设计的《征服世界，驾驭未来》H5 营销策划，将汽车强悍的性能表现得淋漓尽致，如图 3-4-3 所示。

3. 视频型

视频类 H5 大多以全屏视频的形式存在，能够减少其他因素对用户的干扰，H5 的体验

图 3-4-2　汽车展览会邀请函

图 3-4-3　吉普汽车《征服世界，驾驭未来》

不会轻易被中断，而且用视频能够展现出一些 H5 程序实现不了的特效，结合音乐和音效更能让用户全身心地沉浸。法拉利汽车发布的视频类 H5，以冲击的视角和震撼的背景音乐，彰显汽车强劲的爆发力和速度，如图 3-4-4 所示。

4. 营销游戏型

营销游戏型 H5 是使用 H5 语言制作的游戏。该类游戏最合适的运行平台是智能手机或平板电脑等移动终端，可把该类游戏视作手机版的网页游戏，在游戏的基础上加入营销目的，画面通常会植入广告。常见的游戏 H5 有密室逃脱类、剧情游戏类，以及棋牌、迷宫、打地鼠等小游戏。图 3-4-5 所示为汽车团购会游戏营销活动。

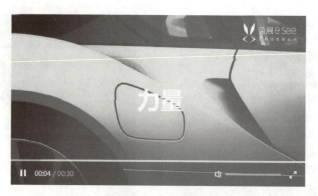

图 3-4-4　法拉利汽车视频类 H5 展示

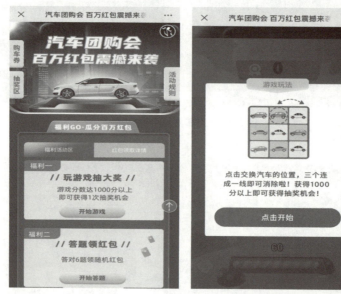

图 3-4-5　汽车团购会游戏营销活动

5. 展示型

　　展示类 H5 是最常见的移动 H5 网页，因其交互形式简单（翻页）、制作快捷（套图），应用上非常广泛，包括邀请函、多媒体新闻、相册、动态海报等。汽车品牌最常使用这类 H5 界面，因为 H5 界面既可以帮助汽车制造商设计出紧跟智能手机技术飞速发展步伐的车载信息娱乐系统及应用，也可以协助他们管理建设这些系统的成本，还能控制甚至减少开发这些信息娱乐系统的成本。汽车展示类相册如图 3-4-6 所示。

头脑风暴

　　每人列举关注最多的两个 H5 设计类型，并说明关注的原因。

_____

_____

旗下品牌

图 3-4-6　汽车展示类相册

四、H5 的设计

1. H5 的内容设计

在现如今的营销环境下，企业品牌开展线上营销活动的形式越来越多样化，都热衷于通过有趣的表达形式向用户传递品牌价值，H5 页面就具备趣味性的形式。H5 页面具有体量轻便型、内容多样化、玩法趣味性等多种优点，让企业可以通过从用户、内容和技术等多个方面进行营销活动创意设计。企业品牌开展 H5 营销活动时，需要注意以下几个方面：

（1）总体目标精准　H5 的内容设计需要明确一个具体的总体目标，这个目标可以是品牌推广、产品宣传、用户参与等。通过确定目标，可以为内容设计提供一个明确的方向，使整个 H5 界面在设计和制作过程中始终保持一致性和连贯性。

（2）信息表述的高效率性　H5 的内容设计需要通过简明扼要的文字、清晰明了的图像和直观的视觉效果，迅速传达所需信息，提升用户的阅读、理解和接受能力。这种高效率的信息表达方式有助于吸引用户的注意力，加强信息的记忆和沟通效果，使用户能够快速获取所需信息并做出相应的行动或决策。

（3）重视题目的呈现　在 H5 制作中，题目具备至关重要的影响力，题目的内容务必有内容关联性，具备凝练 H5 页面行为主体内容的特点。题目可能是与受众在掌握内容以前，可以吸引住停留阅读信息的关键环节，开启受众的掌握冲动。总的来说，题目针对众多受众而言应该是简洁明了并非常容易了解。

（4）合理布局与排版设计　　根据素材的有效搭配使内容排版设计合理，应用一定的逻辑性方法使架构或内容排列，给受众一种亲近感，正确引导受众的专注力，适度应用正确引导设计方案，有目的地正确引导受众去关心内容。

（5）内容需简洁　　H5 制作上的每一部分内容都需要紧紧围绕主题思想进行，内容务必合乎靠谱的科学研究汇报的方式，思路清晰，观点鲜明精确，语句简约，内容简洁。

2. H5 的展示设计

随着移动技术的持续提升与发展，移动端页面的展示形式也有一定的创新，这一点在 H5 页面上尤其显著，不同形式的 H5 页面能够给用户带来不同的视觉体验，企业进行 H5 制作时，可以根据自己的实际需求选择 H5 页面的展示形式。

（1）单屏页面　　单屏页面是比较经典、常见的 H5 页面展示形式，它在创新能力方面不如别的 H5 页面展示形式，但在合理布局排版设计方面却简易得多，并且更为容易突出主题内容。另外，每一张单屏页面的内容一般都比较少，不像长页面一样全部内容都放到同一个页面里，用户阅读起来也比较容易了解、记牢，如图 3-4-7 所示。

a)　　　　　　　　　　b)　　　　　　　　　　c)

图 3-4-7　H5 的展示页面样式

a）单屏页面　b）长页面　c）全景 H5 页面

（2）长页面　　长页面开启以后，用户就可以随便滚动访问，不必担心缓存的问题，此外在 H5 制作时，长页面的长度能够无尽变长，确保全部的内容都能在一张页面中展示。设计者要精减页面内容，控制好 H5 页面长度，尽可能在 5 页左右。设计 H5 长页面时，常见的设计方案方法是根据线框或景深效果转变完成视觉效果拓宽，引导用户顺着这种引导元素看下来。

（3）全景 H5 页面　　全景 H5 页面的绝大多数制作方法和一般的 H5 制作一样。一般全景页面的情况、内容都非常丰富，为了更好地协助用户识别合理元素，大家必须在动画的基础上加上一些显著的指示标志，正确引导用户单击阅读，例如闪动、摆动、转动。

五、H5 的制作工具

常见的 H5 制作工具有模板制作类和专业制作类。

1. 模板制作类 H5 制作工具

模板制作类 H5 制作工具是一种软件或在线平台，旨在帮助用户快速创建具有交互性的 H5 页面。这些工具提供了各种预先设计好的模板，涵盖了不同主题和风格，用户可以根据自己的需求选择合适的模板进行个性化编辑。常见的基础类 H5 制作工具主要有易企秀、MAKA、兔展、人人秀等，以上 H5 制作工具均面向普通用户提供一定的使用模板，用户可自定义模板和在使用免费模板的基础上创建幻灯片，对文字和图片等进行编辑。此类工具的优点是提供的模板量大，用户易于操作，动画类型相对简单，但交互性有待加强。

下面以使用"兔展"软件为例，制作汽车发布会 H5 邀请函。

"兔展"是 HTML5 互动网页制作平台的一个代表工具，包含多种模板和素材，在进行制作时，可以依照其需要进行选择，制作出高品质的互动网页。使用者可以通过自学掌握制作方法，根据自己的需要进行制作，制作出来的作品都具有跨平台性，且可以利用微信和微博等方式将作品迅速传递并获得及时反馈。

实践操作如下：

（1）注册账号　建议使用谷歌浏览器登录兔展官网（www.rabbitpre.com），单击页面右上角"注册"按钮，选择"微信扫码注册"或"手机注册"填写相关信息，注册完成，如图 3-4-8 所示。

图 3-4-8　注册个人信息

若已有兔展账号，可直接登录，如图 3-4-9 所示。

图 3-4-9　登录个人账号

（2）设计作品　步骤 1：选择模板。登录模板市场（www. rabbitpre. com/store/recommend），按照需求选择相关分类或者搜索关键词查找合适模板，并单击"立即使用"。

如果是免费模板，单击"立即使用"→"去制作"即可；如果是付费模板，单击"立即购买"，可支持支付方式有余额、支付宝、微信，然后单击"确认支付"购买模板即可，如图 3-4-10 所示。

图 3-4-10　选择 H5 模板

步骤 2：编辑文本。替换模板文本：双击文本框即可编辑；新建文本：单击上方菜单"文字"，即可编辑；文本设置：可按照需求设置文字大小、字体、颜色、行距字距，如图 3-4-11 所示。

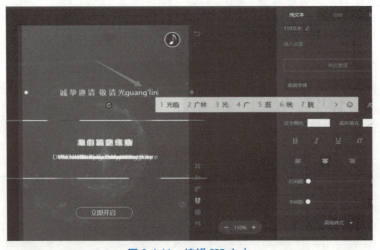

图 3-4-11　编辑 H5 文本

步骤 3：编辑图片。替换模板图片或自定义上传图片，单击上方"图片"按钮，单击上传图片（图片大小限制在 5M 以内，可批量上传），如图 3-4-12 所示。

图 3-4-12　编辑 H5 图片

步骤 4：编辑形状。单击上方"形状"按钮，选择需要的形状，右侧可设置形状颜色、高级样式和动画等，如图 3-4-13 所示。

步骤 5：设置背景及翻页。单击右方"背景"按钮，可上传自定义背景图，也可设置纯色背景并应用到全部页面；选择想要的翻页动画（可应用到全部页面，也可分别设置）；全局设置可开启翻页循环、翻页指引，自动翻页，如图 3-4-14 所示。

图 3-4-13　编辑形状素材

图 3-4-14　设置背景及翻页

步骤 6：设置互动功能。如图 3-4-15 所示，表单：添加需要的表单组件，可设置相应的表单属性及动画；按钮：添加按钮，可设置按钮的样式、动画及触发事件；点赞：添加点赞按钮，可设置点赞的形状、布局，动画等；地图导航：默认高德地图，可输入地址并设置动画，在预览页可进行导航；留言：添加留言组件，可设置留言标题、开启弹幕并设置动画；一键拨号：添加一键拨号，可输入号码，在手机端就可单击拨打；倒计时器：添加倒计时，可设置倒计时的样式、终止时间、到期后操作、文本及数字颜色，动画等；指纹计数：添加指纹计数，可设置提示语、指纹图片及动画等。头像昵称：添加微信头像后，在手机端预览可显示浏览者微信头像，如图 3-4-15 所示。

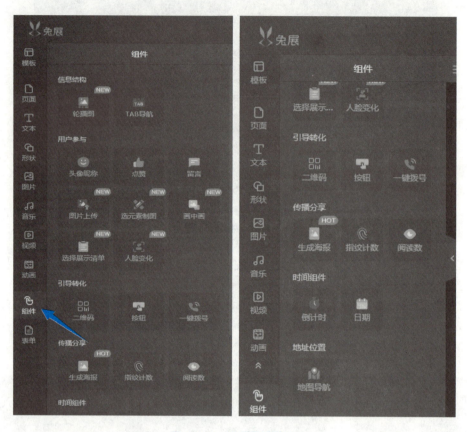

图 3-4-15 设置互动功能

步骤 7：添加背景音乐/音频。单击左方"音乐"按钮，选择"背景音乐"，在右侧单击"添加音频"，可上传音乐或选择音乐库的音乐，还可以设置音乐循环、自动，是否显示在全部页面等；选择"添加音频"，可设置音频组件的封面，其他如上，如图 3-4-16 所示。

步骤 8：添加视频。可上传本地视频、一视作品，在线视频通用代码（如优酷、腾讯），添加成功之后可调整视频在画面的尺寸和旋转角度等，如图 3-4-17 所示。

步骤 9：调整页面。中心区：可撤销回上一步或返回下一步，可预览当前页，可编辑图层，锁定或隐藏图层，可导入 psd 页面，在页面的底部有拉长缩短按钮，可以单独作为长页作品，也可以将普通页和长页相结合；右侧菜单区：可上下移动页面顺序，复制页面、删除页面，如图 3-4-18 所示。

步骤 10：设置动画。持续时间：设置的动画会展示多久；延迟时间：多久后动画开始运行；循环次数：动画循环的次数；循环间隔：循环动画再次播放中间相隔多久；n 是设置动画循环，如图 3-4-19 所示。

图 3-4-16　添加背景音乐/音频

图 3-4-17　添加视频

　　步骤11：设置触发事件。跳转页面：单击某素材可跳转到指定一页，只能触发一次；跳转外链：单击某素材可跳转到指定的外部链接；拨打号码：单击某素材可外拨指定的号码（仅手机端可拨）；显示隐藏：单击某素材可显示或者隐藏当前页的其他素材，如图 3-4-20 所示。

图 3-4-18　调整页面

图 3-4-19　设置动画

图 3-4-20　设置触发事件

步骤12：预览发布作品。预览：在制作过程中，可随时单击"预览"查看当前作品，也可以扫码或复制链接地址在手机端预览；发布：作品完成后可单击"发布"，可设置封面标题描述，接着可以付费解除加载页 logo 及底链信息，发布完成，如图 3-4-21 所示。

图 3-4-21　预览发布作品

基础设置：设置标题封面描述，单击"下一步"；高级设置：可设置自定义 logo（包括了作品加载页 logo 以及尾页底部文字及链接）；阅读数：可隐藏或显示在尾页底部。

步骤13：修改作品。登录后单击右上角的工作台，进入"内容管理"，如图 3-4-22 所示。

图 3-4-22　内容管理

单击要修改的作品的编辑按钮，进入兔展编辑界面，就可以修改之前的作品了，如图 3-4-23 所示。

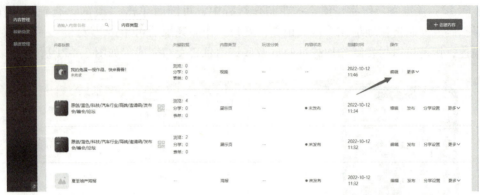

图 3-4-23 修改作品

2. 专业制作类 H5 制作工具

IH5、Epub360 等专业制作类的 H5 制作工具一般面向大型用户，与模板制作类工具相比，其功能强大，但使用较为复杂，需要专业学习。对于个人用户而言，需要具备一定的计算机语言基础，制作周期较长，工具使用有一定难度。其优点是能实现复杂的交互动作，并提供互动类工具包。

> **小提示**
>
> 互联网和移动互联网发展以及新一轮数字化转型对学生时代的我们是一种机遇与挑战，这也将 H5 跨平台、低成本、快迭代等优势进一步凸显，这对身处于移动互联网大潮的企业、品牌设计师和开发者来说都将是一个不错的时代，也激励我们为社会、经济、文化的数字化发展贡献自己的力量。

 学以致用

任务工单 H5 设计与制作

专业		班级	
姓名		学号	

一、任务目标

根据宣传目的，运用软件制作某汽车经销店淡季营销活动邀请函。

二、任务内容

1. 自选一个汽车品牌或车型，熟悉目标车型卖点。
2. 合理选取 H5 的背景、配乐，将活动信息和产品特色呈现于 H5 上，用软件制作完成 H5。

三、任务实施

1. 根据任务要求，结合 H5 制作流程，对任务进行规划。
2. 选定某一款 H5 制作软件，结合活动目的和车型卖点完成活动邀请函的制作。

要求：H5 风格符合产品调性，能够凸显活动特色，有效传达车型亮点，活动信息简介齐全，背景、配乐契合主题，整体逻辑思维清晰，构图美观，具有营销创意。

汽车短视频营销

汽车短视频营销主要包含三个学习任务：初识短视频、创作汽车短视频、剪辑汽车短视频。

 任务一 初识短视频

 任务目标

知识目标

1）了解短视频的特点、格式和参数。

2）掌握短视频内容生产模式。

3）了解常见的短视频平台。

能力目标

1）具备短视频拍摄与创作能力。

2）具备分析短视频平台特点的能力。

素养目标

增强学生的民族自豪感和自信心，我国的短视频平台成功地走向国际市场，这不仅是科技实力的体现，也是文化软实力的展示，让学生深刻感受我国科技事业的迅猛发展和创新能力的提升。

思维导读

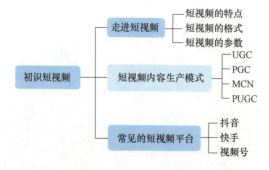

任务导入

小王在兼职期间，发现试驾、测评、新车介绍等视频非常受欢迎，把这些视频发布在不同的短视频平台上，不仅可以增加汽车经销店的曝光度，而且可以增强用户对品牌的信赖。短视频有哪些特点、格式？内容生产模式是什么？短视频平台有哪些？

知识解读

随着 5G 时代的到来，短视频行业站在全新的起点上迎来了新的机遇。短视频生产流程简单、制作门槛低、参与性强，因此受到很多行业的青睐。

一、走进短视频

1. 短视频的特点

短视频即短片视频，时间由几秒到几分钟不等，是继文字、图片和传统视频后新兴的互联网内容传播方式，融合了文字、语音和视频等，更加直观、立体地展示了视频发布者所要表达的内容。短视频适合在各种新媒体平台上播放，在移动状态和短时休闲状态下观看、高频推送。通常来说，短视频具有以下特点：

（1）**视频时长短，内容多样化**　随着网络速度的迅速提升和智能手机的普及，短视频成了大众喜爱的内容形式。短视频短小精悍，非常符合人们快节奏生活的需求。这使用户可以在碎片化的时间里欣赏和分享视频内容，无须投入大量时间。短视频平台上的内容丰富多样，涵盖了各种各样的主题和类型，从搞笑、娱乐到教育、生活等，可满足不同用户群体的需求。

（2）**制作门槛低，成本低廉**　传统的视频拍摄需要专门的拍摄工具、分工细致的团队，生产成本与传播成本都相对较高，个人难以完成。短视频时长较短，个人借助移动终端设备即可完成拍摄、制作、上传与分享，实现即拍即传，随时随地分享。如个人手机下载短视频 APP，除了拍摄，还可以添加滤镜、特效，进行剪辑、美化、配乐等后期制作，轻松创作个性化的优秀作品，制作过程较为简单，生产成本低廉。

（3）**传播速度快，社交属性强**　用户把在日常生活中的所见、所思、所想通过短视频的方式分享到社交平台，可以实现裂变式传播和熟人圈层式传播，其他用户可以进行点赞、评论、分享等操作，还可以与视频发布者私信，而视频发布者可以对评论进行回复。这种互动方式大大增强了社交属性。多渠道的传播方式可以使视频几何式传播，呈现出速度快、范围广、传播力强、信息量大、交互性强、社交性大等特点。

（4）**精准营销，用户黏度高**　很多短视频平台都采用机器算法，即根据用户画像和用户行为，准确分析、判断用户的需求和喜好，有针对性地给用户推送感兴趣的短视频。优质短视频开门见山、观点明确、指向性强，容易吸引用户，被用户理解与接收。"完播率"是衡量视频的标准之一。基于大数据算法进行内容推荐的平台会给目标用户明确、标签明显、完播率高的短视频更多的流量倾斜。在机器算法模式下，短视频发布者多发布原创作品、定期更新视频，短视频才能被算法认识，获得更多的推荐机会。短视频发布者可以把商品的购买链接放在视频明显位置，实现精准营销。

2. 短视频的格式

视频格式有很多种，常见的视频格式有影像格式（Video）和流媒体格式（Stream Video）

两大类。

（1）**影像格式**　影像是人对视觉感知的物质再现。随着数字采集技术和信号处理理论的发展，越来越多的图像以数字形式存储。本书所指的"影像"是指数字图像。影像格式可以根据出处分为以下3种：

1）AVI格式（Audio Video Interactive）：是由微软（Microsoft）公司提出的视频格式，是把视频信息与同步音频信息一起存储的常用多媒体文件格式。AVI格式限制比较多，只能有一个视频轨道和一个音频轨道（现在有非标准插件可加入最多两个音频轨道），还可以有一些附加轨道，如文字等。这是比较"古老"的视频格式。

2）MOV格式：这是由苹果（Apple）公司提出的一种视频格式，MOV格式已基本成为电影制作行业的通用格式。

3）MPEG/MPG/DAT：MPEG（运动图像专家组）是 Motion Picture Experts Group 的缩写，是国际标准组织（ISO）认可的媒体封装形式，是基于运动图像压缩算法的国际标准格式，受到大部分机器的支持。MPEG的控制功能丰富，可以有多个视频（即角度）、音轨、字幕（位图字幕）等。DAT格式是VCD和卡拉OK CD数据文件的扩展名，也是MPEG压缩方法的一种文件格式。

（2）**流媒体格式**　流媒体是指将一连串的多媒体数据压缩后，经过互联网分段发送数据，在互联网上即时传输影音，以供观赏的一种技术与过程。此技术可使数据包像流水一样发送。如果不使用此技术，就必须在使用前下载整个媒体文件。流媒体是一种新的媒体传送方式，有声音流、视频流、文本流、图像流、动画流等。常见的流媒体格式有以下几种：

1）H.264/AVC：H.264是目前互联网上最常用的视频编码格式之一。几乎所有的现代浏览器和设备都支持H.264视频解码，因此它成了广泛使用的标准。

2）WebM（VP9或VP8编码）：WebM是一种开放、免费的流媒体格式，通常使用VP9或VP8视频编码以及 Vorbis 或 Opus 音频编码。这种格式在许多现代浏览器（如 Chrome、Edge、Firefox 等）中得到了广泛支持。

3）HTML5：HTML5视频标签使在网页上直接嵌入视频变得简单，同时支持H.264和WebM格式。制作者通常会提供同时支持这两种格式的视频，以确保在各种浏览器中都能正常播放。

4）MPEG-DASH：动态自适应流式传输（DASH）是一种流媒体技术，它允许根据网络条件和设备特性动态地调整视频质量。DASH本身并不是一个具体的视频编码格式，而是一种用于动态传送各种格式视频的协议。

5）Apple HTTP Live Streaming（HLS）：苹果公司开发的流媒体传送协议，主要用于iOS设备和Safari浏览器。HLS通过切分视频为多个小块，可以在不同的设备和网络条件下自适应调整视频质量。

3. 短视频的参数

视频由一系列以电信号的方式加以捕捉、记录、处理、存储、传送与重现的静态影像组成。连续的图像变化每秒超过24帧画面时，根据视觉暂留原理，人眼无法辨别单幅的静态画面，看上去是平滑连续的视觉效果，这样连续的画面就是视频。为了更好地制作视频，制作者需要先了解视频的参数，如像素、分辨率和帧速率等。

（1）**像素**　像素是构成数码影像的基本单元，由图像的小方格组成，这些小方格都有一个明确的位置和被分配的色彩数值，小方格的颜色和位置决定了该图像呈现的样子。通常用单位面积内的像素来表示影像分辨率的大小。

（2）**分辨率**　分辨率即解析度、解像度，有很多类型，包括显示分辨率、图像分辨率、打印分辨率和扫描分辨率等。其中，最常见的是图像分辨率，相机中的分辨率就是图像分辨率。通常情况下，图像的像素越多，分辨率越高，图像就越清晰，能表现的细节更丰富，印刷的质量越好，但是图像所占用的存储空间越大。分辨率和图像的像素有直接关系，分辨率是指画面的解析度，由像素构成，表达方式为"水平像素数垂直像素数"，单位为像素每英寸（Pixels Per Inch, ppi），如一张分辨率为1600×1200的图片，它的像素是200万，即每一条水平线上有1600个像素点，共有768条线。分辨率的两个数字表示的是图片在长和宽上占的点数的单位。

（3）**帧速率**　帧速率是指每秒钟显示图片的帧数，也可以理解为图形处理器每秒钟能够刷新的次数，单位为fps（帧/秒）。对于影片内容而言，帧速率指每秒所显示的静止帧格数。要生成平滑连贯的动画效果，帧速率一般不小于8fps；电影的帧速率为24fps。通常，捕捉动态视频内容时，帧速率越高，视频越清晰，所占的空间越大。帧速率数值的大小决定了帧速率对视频的影响。例如，按照8fps的帧速率拍摄视频，而以24fps的帧速率播放，就是快镜头的播放效果；反之，以大数值的帧速率拍摄视频，而以小数值的帧速率播放，就是慢镜头的播放效果。

二、短视频内容生产模式

视频内容时长较短，可以单独成片，也可以成为系列栏目。按照生产方式的不同，短视频内容生产可分为以下几种模式：由普通用户创作的UGC模式、由专门机构负责生产的PGC模式、由网红经济运作的MCN模式和由专业用户创作的PUGC模式。

1. UGC

UGC（User Generated Content，用户生成内容）即用户原创内容。用户将自己原创的内容通过互联网平台展示或者提供给其他用户，是用户使用互联网的新方式，即由原来的以下载为主变成下载和上传并重。社交网络、视频分享、博客和播客等都是UGC的主要应用形式。内容生产者几乎是"零门槛"就可以在平台上发布商品，而且不受时间和空间的限制。用户既是网络内容的浏览者，也是网络内容的创造者。这样，平台可以以极低的成本获得海量内容。简而言之，其创作门槛低、人人都可以发布、内容更加个性化，可以满足更多的大众需求，有庞大的、可持续输出的内容基础。

小提示

每个用户都可以生成自己的内容，平台上的很多内容由用户创造，内容来源不像以往那样只局限于某些专业机构。因此，平台上的内容飞速增长，形成一个多、广、专的局面，对人类知识的积累和传播起到了非常大的促进作用。但是，内容生产者的素质参差不齐，可能有很多片面、虚假甚至错误的内容，浏览者需要"取其精华去其糟粕"。

2. PGC

PGC（Professional Generated Content，专业生成内容）即专业内容生产者生成的内容。制作者既是平台用户，也以专业身份贡献具有一定水平和质量的内容，如微博平台的意见领袖、科普作者、政务微博、网络红人等，他们创作的内容更加专业化、优质化、垂直化，内容质量有保证。但是，在 PGC 模式下，高门槛使其难以满足用户信息广度上的需求。

3. MCN

MCN（Multi-Channel Network，多频道网络的产品形态）源于国外成熟的网红经济运作。MCN 机构广义上指的是有能力服务和管理一定规模账号的内容创作机构。MCN 的本质是一个多频道网络的产品形态将 PGC 内容联合起来，创作内容除了视频，还包括直播和图文等多种形式。内容创作机构成为 MCN 机构后，可以获得平台更多的专属资源和政策倾斜。在资本的有力支持下，MCN 机构保障内容的持续输出，不断运营并提升旗下账号的矩阵规模，提升自身品牌的影响力，实现商业的稳定变现。

4. PUGC

PUGC（Professional User Generated Content，专业用户生成内容/专家生产内容）是 UGC 和 PGC 相结合的内容，既有 UGC 的广度，能满足更多个性化需求；也有 PGC 的深度，体现了专业性。PUGC 的生态战略集合了 UGC 和 PGC 的双重优势，可更好地吸引和沉淀用户。例如，用户 A 是牙医，普及牙齿保护知识；用户 B 是歌唱家，教大家发声技巧；用户 C 是驾驶人，普及行车安全常识等。PUGC 模式的用户在某些领域具有专业性，同时，KOL（关键意见领袖）加强了与粉丝的互动联系，增加了用户黏性。

三、常见的短视频平台

在数字化时代，短视频平台已成为人们获取信息、娱乐和社交的重要渠道。当前，短视频平台百花齐放，常见的短视频平台有抖音、快手、西瓜视频、微信视频号、小红书、微博视频号等，其中，抖音、快手和视频号以各自的特色和优势，占据了短视频行业的领先地位。这 3 个平台各有千秋，下面从产品、内容、用户、商业变现 4 个维度对这 3 个短视频平台进行对比分析，见表 4-1-1。

表 4-1-1　抖音、快手、视频号对比分析

维度		抖音	快手	视频号
产品	宣传语	记录美好生活	拥抱每一种生活	记录真实生活
	流量分发机制	中心化	去中心化	社交推荐+算法推荐
	定位	记录美好，主推时尚潮流等优质内容	普惠公平，普通人也可以被发现	记录生活化的内容
	界面	单列流模式	双列流模式为主	单列流模式
	社交关系	基于兴趣，重内容轻社交	基于信任，重粉丝社交	基于信任，重熟人社交
内容	热点内容类型	明星娱乐、社会新闻	幽默搞笑、生活百态	情感类内容、高价值内容
	核心垂类	人物、美食、音乐	生活、美妆、教育、三农	情感、音乐、生活、旅行、文化
	头部创作者	15%明星	25%素人	60%情感生活自媒号
	创作者特征	南方占比大，一二线城市年轻创作者多	北方下沉素人多，家庭式特征明显，三四线城市创作者占比多	用户区域分布相对均衡

（续）

维度		抖音	快手	视频号
用户	日活跃量	7亿+	3亿+	3亿+
	用户画像	一二线城市，年轻群体，追求时尚、颜值	下沉市场，三四线城市	用户区域分布均衡
商业变现		广告、直播、电商业务	广告、直播、电商业务	广告、直播、电商业务

现阶段随着三大平台用户与场景持续相互渗透，其差异逐步弱化。

首先，用户跨平台使用成为常态。随着移动互联网的发展，人们的在线活动不再局限于某个特定的平台，而是跨越多个平台展开，导致用户与平台之间的界限变得模糊。例如，原本以年轻用户为主的抖音，开始出现更多适合中老年人的内容，而快手也在吸引更多年轻用户。

其次，平台功能和内容趋于同质化。为了吸引更多用户和提升用户黏性，各个短视频平台相互借鉴、模仿对方的功能和内容形式。这种同质化的趋势导致用户在不同平台上获得的体验越来越相似，差异性逐渐减弱。

另外，内容创作者跨平台输出。随着短视频行业的竞争日益激烈，内容创作者也越来越倾向于在多个平台上输出内容，以扩大自己的影响力和观众群体。这意味着用户在不同平台上可能会看到同一位内容创作者发布的内容，进一步加强了用户与平台之间的渗透。

因此，总体上，抖音在内容创意和个性化推荐方面表现出色，快手则更注重生活化和真实性的内容，而视频号则依托微信的社交属性拥有强大的用户基础和流量优势。但随着技术的发展和平台的优化，用户体验也趋于一致，进一步促进了用户在不同平台之间的迁移和渗透。这种趋势对于用户来说意味着更加便利和多样化的体验，更加灵活地切换和组合使用各种平台，但同时也给平台竞争带来了新的挑战，需要它们进一步提升自身特色和差异化优势来吸引用户。

 学以致用

任务工单　初识短视频

专业		班级	
姓名		学号	

一、任务目标

完成汽车短视频账号学习与分析，进一步了解主流的短视频平台。

二、任务内容

掌握短视频的特点、格式以及短视频内容生产模式。熟悉常见的短视频平台。

三、任务实施

浏览抖音、快手、微信视频号等平台，深入了解、分析某汽车类账号。

账号名称：

账号链接：

账号头像：

账号截图和风格分析：

根据以下提示，对账号进行列表分析。

序号	视频发布时间	标题	内容概括	点赞、转发量	互动情况	其他

综合分析：

任务二　创作汽车短视频

任务目标

知识目标

1）了解汽车短视频的主题定位。

2）掌握汽车短视频策划团队的搭建技巧。

3）掌握汽车短视频内容策划的流程。

能力目标

1）具备汽车短视频策划团队搭建的能力。

2）具备汽车短视频内容策划与制作的能力。

3）具备汽车短视频脚本设计的能力。

素养目标

增强学生的社会责任感，弘扬以爱国主义为核心的民族精神，创作积极向上、富有正能量的短视频内容。

思维导读

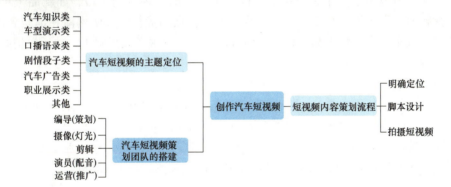

任务导入

小王假期在某汽车经销店兼职，与同事一起搭建短视频策划团队，并进行了短视频策划和脚本设计。在团队合作中不仅收获了友谊和快乐，而且在短视频策划过程中了解了汽车业务，提升了自身的业务水平。

知识解读

谈到汽车短视频创作，人们可能首先想到设计剧本。事实上，汽车短视频的创作还包括明确主题、搭建团队、短视频策划与脚本设计等多个环节。

一、汽车短视频的主题定位

几乎所有用户都是利用碎片时间来观看短视频，此时用户的平均注意力非常低。如何制作出优秀的汽车短视频吸引用户呢？首先要做好汽车短视频的策划与定位。

汽车短视频拍什么内容？这是每个汽车短视频创作者都要认真思考的问题。汽车短视频的类型有很多种，以下是几种常见的类型：

1. 汽车知识类

汽车知识类短视频主要侧重向观众传递汽车相关的知识和信息。视频内容可能包括汽车的工作原理、技术解析、汽车部件介绍、安全知识和驾驶技巧等。这样的视频通常旨在提高观众对汽车行业和驾驶文化的了解。

2. 车型演示类

车型演示类视频专注于对特定汽车型号进行详细展示。它们可能包括汽车的外观、内饰、性能参数、车辆特点和优势等，这些视频有助于潜在买家更好地了解感兴趣的车型。

3. 口播语录类

口播语录类视频以主持人或解说员的口播形式呈现，押韵说车或脱口秀的方式对汽车进行评测和解说。观众可以通过这些视频了解到汽车的特点和性能，同时能感受到解说员的个性魅力。

4. 剧情段子类

剧情段子类短视频是通过创意剧情和情节来展示汽车或汽车文化的故事，可能包含爱情故事、搞笑情节和冒险片段等，以引起观众的情感共鸣。

5. 汽车广告类

汽车广告类短视频是汽车企业在市场推广中常用的一种营销手段，如新品上市、车展等，这些视频通常用于展示汽车产品、品牌形象、特点和优势，以吸引潜在消费者的兴趣，并促进销售。汽车广告类短视频的特点是内容简洁明了、视觉效果强大，并通过情感和美学元素来打动观众。

6. 职业展示类

不同于前面几种内容模式，一些与汽车相关的从业人员会在账号中进行定向的职业展示。如驾校教练"凌教练"，为驾校考试提供针对性内容指导；赛车手"车手 AF"，向用户展示各种酷炫车技、极限驾驶表演，如高速行驶、飘移、越野驾驶等。这类视频通过视觉冲击和刺激的动作，强调汽车的操控性能和运动特性，吸引潜在买家寻求更具激情和挑战的驾驶体验。

7. 其他

这个分类包含了一些与汽车相关但不容易归入其他类别的短视频，可能涵盖汽车赛事的精彩时刻、汽车文化的独特体验、汽车与其他领域的有趣结合等。

汽车短视频的内容分类并不是固定的，也可能随着时间和流行趋势而变化。在不同的社交媒体平台上，用户可能会创作更多独特类型的汽车短视频，因此上述分类只是常见的一些例子。

小组任务

请查阅短视频平台，观看、收集不同类型的短视频，并说明该短视频呈现内容的优点和不足。

_____

_____

案例分享

太平洋汽车网站的视频栏目主题定位非常明确，分为原创视频、新车视频、试驾视频、安全警示、个性展示、技术视频、车展视频、广告视频和达人专区等，如图 4-2-1 所示。其中，原创视频内容分为 V 体验、较量、选车说、疯狂销售、极客试、汽车美好时代、上车吧、车主学堂、视频实拍和视频快讯等子栏目。

图 4-2-1　太平洋汽车网站视频栏目

二、汽车短视频策划团队的搭建

短视频高传播、低门槛，目前也出现了更多的流量入口、内容沉淀平台、年轻用户聚集平台和私域流量集中地等。要想在众多的短视频中脱颖而出，从策划、拍摄、制作到宣传推广，每一个步骤都要精心计划，一个人不容易完成一条高质量的短视频制作，需要组建一个团结高效的团队，借助众人的智慧共同完成。

拍摄短视频需要完成的任务有很多，包括编导（策划）、摄像（灯光）、剪辑、演员（配音）、运营（推广）等。具体需要多少工作人员，根据所拍摄的内容决定。有些复杂的、播放时间较长、推出频率高的视频，可能存在一岗多人的情况；而一些简单的视频，可能一人身兼多职。例如，一些简单的如测评类、体验类的短视频，2~3 人即可完成。因此，要认真思考，根据短视频的方向和人员的分工来组建团队，完成不同的工作任务。

例如，某团队拍摄的视频内容为汽车推介类，每周计划推出 2~3 集，每集 5min 左右，那么团队成员约 5 人就够了，设置编导（策划）、摄像（灯光）、剪辑、运营（推广）、演员（配音）等岗位，并对这些岗位进行详细的任务分配。

1. 编导（策划）

编导负责统筹整体工作，设定短视频的拍摄方向、风格定位、督促拍摄，搜寻热点话题，把控题材和撰写脚本。参与和把关视频的选题、策划、拍摄、剪辑、宣传推广等每一个环节。一个好的编导能紧跟时事热点、抓住用户痛点，展示短视频要点，凸显宣传产品亮点。

2. 摄像（灯光）

摄影师主要负责视频的拍摄工作，就是用摄影机和录像机等设备把人和物的形象记录下来。不同的场景有不同的拍摄技巧，例如雨景拍摄、夜景拍摄、人物拍摄和建筑物拍摄等。摄影师要善于运用镜头，把控拍摄画面的构图、风格，设计镜头，参与摄影的相关工作。有的团队摄影师也是灯光师，参与影棚搭建，能运用明暗进行巧妙的画面构图，创作出各种符合视频格调的"光影效果"。一个好的摄影师能够提升整个短视频成品的效果，即使是简单的画面也能拍出不同的感觉。

3. 剪辑

在短视频的拍摄中会产生大量的原始素材，需要选择、取舍、分解和组接，最终完成一个连贯流畅、主题鲜明、吸引观众的富有感染力的作品。剪辑师要把控整个视频的节奏，参与到前期的内容策划中，有针对性地取舍拍摄素材，结合题材添加合适的配乐、配音和特效，通过短视频的呈现效果吸引用户。剪辑师对短视频而言是二次创作，不仅要理解摄影师想要表达的内容，还要充分了解用户想从视频中收获什么。

4. 演员（配音）

一个好的内容策划要通过优秀演员的精彩演绎才能呈现给观众。特别是现在短视频行业走向精细化运营，高黏性的 IP 人设就是一个账号的灵魂，可使内容更加生动，起到锦上添花的作用。

5. 运营（推广）

"酒香也怕巷子深"，完成短视频成品后，下一个重点任务就是宣传推广，提高短视频的曝光率。运营者要针对不同的短视频平台的特点以及用户属性，通过文字和图片等形式引导用户对短视频的期待，开展平台渠道分发、粉丝维护、用户反馈管理以及评论维护等工作。简而言之，运营岗就是设计视频头图、标题、简介、推荐位等，分发到各个平台，统计分析视频的数据，对各个平台的视频进行管理和用户互动等。

头脑风暴

在短视频团队的成员中，编导（策划）、摄像（灯光）、剪辑、运营（推广）、演员（配音）等不同的岗位分别应具备哪些技术技能？

_____

_____

三、短视频内容策划流程

文章一般以文字和图片的形式展现，而视频不仅展现出文字和画面，还有声音以及各种新颖的特效。比起静态单一的文章，动态多样化的视频更能吸引用户，短视频形象生动的故事情节也更能给用户留下深刻的印象。短视频的一般制作流程如下：

1. 明确定位

要想最大限度地吸引目标用户，首先要正确选题并精准定位。短视频策划团队要结合团队特长和产品自身特点进行定位。

以下是针对汽车短视频的内容定位要注意的几点，并通过案例进行说明。

（1）定位垂直　在汽车短视频的内容定位中，要明确汽车的垂直领域和目标客户群体。汽车是一个广泛的领域，包含了多个细分市场，目标客户群体最好细分到三级类目，如豪华型 SUV 电动汽车。策划团队应该将重点放在特定类型的汽车上，并进一步细分目标客户群体。

案例分享

假设一家汽车制造商推出一款新的电动 SUV 车型。在定位垂直时，短视频内容应该聚焦于电动汽车领域，并细分目标客户为追求环保、城市通勤便利的消费者群体。视频内容可以突出该电动 SUV 的零排放特点，城市驾驶便捷性，并结合美景和城市街景来展现车辆的独特魅力。

（2）标签垂直　正确选择和使用标签对于视频的传播至关重要。通过大数据和用户画像的分析，了解目标客户群体的需求和兴趣，选择合适的标签可以提高视频在平台上的曝光率和推荐效果。例如考虑到目标客户群体是追求环保和城市便捷的消费者，短视频策划团队可以在标签中加入相关词汇，如"电动汽车""零排放""城市出行""环保"等。这样，视频在社交媒体平台上更容易被与环保相关的用户发现，增加观众的点击率和观看时长。

（3）内容垂直　在汽车短视频的内容制作中，要确保内容与汽车主题紧密相关，突出汽车的特点和优势。同时，还可以通过创意和情感元素打造更具吸引力的内容，让观众产生共鸣。以上述电动 SUV 车型为例，视频内容可以以一个城市白领为主角，展现他在忙碌的城市生活中，选择电动 SUV 为出行工具的场景。通过真实的故事情节，观众能够感受到电动 SUV 带来的便捷和环保，从而产生对这款车型的认知和好感。

一个账号只有不断稳定地更新内容，从而培养用户的忠诚度，增加用户对账号的黏性，账号才会越做越轻松，涨粉才会越来越容易，引流效果才会越来越好，变现能力才会越来越强。所以，账号领域越垂直效果越好，账号自身价值越高。垂直是涨粉的重点、引流的要点、变现的突破点。短视频营销策划团队在成立之初就要精准定位、聚焦行业，充实内容，持续定期更新原创优质内容。

2. 脚本设计

脚本是指表演戏剧、拍摄电影等所依据的底本。短视频脚本是短视频拍摄大纲和要点规划，是短视频策划与创作的关键，具有统领全局的作用。虽然短视频的时长较短，但是优质短视频的每一个镜头都是经过精心设计而创作出来的。When、Where、Who、画面应该出现什么、镜头应该如何运用、应有什么景别、应准备哪些服装和道具等，都是根据脚本进行操作的。可以说，脚本提高了短视频拍摄的效率、保证主题、减少了沟通成本。有了脚本，编导、摄影和剪辑等各环节都有了指挥棒。

(1) **脚本内容策划技巧** 一部吸引人的小说必定少不了跌宕起伏的故事情节，脚本也一样，扣人心弦的脚本才更能吸引观众。在脚本策划时，一方面要构思怎样的情节能满足观众的需求，好的故事情节更容易直击观众内心、引发强烈共鸣；另一方面，脚本要注意角色定位，在台词的设计上要符合角色性格，并具有内涵和爆发力。脚本的内容策划可以参考以下3个技巧：

1) **剧情反转**：剧情反转是一种从叙事角度出发的拍摄手法，影视剧中悬疑、侦探类型常用这种手法。反转更强调通过视听语言的叙事，打破观众的心理期待，使剧情朝着观众心理期待的相反方向发展。例如某短视频的剧情是：具有"迟到大王""美誉"的A同学要参加毕业10周年聚会，当同学们都嘲笑A同学将会以蜗牛速度姗姗来迟时，A同学却闪亮登场。原来，A同学购买了有"猎豹"之称的某款汽车，自信、荣耀、品味、地位集于一身。反转既容易形成戏剧化效果，又容易让观众有代入感，造成奇妙的心理体验。

2) **紧跟热点**：要想提高短视频的曝光率，紧跟热点是常用的方法之一。一是可以采用常规热点，如一年一度的高考，固定时间的大型赛事，每年的双十一、618等，这些都是比较常见的、会定时出现的热门话题。短视频策划团队可以根据历年来的热点话题，提前策划好相关视频，等待时机发布。图4-2-2所示为某月热点日历。可见，该月的关键营销节点有儿童节、高考、端午节、父亲节、618购物节，日常营销节点有芒种和夏至。二是突发热点，就是不可预测的突发事件，如某款汽车由于天气太热而自燃。这类热点不仅突然而且偶然，热度来得快去得也快。这就要提高短视频策划团队的响应速度和效率。三是预判热点，这就要求内容创作者有敏锐的时代嗅觉，能及时、准确地进行预判，如由某著名导演编导的一部电影即将上映，预告播放了男主角驾驶了一辆彰显身份的SUV出场。敏锐度高的短视频策划团队可以预判该电影是否会成为大家高度关注的话题，并提前"蹭热点"。

图 4-2-2　某月热点日历

3) 行业揭秘: 行业揭秘一直是短视频中比较受欢迎的类型。要知道, 人们要想了解一个陌生的行业有一定的困难, 受制于时间、空间等客观因素而无法去现场直观地了解。例如, 二手车评估师为什么就业前景很好? 驾驶的车辆发动机是如何运行的? 短视频的兴起让人们能较容易获得揭秘类视频, 满足了用户的求知欲和好奇心。揭秘类的短视频要求制作水平较高, 内容更严谨, 对团队的要求也更高。

(2) 分镜头脚本设计　一般来说, 影视脚本分为拍摄提纲、分镜头脚本和文学脚本。这里以短视频分镜头脚本为例进行介绍。

分镜头脚本主要包括镜号、景别、画面、分镜头长度、人物、台词等内容, 有的脚本更加详细, 还包括机号、摄法、解说词、音响效果和备注等内容, 具体内容根据实际情节考虑而定。分镜头脚本在某种程度上而言已经是"可视化"影像, 短视频创作团队看到脚本后, 基本上头脑中即可浮现视频画面, 理解原创作者的初衷。表 4-2-1 所示为分镜头脚本示例。

表 4-2-1　分镜头脚本示例

镜号	景别	画面	分镜头长度	人物	台词
1	近景	俊俊悠然地驾驶着车, 脸上洋溢着幸福的笑容, 情不自禁地哼着小曲	3s	俊俊	(内心独白) 美车、美人、良辰美景
2	中景	坐在副驾驶位的美美安静地看着车窗外的风景, 同样按捺不住心中的喜悦	2s	美美	(内心独白) 终于拥有一辆属于自己的车, 不用再挤地铁了
3	特写	俊俊看了看美美	5s	俊俊	以后, 就让我每天接送你上下班, 为你遮风挡雨
4	特写	面对突如其来的求婚, 美美不知所措	3s	美美	
5	特写	俊俊自信地说	5s	俊俊	我们的事业刚起步, 今天购买了新车, 只要努力, 我们会一直幸福下去的
6	中景	仿佛空气中也充满了幸福的气息	4s	俊俊、美美	
7	特写	美美深情地看着俊俊	4s		会的, 只要努力, 我们会一直幸福下去的
8	特写	逐渐出现汽车的 logo	3s		
9	全景	汽车在路上飞快地奔驰, 是那么幸福、那么快乐。逐渐出现汽车广告语"某某品牌汽车永远和您幸福在一起"	3s		

分镜头脚本的要素简单介绍如下:

1) 镜号: 也可以理解为拍摄的序列, 通常为了便于组织拍摄和后期制作, 短视频按照镜头号的顺序进行拍摄。

2）景别：指的是画面所选择的视野和空间范围，由远及近分别是远景（被摄体所处环境）、全景（人体的全部和周围部分环境）、中景（指人体膝部以上）、近景（指人体胸部以上）、特写（指人体肩部以上）。

3）画面：指的是视频画面上出现的内容，一般指的是拆卸脚本，把内容拆分到每个镜头中，内容要具体形象，能达到拍摄所需的要求。

4）分镜头长度：也就是时长，每个镜头应呈现的时间长度，一般以"s"为单位。

 想一想

不同景别的作用分别是什么？

_____

_____

3. 拍摄短视频

在进行短视频拍摄前，需要短视频策划团队提前做好相关准备，如外景拍摄首先要踩点，进行现场勘察；要进行"六方位绕车介绍"，则要提前准备好所要讲解的车辆；要进行试驾视频拍摄，应尽量准备多条试驾路线，包括车流量较少的平直路段、过弯路段、坑洼和爬坡等路况不同的路线。

（1）防抖技巧 再好的照片，如果因为抖动变得"虚幻"就失去了精彩；再好的视频，如果画面"地震"就失去了观看的必要。无论是摄影还是视频拍摄，防抖都是至关重要的一个环节。防抖的技巧很多，这里介绍几个常用的技巧：

1）选择合适的拍摄场地。选择平整、坚硬的地面，尽量不要选择崎岖不平、踩上去容易让人晃动的地面以及风大的场地。

2）使用云台、三脚架或稳定器。根据拍摄的场景和需求，自定配置固定相机和过滤抖动的设备。

3）注意拍摄姿势。对于手机和小型摄像机，可以尝试以下两种固定姿势：

① 把左手搭在右肩上，形成三角状；右手拿着手机或小型摄像机放在左手的手肘上。

② 两手臂紧贴在腰部，两手紧紧握住手机或小型摄像机，形成三角状。

4）使用设备自带的防抖设置。

5）如果拍摄时不需要移动防抖设备的，可以固定好拍摄机位后，使用定时拍摄、声控拍摄或蓝牙等拍摄功能。

（2）运镜技巧 运镜又称为运动镜头，主要是指镜头自身的运动，常用的有7种运镜方式，分别是推、拉、摇、移、跟、升、降。

1）推镜头：推镜头可以通过变焦的方式和向前运镜的方式来实现。手机变焦的缺点是放大变焦后画面清晰度会下降。向前运镜就是把手机或摄像机慢慢向摄像主体推进，镜头画面由大景别持续向小景别过渡，这样能突出拍摄主体，聚焦视线，烘托氛围或强调被拍摄的人或物品。

2）拉镜头：拉镜头与推镜头动作相反，镜头由近到远，使拍摄主体在画面中慢慢变小，常用于向观众展示拍摄主体所处的环境，通常可以拍摄一些人物与环境关系的画面。这种拍摄手法可以进一步渲染画面氛围，比较适合拍摄旅行中人物与环境的关系。

3）摇镜头：摇镜头指的是拍摄机位不动，手臂摇动从而带动手机或摄像机呈弧线运动，有横向左右摇动也有纵向上下摇动，常用于空间转换或被摄主体变换，引导观众的视线从一处随着镜头的摇动转到另外一处，观众的注意力和兴趣点随之转移。摇镜头的快速转移就是甩镜头，所产生的效果是极快速度的节奏，可以造成突然的过渡，从而制作出无缝转场的效果。

4）移镜头：类似生活中的人们边走边看的状态。移镜头跟摇镜头一样能扩大镜头二维空间映像能力，但移镜头摄像机的位置是变动的，这时候就需要稳定器，否则容易造成画面抖动。

5）跟镜头：跟随被拍对象保持等距离运动的移动镜头，镜头始终跟随动着的主体，交代拍摄主体的运动方向，以及主体和环境之间的关系，也适宜连续表现人物的动作、表情或细部的变化，常用于 Vlog、旅拍等。

6）升镜头：升镜头指的是镜头由下往上进行展示，从而展示大的背景环境。随着镜头向上，视野逐步扩大，可以表现出某点在某面中的位置，展示广阔的空间环境，交代被摄物所处的环境，能从物体的局部展示整体。

7）降镜头：降镜头是指镜头向下移动进行拍摄，视点的降低和视野的缩小能够反映出某面中某点的情况，多用于拍摄大场面，以营造气势。

（3）光线运用技巧 短视频拍摄时候的灯光布置非常重要，充足的光线可以拍出比较有质感的画面。短视频的清晰度影响用户体验，用户体验影响视频数据，视频数据会影响流量扶持。短视频策划团队应注意巧用光线。

1）利用好自然光。尤其是汽车短视频采用外景拍摄时，更加要注意利用好自然光。一天中，直射的太阳光因早晚时刻的不同而照明的强度和角度也不同。一般情况下，早上光线太弱或太暗都不适宜拍摄；中午阳光太亮则容易曝光。可以根据实际情况采用 14：00-17：00 的时间段进行拍摄。

2）进行室内布光。短视频策划团队要巧妙利用主光、辅光、轮廓光、装饰光和背景光5 种光型，结合剧情内容、人物的场面调度，室内日景的门窗位置、人物与门窗相隔的距离和构成的角度，夜景不同性质的光源（如月光、路灯、车灯、油灯、烛光、火柴光）等情况进行布光。

① 主光：是被摄体的主要照明光线，它对物体的形态、轮廓和质感的表现起主导作用。对一个被摄体来说，主光只能有一个，若同时将几个光源作为主光，被摄体受光均等，分不出什么是主光，画面会显得平淡。同一短视频中的各个镜头，不论景距、实际拍摄时间和地点有哪些不同，主光的方位是统一的，不能随意变化。

② 辅光：顾名思义辅助的灯光，主要作用是提高主光所产生阴影部位的亮度，使阴暗部位呈现出一定的质感和层次，同时减小影像反差。辅光的强度应小于主光的强度，否则就会造成喧宾夺主，并且容易在被摄体上出现明显的辅光投影。

③ 轮廓光：顾名思义就是勾画被摄体轮廓的光线，赋予被摄体立体感和空间感。轮廓光的强度往往高于主光的强度，深暗的背景有助于轮廓光的突出。

④ 装饰光：又称为"平衡光"，主要用来对被摄体局部进行装饰或显示被摄体细部的层次。通常使用较小的灯或用在其他光型达不到的地方，从而表现质感和轮廓。例如利用装饰光消除人物面部的缺陷，如使瘦削的面庞显得丰满些。

⑤ 背景光：是照射背景的光线，它的主要作用是衬托被摄体、渲染环境和气氛。

> **小提示**
>
> 　　党的二十大报告指出："必须坚持科技是第一生产力、人才是第一资源、创新是第一动力。"新时代青年应充分发挥创新精神，勇于开拓创新。短视频非常重要的因素是创意。因为观看短视频的年轻人比较多，他们对枯燥无味的视频内容不太感兴趣，而且没有创意的视频也难以引起用户的共鸣和广泛传播。此外，短视频的内容创作门槛相对较低，很多内容创作者充分利用了这股红利，无形中也造成了内容泛滥。具有个性和趣味性、积极向上、富有正能量的优质短视频更能赢得用户的青睐。

 学以致用

<h2 style="text-align:center">任务工单　制作汽车短视频</h2>

专业		班级	
姓名		学号	

一、任务目标

学会拍摄汽车短视频。

二、任务内容

　　任选一种短视频类型，拍摄与汽车相关的短视频，如试驾、汽车六方位介绍、车型讲解等，题目自拟。

三、任务实施

1. 搭建短视频策划团队。
2. 明确定位。
3. 编导策划剧本，撰写分镜头脚本。
4. 任选 1 种短视频类型，拍摄与汽车相关的短视频。

镜号	景别	画面	分镜头长度	人物	台词
1					
2					
3					
4					
5					
6					
7					
8					
9					

任务三　剪辑汽车短视频

任务目标

知识目标

1）掌握添加、删除素材处理技巧。

2）掌握视频画面美化技巧。

3）掌握短视频添加字幕技巧。

能力目标

1）具备根据短视频内容策划进行后期编辑与处理的能力。

2）具备创作高质量汽车短视频作品的能力。

素养目标

培养学生的基本职业道德，遵守行业法律法规的意识；培养学生用户思维、流量思维、产品思维和大数据思维；培养学生认真踏实、细心耐心、注重合作、积极上进的工作作风和服务意识。

思维导读

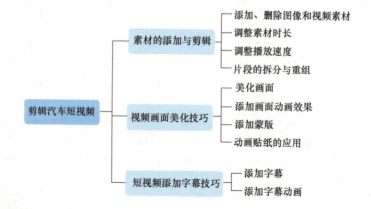

任务导入

小王假期去某汽车经销店兼职，组建了短视频策划团队，拍摄了大量的原始素材。小王利用剪映等编辑软件进行后期处理，学以致用，用短视频展现经销店的服务形象和汽车产品特点。

知识解读

完成短视频素材的拍摄后，短视频制作团队可以选择合适的视频编辑软件对素材进行润色和加工，以达到增强视觉效果。目前市面上的视频编辑软件很多，本项目以剪映电脑端为例，讲解短视频素材的剪辑和处理技巧。

一、素材的添加与剪辑

短视频策划团队可以在编辑软件中添加图像、视频、音频、音乐、文本、字幕等不同类型的素材。

1. 添加、删除图像和视频素材

步骤1：打开剪映，在主界面单击"开始创作"按钮，进入素材添加界面，单击"导入"按钮，如图 4-3-1 所示，即可从弹出的对话框中选择需要添加的图像或视频，也可以把需要打开的素材直接拖动到导入框内。

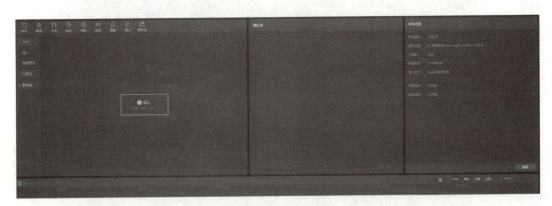

图 4-3-1　导入素材

步骤2：进入视频编辑界面，发现在电脑本地的素材已经导入剪映的导入框内，把所需要的图片或者视频拖动到下方的轨道中，如图 4-3-2 所示，可以看到所选择的图像和视频素材按照所选的顺序排列在同一条轨道上。

图 4-3-2　把素材添加到轨道上

步骤3：如需要添加素材，把时间轴拖动到轨道上需要添加的位置，鼠标移动到导入界面指向需要添加的素材，此时素材的右下方呈现"+"号，单击即可把素材添加到指定位置，如图4-3-3所示。

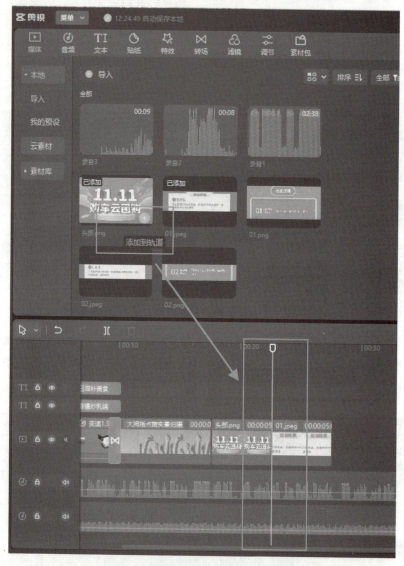

图4-3-3　把素材添加到轨道指定位置

如果需删除轨道上的素材，选中该素材后，单击左上角的"垃圾桶"即可；或者选中需要删除的素材，按键盘的"Delete"或"Backspace"都可删除轨道上的素材。如果需要撤销操作，则单击"撤销"按钮或同时按下键盘"Ctrl+Z"；如果需恢复操作，则单击"恢复"按钮或同时按下键盘"Ctrl+Shift+Z"，如图4-3-4所示。

2. 调整素材时长

在短视频中，有的画面一闪而过，有的画面停留时间较长。剪辑时，应该根据整个作品的需要，有逻辑地把控镜头的时长。调整素材时长的操作如下：

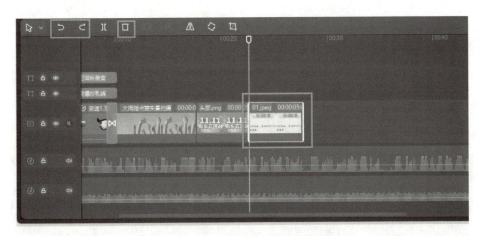

图 4-3-4　删除轨道上的素材

步骤 1：把要编辑的素材添加到轨道中。

步骤 2：在素材"11.11 购车云团购"被选中的状态下，按住素材的尾部，向左拖动可使片段在有效范围内缩短，素材的持续时间变短；同理，按住素材的尾部，向右拖动可使片段在有效范围内延长，素材的持续时间变长，如图 4-3-5 所示。此外，在素材被选中的状态下，按住素材的首部，向左拖动或向右拖动同样可以达到延长或缩短时间的效果。

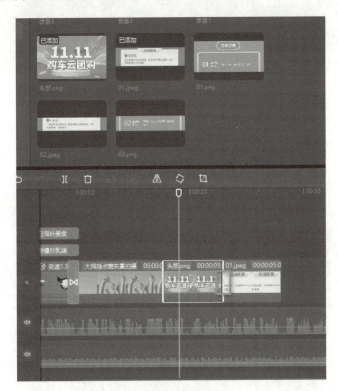

图 4-3-5　调整素材时长

3. 调整播放速度

在制作视频时，灵活运用一些变速效果可使视频更加生动有趣。例如，一些快节奏的音乐搭配快速镜头，可使画面动感十足；使用慢镜头搭配轻音乐，可让人心情舒畅。

步骤 1：把要编辑的素材添加到轨道中。

步骤 2：在素材"11.11 购车云团购"被选中的状态下，单击编辑界面右上角的"变速→常规变速"选项栏，此时，可以在素材缩览图的上方看到的倍速为"1.00"。在"变速→常规变速→倍数"选项中，可以调整素材的倍数和时长。

调整后，素材缩览图上方的倍速也相应调整，如图 4-3-6 所示。

图 4-3-6 调整播放速度

"变速→曲线变速"选项栏罗列了不同的曲线变速选项，包括自定义、蒙太奇、英雄时刻、子弹时间、跳接、闪进和闪出等。单击任意一个变速曲线选项，进入曲线编辑面板，可以对曲线中的各个控制点进行拖动调整，以满足不同的播放速度要求，如图 4-3-7 所示。

图 4-3-7 调整曲线变速

4. 片段的拆分与重组

如果想要对某段视频添加特效，进行变速、调色和删除等操作，可以先拆分该片段，然后对需要处理的独立片段进行相关操作。

1）在轨道区域中选中需要进行拆分的片段，把时间轴拖动到需要拆分的位置，单击上方的 **Ⅱ** "分割"按钮，即可把片段从时间轴所处的位置分割为两个部分，如图4-3-8所示。

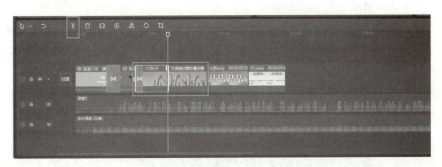

图4-3-8　把视频分割为两个独立的片段

2）在轨道中有多个片段，如需调整片段顺序，可以选中某个片段，拖动到轨道中的目标位置，即可改变两个片段的播放顺序。如果需要重组片段，使画面协调连贯，可以在两个片段中间添加转场效果，把时间轴拖动到轨道中两个片段衔接的位置，单击工具栏最上方的"转场"按钮，选择合适的转场效果，如图4-3-9所示。

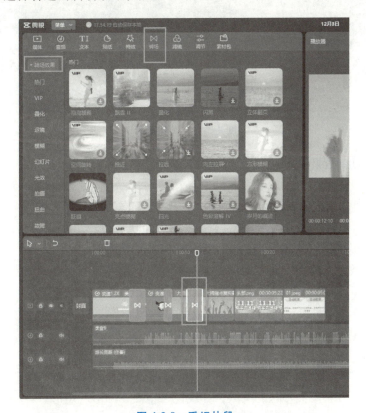

图4-3-9　重组片段

二、视频画面美化技巧

短视频的编辑离不开画面的调整，例如画面大小、旋转方向、动画效果等。通过画面设计，可以让视频的整体效果更加生动。

1. 美化画面

步骤1：把要编辑的素材添加到轨道中。

步骤2：在素材"11.11购车云团购"被选中的状态下，单击右上方的"画面→基础"选项栏，在"位置大小"选项中，可以对画面进行"缩放""位置""旋转"等操作；在"混合"选项栏中，还可以根据实际需要选择"变量""绿色""变暗""叠加""强光""柔光""颜色加深""线性加深""颜色减淡""正片叠底"等模式，以及进行透明度的调整，如图4-3-10所示。

图4-3-10　美化画面

2. 添加画面动画效果

给素材添加动画效果可以改变画面的出场和结束方式，使视频更加生动有趣。

步骤1：把要编辑的素材添加到轨道中。

步骤2：在素材"11.11购车云团购"被选中的状态下，单击右上方的"动画"选项栏，剪映为用户提供了"入场""出场""组合"等动画效果。以"入场"为例，提供了渐显、轻微放大、放大、缩小、向左滑动、向右滑动、抖动变焦等多种动画效果，选择合适的动画效果。

步骤3：调整动画时长。根据实际需要，调整动画时长。在"播放器"中单击▶播放按钮，预览动画效果，如图4-3-11所示。

3. 添加蒙版

蒙版也称为"遮罩"，该功能可以遮挡部分画面或显示部分画面，达到一些特殊的合成效果。剪映提供了几种不同形状的蒙版，如线性、镜面、圆形、矩形、爱心、星形等，这些形状的蒙版可以用于画面的任何区域。

图 4-3-11　添加画面动画效果

步骤 1：打开剪映，在主界面单击"开始创作"按钮，进入素材添加界面，选择"汽车合成视频""11.11 购车云团购"素材，并添加到轨道中，拖动素材时长，使两个素材时长一致。

步骤 2：确保"11.11 购车云团购"素材为选中状态，在预览区域中调整素材大小。进入蒙版选项栏，单击"圆形"蒙版，调整蒙版大小，预览效果，如图 4-3-12 所示。

图 4-3-12　添加蒙版

4. 动画贴纸的应用

通过在视频画面上添加动画贴纸，不仅可以起到类似于马赛克的遮挡作用，还可以让短视频视觉效果更炫酷。剪映提供了遮罩、指示、爱心、暖冬、情绪、互动等几十种不同类别的共话贴纸，并且，根据时事热点持续更新，例如新增世界杯、双十一、父亲节等不同主题的动画贴纸。

步骤1：单击操作界面左上角 按钮，选择合适的贴纸添加到轨道上。

步骤2：在"播放器"界面调整贴纸的位置和大小。

步骤3：在轨道上，确保贴纸被选中状态，调整贴纸的时长，如图4-3-13所示。

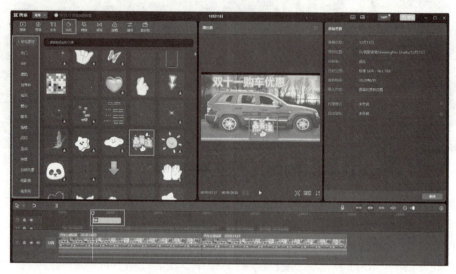

图4-3-13 添加动画贴纸

三、短视频添加字幕技巧

字幕可以更好地帮助观众理解和接受视频内容，还可以帮助一些听力较弱的观众理解视频，设计巧妙的字幕可以为视频增色。

1. 添加字幕

计划给素材"汽车合成视频"添加字幕"双十一购车优惠"，操作如下：

步骤1：打开剪映，在主界面单击"开始创作"按钮，进入素材添加界面，选择"汽车合成视频"，并添加到轨道中。

步骤2：单击操作界面左上角 "文本"按钮，系统提供了大量的文本样式，选择合适的文本样式，单击样式右下角的"+"号即可把该样式添加到轨道中，如图4-3-14所示。

步骤3：在操作界面右上方的"文本→基础"操作栏中，输入要展现的文字，如"双十一购车优惠"，并对该样式进行调整，如调整字号、字体加粗、加下划线、斜体，改变字体颜色，调整字间距、字体描边、阴影，以及调整位置大小和改变预设样式等操作，如图4-3-15所示。

步骤4：在轨道上选中"双十一购车优惠"，拖动文字素材首部或尾部，从而调整素材持续的时间。

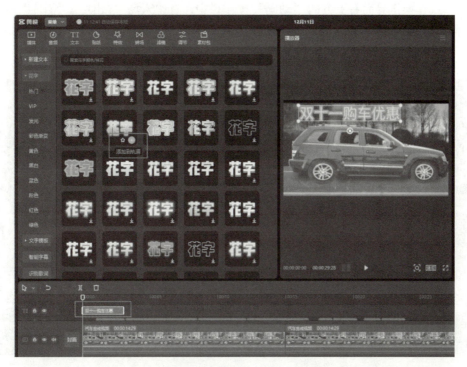

图 4-3-14 选择文本样式

图 4-3-15 优化文本样式

2. 添加字幕动画

在完成基本的字幕创建后，可以对字幕添加一些特殊效果，如添加动画效果，使画面中的文字呈现出更精彩的视觉效果。

步骤1：在轨道中添加字幕"双十一购车优惠"。

步骤2：在操作界面右上方的"动画"操作栏中，有"入场""出场""循环"等动画效果，选择合适的动画效果即可。例如，选择"入场"效果中的"随机打字机"，如图4-3-16所示。

图4-3-16　添加字幕动画

步骤3：给字幕特效添加打字音效。在操作界面左上角的工具栏中单击 🔘 "音频"按钮，在音效列表"机械"种类中提供了多个"打字声"音效选项，如"打字声""打字声2""机械键盘打字"等，单击合适音效右下方的"+"号，即可将其添加到轨道中，如图4-3-17所示。

图4-3-17　给字幕特效添加打字音效

 学以致用

任务工单　剪辑汽车短视频

专业		班级	
姓名		学号	

一、任务目标

剪辑汽车短视频。

二、任务内容

1. 剪辑拍摄好的汽车素材。
2. 投放到相应的新媒体平台上。

三、任务实施

1. 剪辑师全面了解拍摄目的，认真学习分镜头脚本。
2. 根据团队短视频创作目标进行二次创意，开展后期剪辑。
3. 推广、宣传短视频二次创作成品。

项目五

汽车直播营销

汽车直播营销主要包括 3 个学习任务：初识直播营销、搭建汽车直播环境、实施汽车直播活动。

任务一　初识直播营销

 任务目标

知识目标

1）理解直播营销的概念和特点。

2）了解直播营销的优势。

3）熟悉汽车直播营销的平台。

能力目标

1）具备分析直播营销的能力。

2）具备对比主流汽车直播平台的能力。

素养目标

激发学生的爱国热情和民族自豪感。

 思维导读

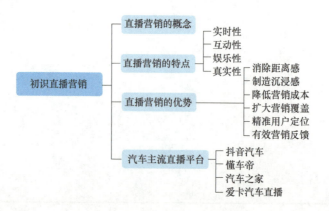

任务导入

随着数字化时代的到来，汽车行业已经开始重视直播营销。小王决定深入了解直播营销及其应用，开始了解什么是直播营销、直播营销的特点和优势、主流的汽车直播营销平台。

知识解读

一、直播营销的概念

直播营销是一种通过实时在线视频、音频和文字等方式，利用互联网直播技术为消费者提供产品或服务的一种营销手段。它利用直播平台和社交媒体等途径，将产品或服务的信息直接传递给消费者，并通过互动交流、解答疑问等方式，增强信任度和认同感。直播营销不仅可以帮助企业促进销售，还可以加强品牌的形象塑造，形成良好的口碑、提高用户忠诚度。

直播营销是一种基于互联网直播技术的新型营销手段，包括场景、人物、产品、创意四大要素。

（1）**场景**　场景是直播营销中不可或缺的元素。场景包括直播间布置、背景设置、道具、音效等，通过营造良好的场景氛围，可以增加直播的观赏性和娱乐性，提高用户的参与度和忠诚度。

（2）**人物**　人物是直播营销中的关键要素，包括主播、嘉宾、观众等。主播作为直播的主角，需要具备良好的表达能力、互动能力和影响力，能够吸引观众的注意力，促进消费者的购买欲望。嘉宾可以为直播增加亮点和话题，提高观众的兴趣和参与度。观众是直播的参与者和消费者，他们的互动和反馈可以有效增强直播的互动性和真实性。

（3）**产品**　产品是直播营销的核心要素。直播营销需要具有鲜明特点、有吸引力的产品或服务。产品包括实物商品、虚拟商品、服务等。通过直播平台展示产品的特点、功能、优势等，解答消费者的疑问，增加消费者的信任感和认同度，从而提高销售转化率。

（4）**创意**　创意是直播营销的灵魂。创意包括直播节目的策划、创意形式、话题设计等，通过创意设计可以增加直播的趣味性和新鲜感，吸引观众的眼球，提高直播的转化率和用户留存率。

在实际的直播营销过程中，以上四大要素相互依存、相互作用，需要综合考虑才能达到最好的营销效果。同时，直播营销需要注意内容的真实性和合法性，尊重消费者的知情权和选择权，才能取得消费者的信任和支持，实现品牌的快速增长。

二、直播营销的特点

直播营销是一种新型的营销手段，相比传统营销手段，具有以下几个显著的特点：

（1）**实时性**　直播营销是实时性的营销方式，可以实时与观众互动，让消费者在第一时间了解产品或服务的特点、优惠活动等，提高消费者的购买欲望和决策速度，并及时获取观众的反馈和需求，调整营销策略，从而提高直播活动的效果。

（2）互动性　直播营销具有高度的互动性，观众可以通过弹幕、评论、点赞等形式与主播互动，提高用户的参与度和忠诚度，同时能让主播更好地了解观众的需求和反馈。

（3）娱乐性　直播营销可以融入各种形式的娱乐元素，如互动游戏、抽奖活动等，增加观看者的乐趣，同时通过生动、有趣的内容，直播营销可以更好地打动观众，让他们对直播中的产品或服务产生兴趣，提高营销效果和品牌影响力。

（4）真实性　与传统广告相比，直播营销更能够真实地展示产品或服务的特点和优势。通过直播活动，观众可以看到真实的产品或服务展示，听到真实的主播讲述产品或服务的特点，从而更容易相信产品或服务的质量和价值。

综上所述，直播营销具有实时性、互动性、娱乐性和真实性等特点，这些特点都有利于提高营销效果和吸引观众的关注度。因此，对于企业来说，开展直播营销活动是一个非常值得尝试的营销方式。

三、直播营销的优势

直播营销不仅为企业提供了新的营销手段，更为消费者提供了一种全新的消费体验，因此得到了广泛关注和认可，成为当前营销领域的热门趋势。直播营销具有以下优势：

（1）消除距离感　传统的广告宣传方式往往给人以冷漠、机械、单向的感觉，难以与受众建立亲近、信任的关系。直播营销打破了传统广告的单向传播模式，从而消除了品牌与用户间的距离感。消费者可以直接参与到直播中，与主播实时互动，给人亲近、真实、直接的感觉，消费者可以感受到品牌的人性化、温暖的一面，从而更容易产生共鸣和信任。

（2）制造沉浸感　直播营销可以通过场景设置、产品展示、互动环节等多种方式，营造出一种沉浸式的消费体验，让消费者感受到品牌和产品的真实性、质感和价值。通过直播，消费者可以看到产品的实际效果，听到用户真实的使用反馈，从而增强对品牌的认知和情感共鸣。

（3）降低营销成本　相对于传统的广告推广方式，直播营销的成本相对较低。企业可以通过直播平台直接与消费者联系，无须通过第三方广告代理机构，节省了广告费用。同时，直播营销可以利用社交媒体等免费的宣传渠道，进一步降低了营销成本。

（4）扩大营销覆盖　直播平台具有强大的传播能力，可以覆盖全球各地的用户。企业可以通过直播平台推广品牌和产品，可以打破时间和空间的限制，吸引更多的消费者，扩大营销覆盖面。同时，直播平台具有很强的社交属性，可以通过用户分享、点赞等方式，进一步扩大品牌影响力和市场占有率。

（5）精准用户定位　直播平台可以通过大数据分析等技术手段，对用户进行精准的定位和分类，从而针对性地进行推广。企业可以根据用户的兴趣和消费习惯等信息，制订相应的营销策略和推广方案，提高营销效果和转化率。

（6）有效营销反馈　直播营销可以通过实时互动的方式，收集用户反馈，快速、准确地了解市场需求和用户需求。企业可以根据用户反馈，不断优化产品和服务，提高用户满意度和品牌忠诚度。

四、汽车主流直播平台

随着数字化时代的到来，汽车行业开始积极探索直播营销领域。下面是汽车行业主要的直播平台及其特点。

1. 抖音汽车

抖音汽车是抖音旗下的汽车内容平台，主要涵盖汽车评测、汽车文化、汽车生活等内容。其直播特点是注重年轻化和互动性，通过短视频和直播等多种形式，吸引了众多年轻用户的关注。

2. 懂车帝

懂车帝是我国较早涉足汽车媒体领域的平台，旗下拥有懂车帝网、懂车帝直播、懂车帝 APP 等多个产品。其直播特点是以汽车评测为主，同时涵盖汽车技术和汽车文化等内容。懂车帝直播的互动性较强，观众可以在直播间内和主播进行互动，提出自己的问题和建议。

3. 汽车之家

汽车之家是我国最早成立的汽车媒体之一，拥有汽车资讯、汽车评测、汽车论坛等多个板块。其直播特点是注重汽车资讯和娱乐性，通过直播报道车展、新车发布等事件，吸引用户关注。

4. 爱卡汽车直播

爱卡汽车直播是爱卡汽车旗下的直播平台，主要聚焦汽车新闻、汽车评测和汽车生活等内容。其直播特点是注重汽车文化和互动性，通过嘉宾互动、抽奖活动等形式，提高用户参与度。

总的来说，不同的汽车直播平台注重的内容和特点不同，但都注重汽车文化和互动性，并通过电商和营销等形式为汽车厂商提供更好的营销服务。汽车直播平台的发展前景也十分广阔，未来有望成为汽车行业重要的营销渠道之一。

 想一想

观看这些平台的汽车直播，分析各个平台的直播特点。

_____

_____

💡 **小提示**

遵守直播平台规则和法律法规，是每个直播从业者都应该遵循的基本原则。在直播平台上，直播主播需要严格遵守平台的规则，例如不得出现低俗、暴力和诈骗等内容，不得泄露他人隐私，不得散布虚假信息等。这些规则的存在，旨在维护网络空间的健康和秩序，保证直播平台的稳定和安全。

 学以致用

任务工单 初识直播营销

专业		班级	
姓名		学号	

一、任务目标

通过对比汽车直播平台，收集各直播平台的相关信息，分析各自的特点，以便选择合适的平台开展汽车直播活动。

二、任务内容

1. 登录快手、抖音、懂车帝、淘宝直播、小红书等直播平台。
2. 分析以上平台的直播特点、带货商品属性、带货模式和转化率等情况。

三、任务实施

1. 观看各个平台直播内容。
2. 对比分析各平台相关特点属性。

不同平台	平台属性	带货商品属性	带货模式	转化率	其他
快手					
抖音					
懂车帝					
淘宝直播					
小红书					

任务二　搭建汽车直播环境

任务目标

知识目标

1）熟悉汽车直播团队的角色和职责。

2）了解汽车直播设备清单。

3）掌握汽车直播场地准备项目。

能力目标

1）具备进行汽车直播团队分工和职责界定的能力。

2）具备搭建汽车直播营销环境的能力。

素养目标

1）通过组建汽车直播团队，培养团队合作精神。

2）通过准备设备清单和搭建汽车直播环境，培养学生细心严谨的工作作风。

思维导读

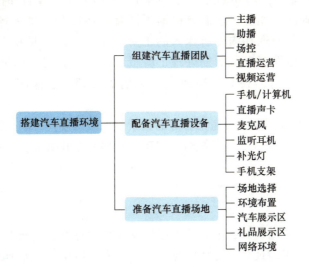

任务导入

　　了解了直播营销的基本知识和主流平台后，小王开始着手搭建汽车直播环境，包括汽车直播团队角色和职责，需要配备哪些硬件设备和软件支持，以及直播场地如何布置等。

知识解读

一、组建汽车直播团队

汽车直播团队包括多个角色，每个角色都有重要的职责。

1. 主播

主播是汽车直播的核心人物，需要有亲和力、表达能力和沟通能力，能够与观众建立起良好的互动关系。主播需要对汽车相关的知识有所了解，并能够清晰、生动地向观众介绍车型特点和性能等。

2. 助播

助播是指协助主播进行直播的人员，可以协助主播操作设备、搬运道具、调整画面、提供支持和配合主播完成各种直播任务。助播需要时刻关注直播现场的情况，及时解决各种问题，确保直播质量和效果。

3. 场控

场控是指负责整个直播现场的人员，需要制订直播流程和时间表，统筹协调各个环节和角色，确保直播顺利进行。场控还需要与主播和助播保持良好的沟通，协调各个方面的事宜，以确保直播的效果和效率。

4. 直播运营

直播运营是指负责汽车直播策划、推广和营销的人员，需要了解市场需求和观众喜好，设计和制订适合的直播方案。直播运营还需要通过各种渠道进行宣传和推广，提高直播的曝光度和关注度，以达到最大化的营销效果。

5. 视频运营

视频运营要有良好的摄影和创意能力，熟练掌握各种摄影设备和技术，能够为观众呈现出高质量的视频画面。此外，还需要根据不同直播环境和场景进行拍摄，确保直播视频质量和效果、对汽车外观和内饰有深入的了解，能够为观众呈现出最真实、最完整的汽车画面。能够对直播视频进行后期处理、剪辑和制作的人员，需要拥有扎实的视频编辑技能和审美能力，将直播视频剪辑成高质量的短视频，以提高直播的回放率和传播效果。

汽车直播团队的构建需要充分考虑各方面因素，如团队规模、职位设置、人员素质和配合默契程度等，需要相互协作、密切配合，以确保直播质量和效果，为观众呈现出高品质的汽车直播内容。

💡 **小提示**

一个成功的汽车直播团队，不仅需要每个成员扮演好自己的角色，还需要具备紧密的团队合作精神。只有通过相互支持和协作，才能真正地实现直播目标，为观众呈现出高质量、生动有趣的汽车直播内容。

二、配备汽车直播设备

1. 手机/计算机

作为直播的核心设备，需要选择配置较高、画面清晰、稳定性能强的手机或计算机。用手机直播，一般需要准备两部手机，一部用来直播，另外一部用来查看直播间观众的弹幕留言，两部手机分工合作。选择直播手机主要有摄像、内存、稳定性三大指标。由于直播推流对硬件要求高，所以要尽量选择 CPU 型号较新、性能较好的手机来进行直播。

但是，大部分手机的前置摄像头像素相对比较低，所以一般建议使用后置摄像头直播，保证画面清晰。

如果用计算机直播，同样需要处理器、内存和存储空间都较高的高配置计算机和质量较好的计算机摄像头，确保视频播放流畅、不卡顿，并保证画面的清晰度和色彩还原度。

2. 直播声卡

直播声卡是连接手机或计算机与麦克风之间的中间件，不管是手机直播还是计算机直播，如果想要更好的音效效果，就需要声卡来辅助。选择声卡需要考虑其声道数量、信噪比和采样率等因素。声卡的质量直接影响直播音质的好坏。高质量的声卡可以避免声音中的杂音、延迟失真等问题，提供更好的音频效果，还可以提供丰富的伴奏和特效声音，让直播间更加场景化，也可以活跃整个直播间的气氛。

3. 麦克风

麦克风是直播过程中不可或缺的设备之一。麦克风主要是一个收音的设备，能够将主播的声音收集并传输到直播设备上。选择麦克风需要考虑其灵敏度、指向性和信噪比等。不同的直播场合需要选择不同类型的麦克风，确保观众听得清晰。为了防止爆音和杂音，大部分主播使用的都是电容麦克风，音质方面比动圈麦克风要好，收录的声音清晰、饱满，质感很高，适合在直播间相对比较安静的环境使用，不太适合嘈杂环境使用。

4. 监听耳机

主播需要在直播过程中听取自己的声音和音效，实时了解直播间给粉丝展示出来的效果，有了监听耳机，就能知道最终呈现的效果，以便于实时调整语音节奏和音量，展示最佳效果给直播间的粉丝。选择监听耳机需要考虑其音质、舒适度和隔音效果。良好的耳机可以提供更好的音频效果，同时，舒适度和隔音效果也可以让主播更加专注于直播内容，避免被外界干扰，提高直播效果。

5. 补光灯

补光灯的功效是画面镜头补光以及镜头美颜，而且可以自由调节镜头的亮度。在汽车直播过程中，为了让观众更好地看到车辆的外观和内饰，需要在车辆周围设置适当的补光灯。补光灯可以提高直播画面的亮度和清晰度，让观众更加清晰地看到车辆细节。

在进行外景拍摄时，如果室外光照效果较差，则需要搭配一些户外手持补光灯进行补光，或者用其他的专业户外补光设备补光。选择补光灯需要考虑其亮度、色温和灯光类型等因素。

6. 手机支架

如果使用手机直播，需要用到手机支架来固定，保持镜头的稳定。选择手机支架需要考虑其稳定性、可调性和适用性。一个稳定的手机支架可以确保手机在直播过程中不会抖动或倒下，可调性和适用性可以让主播自由调节手机的角度和高度，以获得最佳的直播画面。

支架的形式非常多，有多个机位（手机+声卡+麦克风+补光灯）一体的，也有分开单个独立的，有落地的、台式的等，根据自己的需求选择，重点考虑直播支架的可伸缩性、可扩展性，稳定性要好、占地要小，如图5-2-1所示。基础硬件见表5-2-1。

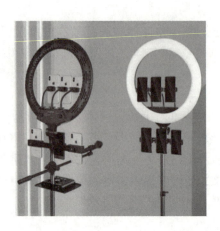

图 5-2-1　手机支架

表 5-2-1　基础硬件

设备	标准要求	参照
手机	智能手机	建议使用高配置机型
手机支架	三脚手机支架	建议使用带轮可移动的便携式三脚架
收声设备	音质较高级的声卡设备	建议使用高品质收音小蜜蜂
补光灯	手持式全彩补光灯	光线充足即可
手持稳定器	稳定性较高的手持稳定器	建议使用大疆或智云手机手持稳定器
充电声卡转化器	无损转化，内置声卡兼容	无电流声即可
美妆用品	简单的美妆用品及护肤品	结合自身需求准备

三、准备汽车直播场地

进行汽车直播前，必须准备一个适合直播的场地。一个好的场地布置可以为观众营造出更好的观看体验，提高直播的吸引力和影响力。汽车直播场地准备包括场地选择、环境布置、展示区域设置和网络环境等方面。

1. 场地选择

选择适合的场地对于汽车直播的成功非常重要。下面是一些常见的室内和室外场地。

（1）室内场地　展厅：展厅是展示汽车的场所，通常有展示柜、灯光和音响等设备，可以直接用于汽车直播。其优点是设施齐全、展示效果好。

直播间：直播间可以根据需要设置不同的背景和道具，可以根据主题定制布置。其优点是自由度高，可以随时更改布置，但是需要有一定的场地和设备投入。

活动背景板：活动背景板是一种便携式的场景背景，其优点是轻便易携带，便于设置，但是缺乏场地感。

展车内：在展车内直播可以直观地展示汽车的内部和外部，增强直播的真实感和互动性。其优点是场地和设备成本相对较低，但是需要注意拍摄角度和光线。

（2）**室外场地**　户外景点：户外景点可以提供自然的背景和环境，增强直播的艺术感和观赏性。其优点是可以利用自然景观和光线，但需要考虑天气因素和场地租赁问题。

露天车展：在露天车展上直播可以与其他展商互动，增强直播的娱乐性和互动性。其优点是与车展相结合，增加直播的关注度，但可能需要支付展位费用和注意天气因素。

总的来说，选择合适的场地需要综合考虑成本、便利性和观赏性等因素，以提高直播的效果和观众体验。

2. 环境布置

场地的环境布置需要根据直播的主题和风格来进行设计，例如可以设置一些背景墙、摆放一些有关汽车主题的装饰品，以及设置一些符合主题的灯光效果，营造出一种浓厚的氛围，让观众更好地融入直播中。

（1）**直播背景**　如图 5-2-2 所示，直播背景总体要求是干净明亮整洁大方，背景墙纸需选用浅色纯色的背景布，若不选用背景墙纸，直播背景整洁干净即可。背景墙、壁画、窗帘、摆件、地毯、彩灯、挂件等，可根据主播的风格进行装饰，或者平时结合特殊的节日更换风格。不要使用灯红酒绿、粉嫩缭绕的背景；禁用大红大紫的颜色作为背景布。

图 5-2-2　直播背景

（2）**环境卫生**　直播场地需要保持干净整洁，为直播带来更好的观感和卫生环境，也能让直播团队更好地进行工作。

头脑风暴

对比手机直播间、计算机直播间、演播室直播间的优缺点和适用人群。

_____

_____

---

3. 汽车展示区

如图 5-2-3 所示，为了让观众更好地了解车辆信息，可以设置一个汽车展示区，将车辆置于其中，并准备好相应的展示板和标签，展示车辆的基本信息、特点、配置和价格等内容。如果条件允许，可以将汽车放置在一个专门的展示台上，更好地展示车辆的外观和内饰。

图 5-2-3　汽车展示区

4. 礼品展示区

如图 5-2-4 所示，在直播中，为了吸引观众的关注和提高参与度，可以准备一些小礼品，放置在礼品展示区中，例如汽车模型、T 恤衫、汽车精品等相关礼品，吸引观众的关注和互动。

图 5-2-4　礼品展示区

在准备汽车直播场地时，还需要考虑舒适性和安全性等方面，例如空调、加湿器等设备，以及消防设备、急救箱等安全设备，以保证直播现场的安全和顺畅。

5. 网络环境

直播的成功与否也取决于网络环境的稳定性和速度。确保场地有良好的网络信号和稳定的宽带，能够保障直播的流畅进行。如信号不好，应及时改变直播地方或者切换成移动端热点。

以上是直播场地准备的一些常见事项，还有其他一些因素需要考虑，例如音响设备的安排、摄像机的角度和位置等。总之，准备好直播场地能够为直播带来更好的效果，吸引更多的观众关注。

学以致用

任务工单 搭建汽车直播环境

专业		班级	
姓名		学号	

一、任务目标

通过搭建汽车直播环境，能够设计直播团队架构，罗列硬件设备配置清单，做好汽车直播的环境准备工作。

二、任务内容

1. 搭建汽车直播团队，明确职责分工。
2. 制订设备清单。

三、任务实施

1. 搭建汽车直播团队。

序号	岗位名称	姓名	职责分工
1	主播		
2	助播		
3	场控		
4	策划		
5	摄影		

2. 列出硬件设备清单。

任务三　实施汽车直播活动

任务目标

知识目标

1）掌握汽车直播的流程。

2）了解汽车直播脚本的内容。

3）掌握汽车直播营销内容要点和汽车直播策略。

能力目标

1）具备撰写直播脚本的能力。

2）具备开展汽车直播的能力。

素养目标

1）培养学生遵守直播平台规则，积极维护社会主义市场经济健康运行的意识。

2）培养学生的法律意识，在使用互联网的过程中遵循相应的法律法规。

思维导读

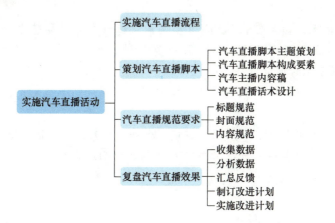

任务导入

汽车直播营销环境准备就绪，小王需要了解汽车直播流程、如何撰写汽车直播脚本，以及汽车直播有哪些规范性要求，以便顺利开展汽车直播活动。

知识解读

一、实施汽车直播流程

实施汽车直播的流程通常包括以下4个步骤：

（1）预热开场　在直播正式开始之前，需要进行预热，提前宣传直播内容、时间和地点等信息，吸引潜在观众的关注。可以通过社交媒体、短信和邮件等方式进行预热宣传。在直播开始前，主持人可以进行简单的自我介绍和介绍今日直播主题、欢迎粉丝进场，让观众提前感受到直播的氛围。

（2）产品介绍　在直播中，重点介绍汽车产品的特点、优势和配置等信息，通过展示车辆外观、内饰和驾驶感受等方面，让观众了解更多产品细节。同时，要注意避免出现过于枯燥、单调的介绍方式，可以通过引入互动环节、生动有趣的案例、真实的用户口碑等方式来增加直播的趣味性。

（3）粉丝互动　通过互动环节，增加观众的参与感，提升直播的互动性。可以通过提问、答题、抽奖等方式与观众互动，建立联系，增加观众的黏性。同时，要注意及时回复观众的评论和提问，让观众感受到关注和回应，增加互动效果。

（4）促单转化　通过直播提高汽车销售的转化率，是企业直播的重要目标之一。在直播中，可以设置购车福利、优惠政策等促销活动，吸引观众下单。可以通过电话和短信等方式进行后续跟进，推动潜在客户成交。

需要注意的是，汽车直播的流程可以根据具体情况进行调整和优化，直播间客户流动性大，需要不断介绍直播间、引导转化和粉丝互动，以留住用户。同时，流程中的每个步骤都需要精心准备和执行，才能获得更好的直播效果。

拓展技巧

直播间引导话术，如何在用户进入直播间后快速吸引并引导转化（关注、私信或留资），可以运用 5min 3 步循环法，即每 5min 穿插进行车型介绍、转化引导、粉丝互动，整个直播以 5min 为单位循环进行。

第 1 步，车型讲解 3min：反复强调车型卖点，与同级别车型对比，介绍中穿插粉丝互动与引导转化。

第 2 步，引导转化 1min：可用指令性语言引导客户关注、私信、留资。

第 3 步，粉丝互动 1min：积极回答用户问题、鼓励用户提问评论、表达感谢、口播欢迎。

二、策划汽车直播脚本

汽车直播脚本是一份详细的计划和指南，是一场直播的灵魂，用于指导主播在直播过程中的表达和操作，它包括开场白、产品介绍、互动环节、结束语等内容。汽车直播脚本通常由直播团队或营销团队编写，根据品牌定位和目标受众精心设计。对于主播而言，熟悉脚本内容并做好准备可以提高直播的流畅度和自信心。

汽车直播脚本在直播过程中起到非常重要的作用，具体包括以下 3 个方面：

控制直播节奏：汽车直播脚本可以为直播过程中的主题和内容提供一个明确的框架，帮助主播掌握直播节奏，减少无谓的时间浪费，保证直播的高效性和流畅性。同时，直播脚本可以规定直播时间的分配，让主播能够把时间合理分配在各个环节上，从而达到最好的效果。

保证主播状态：直播脚本可以帮助主播减轻压力，避免因为紧张和慌乱而影响直播效果。直播脚本可以提前规定好内容和主题，让主播能够提前准备和熟悉，并且在直播过程中清晰明确地知道下一步要做什么。这样能够保证主播的状态，避免出现意外情况，让直播更加稳定和可靠。

便于直播复盘：汽车直播脚本可以记录下直播过程中的每一个环节和内容，方便回顾和复盘。主播和团队可以通过直播脚本对直播效果进行评估和改进，以找出不足和优化的空间。同时，直播脚本可以记录下用户的反馈和互动，帮助团队更好地了解用户需求，进行产品和服务的优化和升级。

1. 汽车直播脚本主题策划

汽车直播脚本主题策划是指在进行汽车直播前，对直播内容进行规划和策划，确定直播主题和内容，并编写脚本，以确保直播的流程和内容的连贯性和完整性。主题策划包括以下几种：

（1）日常讲车　日常讲车的直播内容通常是基于一个特定的汽车品牌或型号，如人气车型、热销车型、活动车型，由主播介绍该车的性能、外观和功能等方面，同时回答观众的问题。

（2）活动主题　活动主题的直播通常是针对某个活动或特定时点推广活动而进行的，例如周年庆、团购日、试驾周等。这种直播的目的是吸引潜在客户的关注，并为他们提供相关信息。

（3）新车上市　直播新车上市是汽车直播的重要内容之一。内容通常包括：现车展示，展示新车的外观、性能、配置和价格等方面，并对新车的优点和亮点进行详细介绍；预约试驾、首批预订等。

（4）节日主题　在各种重要节日期间，汽车直播也可以采用特别的主题来吸引观众的关注，如春节期间可以推出新年特惠活动，圣诞期间可以推出圣诞礼物购买优惠等。

（5）售后维保　售后维保是汽车销售过程中的一个重要环节，直播中可以介绍汽车维修维护的相关知识，向观众展示汽车维修维护的流程、维护政策、金融政策和汽车精品，并为他们提供相关服务。

2. 汽车直播脚本构成要素

汽车直播脚本的构成要素通常包括以下几个方面：

（1）主播介绍　主播介绍是直播开始的第一步，通过介绍姓名、职业、爱好、工作经验、从事直播行业的时间或行业认证等，以此传递信任，让观众认为主播是可信的专业人士，同时主播需要打造个人 IP，通过形象打造、穿着打扮、说话方式等，让观众形成对主播的印象，提高观众对主播的好感度。

（2）粉丝福利　粉丝福利是吸引粉丝参与直播的关键，包括到店礼品、粉丝专属优惠、活动抽奖等。这些福利可以增加观众参与的积极性，提高直播的观看率和互动率。

（3）经销店优势　通过直播向观众介绍经销店的地理位置、服务优势和价格优势等信息，让观众了解经销店的特点和优势。这些优势可以增加观众对经销店的认知度和好感度，促进观众选择在该店购车或进行维修维护等业务。

（4）直播概况　主播需要简要介绍该次直播的主题、车型和流程等，让观众对该次直播有一个整体的了解。

（5）车型讲解　车型讲解是汽车直播的核心内容之一，包括六方位讲车、USP、FABE 等讲解方法。六方位讲车是指通过展示车型的外观、内饰、动力、悬架、安全等方面进行详细介绍。USP 是指讲解车型的独特卖点，突出该车型相比其他车型的优势和特点。FABE 是指将车型特点和功能以故事的形式呈现，增加观众的兴趣和记忆度。

（6）用户互动　用户互动是直播中很重要的一个环节，和用户互动交流，通过专业讲解和服务态度，增加观众对车型的了解和信任感，同时互动中要注意带动节奏，引导观众参与直播互动环节，如抽奖、互动问答等，增加观众的参与感和兴趣度。

（7）引导转化　引导转化是直播中的另一个重要环节，包括引导观众留下联系方式、引导私信等。引导观众留下联系方式为经销店后续的营销活动提供客户资源，引导私信可以与观众建立更深入的联系，促进购车和维修维护等业务的达成。

（8）完美下播　直播结束前，主播需要进行一个简短的总结，感谢观众的参与和支持，并引导观众关注主播，引导私信建立更深入的客户关系，以及预告下次直播，让观众期待和关注，为下次直播提供更好的基础和观众流量。

3. 汽车主播内容稿

汽车主播内容稿包括自我介绍、经销店介绍、车型介绍、下播流程，范例见表5-3-1。

表5-3-1　　汽车主播内容稿

主播自我介绍	经销店介绍重点			车型介绍	下播流程
	地址优势	店铺优势	团队优势		
主要内容 "今天主播继续带大家了解××品牌，今天新来小伙伴给主播点点关注点点赞啊。主播今天又给大家发福利来了。直播过程中，我们每过10分钟做一次现场问答，答对并截图到店看车的朋友能获得我们额外的粉丝购车礼包。可以重复中奖的哦。大家一定要留下来哦。"	××××停车位充足、地铁×线可直达，并附送地铁接送服务	老板自有集团、无租金、唯一室内停车场、××年度全国优秀金牌店	更年轻、服务好、更专业	直播车型介绍总概括【我们今天主要介绍 A/B/C/D 4 款车】 ××车系有几个动力排量 ××车系的油耗量是多少 ××车系现在是第几代 ××车系卖了多少辆	下播： 今天带着大家看了××品牌的几个车型，大家还有没有想了解的？主播就要下播了。如果有，可以在直播间赶紧提出来，也可以关注主播，通过私信跟主播直接沟通，主播下播后会针对问题给大家准确地回复。 情况：观众有提问 ××××你说的车型，主播给你大概讲下啊……好，大概情况是这样，如果有更多的需求，可以私信主播啊，没有问题就直接进入下播环节 预告下回直播时间与大概内容，直播结束 好，那咱们今天的直播就到这里，谢谢大家的关注和支持，有问题随时私信主播，主播会一一回答大家的私信。下次直播还是×××点~×××点，主播会给大家说说×××车型的具体情况，明天主播与大家不见不散~再见。

其中，车型介绍时，一人出镜，另一人持手机跟随前往介绍车型旁，对车辆局部进行特写，如图 5-3-1 所示。

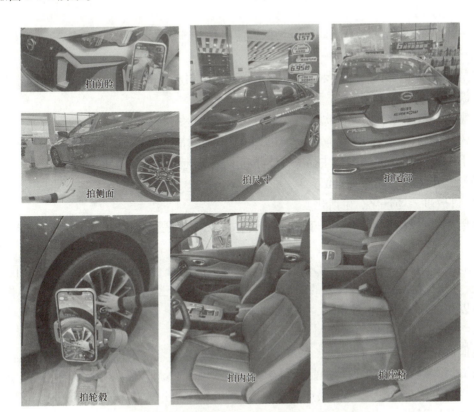

图 5-3-1　车辆局部特写

4. 汽车直播话术设计

（1）设计精彩欢迎词与结束语

【话术参考】：

欢迎来到××直播间，喜欢主播加关注，事不宜迟赶紧行动！（求关注）

喜欢这款车型的宝宝可以动动发财的小手，双击屏幕给主播点点赞。（求点赞）

加入主播粉丝团，解锁你的专属特权。（求加团）

（2）**主动设置问题提高互动性**　主动提问了解用户需求。

【话术参考】：

欢迎来到××（品牌）直播间，今天的直播间是××车型专场，对于这款车型大家想了解哪些信息打在屏幕区，主播一一来解答。

点赞马上到 1 万了，我们要开始看车了，有多少朋友等待主播带领大家看车呢，在评论区扣一波"看车"。

大家觉得××和×××你更喜欢哪一款车型呢，喜欢××刷 666，喜欢×××的刷 111。

封闭式提问：进来的网友有开××车的回复 1；有没有想了解车型油耗的；有没有想看尾灯的；下期直播是××时间，加主播关注，下次直播不迷路，已关注的扣 2。

（3）**车型讲解传递卖点价值**

1）讲故事、场景化、生活化。

示例：很多新手小白倒车一直都是个令人头疼的问题，由此发生的剐蹭和碰撞不计其数。

【话术参考】：自动泊车功能，女孩子一般下车前要补补妆整理包包，就可以用自动泊车功能，省时省力，女性驾驶人的倒车神器；如果喜欢自己停车的，这里有 360°影像，前、后都可以切视角，还有轮毂模式，我来给大家演示一下。

2）卖点的价值强化"数字"。

价值拆分

【话术参考】：一款车设计的是否科学，除了美观、协调外还要看空间利用率；××产品的储物空间多达 46 处，很多同类产品只能达到 20 多处；出门旅行非常实用，比其他车型容纳更多装载的可能。

价值累加

【话术参考】：除了卖点 1、2、3、4 之外呢，××产品乘坐的舒适度也是同级车里人体包覆感支撑性最好的，主播身高 170cm，现在看下膝前有 2.5 拳，头部空间有 1.5 拳。

3）借助事件营销直播，话题性强。

【话术参考】：值得一提的是，××可享受××品牌推出的免费更换空调滤芯活动，××品牌免费为在售车型新老车主更换"车规级 N95 空调滤芯"，让驾乘者能够时刻享受健康呼吸。

（4）**留资引导**　话术参考见表 5-3-2。

表 5-3-2　留资引导

目的	引导时机	引导动作	目标	参考话术
拉新留存促活跃	新用户进入直播间后	关注主播	提升账户粉丝数	关注主播不迷路，下次直播可以收到提醒，单击左上角的主播头像关注下主播吧
	回答新用户问题后	送礼物	提升送礼人数	如果赞同主播来一波小礼物，感谢××送的××
	车型讲解后预告明天直播内容后	评论互动	提升直播间活跃度	如有疑问请在评论区提问；来一波 666 反馈给主播

（续）

目的	引导时机	引导动作	目标	参考话术
留资	感谢用户关注后 车型讲解后 介绍优惠活动后 回答用户问题后	1步咨询	客户留资	如想了解车型更多细节，大家可以单击屏幕右方小球，单击联系主播，将联系方式或意向车型私信给主播，主播下播后会为您提供一对一的购车指导服务 直播间来的客户，我们为大家准备了到店小礼品，欢迎给主播发送私信到店免费试驾领取小礼品哦
		1对1咨询	客户预定/留资	如想了解车型更多细节，大家可以单击屏幕下方小车，单击咨询主播，将意向车型私信给主播，主播下播后会为您提供一对一的购车指导服务
		获取直播专享价	客户留资	想要了解车型最底价，请单击屏幕下方小车询底价，留下联系方式，主播会为您提供一对一的购车指导服务，咱们直播间来的客户可以享受优惠价哦
		领券	留资/促进到店	我们针对直播间粉丝策划了专属促销活动，有意向购车的朋友可以单击直播间右下角领取店内购车大礼包，期待到店

****

竞赛小知识

在汽车营销技能竞赛中，参赛选手A、B根据背景信息，合理采用新媒体营销手段进行产品推广，在选手A对策划方案进行讲解汇报后，选手B要进行直播，在线说车，完成线上拓客。请参考以上话术设计脚本，并练习讲解。

_____

_____

****

三、汽车直播规范要求

1. 标题规范

一个好的标题需要体现明确具体的内容主题，考虑用户需求且有吸引力。结合自身内容特色和特点，最大化人物性格特点，融入标题，从当日直播主题出发，突出卖点福利，体现"利他"，如全新××到店抢先看，抖友专属×××99。标题字数不宜过长或过短，应控制在12~15字。

优质标题示例：

1. 全新奥迪 Q3 轿跑有哪些看点
2. 日供 5 元就能开路虎，真的吗？
3. 很强 1.6T 发动机，来看看什么样
4. 长安汽车 UNI-T 车型讲解
5. 10 万级超大豪华 SUV 首选
6. 预算 10 万元~15 万元买车，给您几点建议
7. 20 万左右除了买日系车还有哪些车型更值得？
8. 15 万元内耐久度高的轿车
9. 全新威然能否在 MPV 市场立足
10. 十几万预算合资家用紧凑级 SUV
11. 丰田混动为什么省油
12. 北汽新能源 EX3 详解

头脑风暴

讨论非优质标题的几种情况，并举例说明。

_____

2. 封面规范

（1）拍摄技巧

1）设备：高清手机，后置镜头拍摄。

2）构图：封面图片，优先使用人和车的实拍图，最好主播本人出镜，主体位置居中，人尽量站在车的右侧，主体清晰。

3）背景：背景尽量简单整洁，避免过于复杂的背景图。

4）光线：画面光充足，避免逆光拍摄，避免在过于暗的地方进行拍摄。室内拍摄尽量开足灯光。

（2）注意事项

1）封面图片定时更换：避免经常性使用同一封面，或者从网上其他主播盗取封面、网络官方图片、汽车玩具模型等。

2）封面要有车内容：避免封面图片没有汽车的相关元素，只有人脸、风景、动画、搞笑图片等。

3）封面不涉及广告：避免封面广告信息过重，如封面出现报价表、微信二维码、优惠信息、店铺水印等。

4）封面有视觉冲击力，刺激用户感官：避免封面的画质像素太差、色调模糊不佳，或者背景和车的色调昏暗，失去辨识度。

5）封面要与主播、内容相符：避免封面展露的信息和实际直播的信息不一致，如展露的门店信息和实际不一样。

 找一找

查阅汽车直播平台，分享优质封面案例。

_____

_____

3. 内容规范

（1）优质直播间体现

1）主播特质：声音要有感染力，情绪调动很重要；能说会道，有趣更好。

2）直播内容："干货"密集，多讲用户关心的内容。

3）用户互动：积极回答用户问题，引导用户评论，有直播抽奖更好。

4）画面镜头：画面清晰，展厅移动直播看车时保证拍摄车辆主体；非展厅固定镜头直播时，背景整齐，上半身全部露出，着装大方。

5）拍摄设备：像素高的手机，固定支架/手持云台保证拍摄稳定。

（2）违规、禁播行为规范

1）疑似挂机行为：长时间无人在直播间，与观众无互动。

2）直播出现竞品平台内容：如懂车帝直播，但直播间出现其他平台内容，如汽车之家、太平洋汽车网、易车等竞品。

3）违反直播行为规范：直播时抽烟、喝酒、吃饭、一直听歌唱歌、驾驶人直播开车等直播时不应有的行为。

4）引导添加微信：直播内容出现二维码。

5）非汽车内容直播：直播间直播内容为非汽车内容，例如游戏、舞蹈、交友等。

知识拓展

汽车直播违规常见情况如下：

1）车祸相关事件；

2）涉政涉警；

3）汽车解码器等犯罪技术介绍；

4）改装车内容；

5）妨碍交通安全秩序的产品介绍；

6）赛车内容需要明确看出在专业赛道且路上没人；

7）汽车反雷达测速仪、电子狗、汽车隐形喷雾、卷帘式车牌架、雷达干扰器、拍照遮盖设备、交通信号灯变换器等产品介绍。

小提示

直播行业作为一种新兴的形式，具有较强的推广和营销功能。然而，互联网不是法外之地，直播主播应该增强法律意识，严格遵守相关法律法规。例如在直播中涉及产品推销时，应该遵循《广告法》等相关法律规定，注意产品的真实性和合法性，不得进行虚假宣传、夸大宣传、误导消费者等行为，积极维护社会经济的健康运行。同时，在直播过程中不得涉及侵犯他人隐私、侵犯知识产权等违法行为，否则会承担相应的法律责任。

四、复盘汽车直播效果

复盘汽车直播效果是对直播过程和结果的回顾和总结，有助于发现问题、改进和提高直播效果。下面介绍如何复盘汽车直播效果。

1. 收集数据

首先需要收集直播过程中的数据，包括观看人数、互动人数、留资人数、销售转化率等数据。这些数据可以从直播平台的数据报表中获取，也可以通过第三方数据监测平台获取。

2. 分析数据

分析数据是复盘的重点，数据包括直播时长、观看人数、留言数、新增粉丝数、付费人数、点赞人数等。需要根据数据分析直播效果和存在的问题，例如，观看人数和互动人数少，可能是直播内容不够吸引人；留资人数少，可能是留资环节设计不够合理；销售转化率低，可能是引导转化环节不够到位。通过分析数据，可找到存在的问题和改进的方向。复盘数据报表见表5-3-3。

表5-3-3　复盘数据报表

××门店-直播数据日报-×月×日												
	基础数据										引流数据	
序号	日期	直播类型	平台	主播/副播	直播时段	观看人数	人均停留时长	在线人数峰值	评论人数	直播间新增粉丝数	组件单击数	直播留资数
1	××	车型介绍/抽奖活动/户外试驾	抖音懂车帝	××+××	××-××							
2												
小结												
分析维度	【直播数据】 重点关注直播停留、互动、留资这3个值 【直播运营】 流量来源：视频、关注、自然、付费等流量结构是否合理，具体哪条视频为直播带来流量，脚本是否可以重复使用 直播选品：不同车型讲解时峰值人数/整场人数峰值出现时间/观众大量流失时间段 福袋红包：是否利用福袋/红包提高直播间热度，发放时机与衔接是否及时 摄像助播：整场画面稳定性/收音清晰度/灯光明亮度/异常问题处理及时性 【主播表现】 主播形象：衣着与选品是否搭配/妆容配饰设计 讲品能力：产品知识与行业知识是否过关/是否讲解清楚产品卖点/是否突出门店吸引力 逼单能力：逼单话术营销性/卖点福利清晰/下单步骤引导/紧迫感营造 互动能力：观众问题回复及时/答疑专业性/是否引导互动提问/负面评论处理 审核规范：主播话术合规性与风险点											

3. 汇总反馈

根据数据分析发现问题，将问题和改进方向整理成报告，向直播团队和相关部门反馈。这些反馈可以帮助团队了解直播效果和存在的问题，进行改进和优化。

4. 制订改进计划

根据反馈和问题分析，制订改进计划。例如，针对观看人数和互动人数少的问题，可以优化直播内容和互动环节；针对留资人数少的问题，可以优化留资环节；针对销售转化率低的问题，可以优化引导转化环节。改进计划需要明确目标和具体实施方案。

5. 实施改进计划

根据制订的改进计划，开始实施。实施改进计划需要明确责任人和时间节点，同时需要进行监测和评估，确保改进方案的实施效果。

综上所述，复盘汽车直播效果是直播过程中必不可少的环节，可以发现问题、优化直播内容和流程，提高直播效果和销售转化率。同时，需要团队和相关人员积极参与和配合，确保改进计划的实施效果。

学以致用

任务工单 实施汽车直播活动

专业		班级	
姓名		学号	

一、任务目标

学会撰写汽车直播脚本。

二、任务内容

1. 查阅资料，锁定直播车型。
2. 编写汽车直播脚本内容、注意话术运用。

三、任务实施

××直播脚本				
直播场景				
直播时间				
直播平台				
直播背景				
直播人员				
直播设备				
直播主题				
直播时间	主题	场景	拍摄形式 （××助理协助）	台词内容

项目六

汽车微信营销

汽车微信营销主要包括三个学习任务：初识微信营销、汽车微信公众号营销、汽车微信视频号营销。

任务一　初识微信营销

任务目标

知识目标

1）理解微信营销的概念。

2）了解微信营销的特点。

3）掌握微信营销的优势。

能力目标

1）具备区分不同微信营销模式的能力。

2）具备在汽车行业应用微信营销的能力。

素养目标

从最常用的聊天工具入手，探索微信作为一个强大的营销平台所具有的潜力以及微信营销的魅力，激发学生探索新方法的动力，不断学习和提升自己。

思维导读

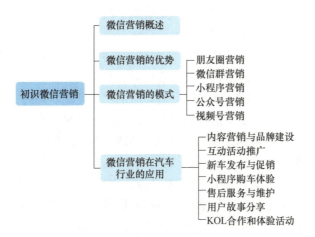

如今，越来越多的公司和企业认识到微信营销的重要性。什么是微信营销？微信营销的优势是什么？微信营销的模式有哪些？

知识解读

一、微信营销概述

微信（WeChat）是一款多功能社交媒体和通信应用，不仅提供了社交互动的功能，还涵盖了支付、娱乐、购物和工作等多个领域。

同时，微信不仅是一个社交媒体平台，还构建了一个庞大的生态系统，包括微信公众号、朋友圈、小程序、企业微信、视频号等多个功能和平台。微信营销是指合理优化组合微信提供的所有这些模块和功能，建立有效的微信矩阵，通过各种策略和手段，形成一套精准的营销体系，从而实现企业目标的一种新媒体营销方式。

二、微信营销的优势

微信拥有巨大的用户基础和活跃的用户群体，因此具备许多优势。充分发挥微信营销的优势，汽车企业可以更有效地推广品牌、增加销售量、提升用户互动，实现营销目标。

（1）营销成本低　相较于传统媒体广告或线下推广，微信营销具有显著的成本优势。微信公众号、朋友圈、小程序等平台提供了多种免费或低成本的推广途径，例如发布图文消息、视频、H5 页面等。通过这些途径可以充分利用微信的社交属性，将推广信息传递给目标客户。同时，微信还支持广告投放，根据预算和定位可以进行精准的广告投放，帮助企业控制营销成本，提高投入产出比。

（2）营销定位精准　微信平台通过用户的社交行为、兴趣爱好和地理位置等数据，对用户进行精准定位和分类，使企业可以精准地针对特定目标群体进行营销推广。通过了解用户的需求和偏好，企业可以根据不同用户的特点和需求，推送个性化的营销内容，提高用户对广告的接受度和点击率。这种精准的定位也有助于避免广告对非目标用户的干扰，提高广告投放的效率。

（3）营销方式多元便捷　移动端的便捷性是微信营销引人瞩目的特点之一。用户利用移动设备即可随时随地访问微信平台，与品牌互动、查看内容、参与活动。这意味着企业可以在用户的日常生活中建立品牌存在感，促进即时的用户互动。同时，微信平台提供了多种营销方式和工具，除了常见的图文推送和朋友圈广告外，还可以利用微信群、小程序、微信直播、微信支付等功能开展营销活动。企业可以根据产品性质和营销目标选择最合适的方式，提高营销的创意和灵活性。

（4）营销口碑效应强　微信是社交媒体平台，用户之间的关系紧密。一个成功的营销活动在微信上往往能够通过用户的分享和传播迅速扩散，产生强大的口碑效应。优质的内容和有趣的活动能够激发用户的兴趣，从而使品牌在用户之间获得更多曝光和认可。

三、微信营销的模式

微信营销的多样性体现在不同的功能和平台上，以下是几种常见的微信营销模式。

1. 朋友圈营销

朋友圈是用户分享生活、信息的主要平台，企业可以在朋友圈发布有趣、有价值的内容，吸引用户的注意并提升品牌曝光度。这种模式侧重于内容创意和用户互动，通过点赞、评论等互动形式传播品牌信息。

2. 微信群营销

微信群是用户聚集的社交群体，企业可以创建或参与具有共同兴趣的微信群，与用户互动并分享相关内容。通过群内讨论、互动，企业可以直接地与用户沟通，推广产品和服务。

3. 小程序营销

小程序是在微信内部运行的轻量级应用，可以用于产品展示、在线购物、预约服务等。企业可以开发自己的小程序，为用户提供便捷的互动和购物体验，增加用户转化率。

4. 公众号营销

微信公众号是企业官方账号，可以发布内容、与用户互动，是品牌传播和内容营销的重要平台。通过提供有价值的信息、行业见解等，企业可以建立品牌专业性和用户关系。

5. 视频号营销

微信视频号是短视频平台，企业可以上传创意视频内容，吸引用户观看和互动。通过生动的视频，企业可以展示产品特点、品牌文化，吸引用户的注意。

这些不同的微信营销模式具有各自的特点和优势，企业可以根据自身的业务需求和目标受众选择合适的模式，或者结合多种模式，以实现全面的营销策略。重要的是要充分了解不同微信营销模式的特点和功能，为用户提供有价值的内容和互动体验，从而建立积极的品牌形象并推动业务增长。

四、微信营销在汽车行业的应用

微信营销在汽车行业有广泛的应用，可以帮助汽车品牌和经销商与消费者建立紧密的联系，提升品牌认知度、用户忠诚度和销售额，具体有以下应用方式。

1. 内容营销与品牌建设

汽车品牌可以通过微信公众号发布有关汽车技术、驾驶安全和维护等方面的知识和内容，建立品牌在用户心目中的信任度。此外，可以分享品牌故事、成功案例，增加用户对品牌的认知和好感。

2. 互动活动推广

举办汽车知识问答、试驾体验、新车预约等互动活动，吸引用户参与，增加用户黏性。通过提供奖品、优惠券等激励，促进用户参与度，同时收集用户信息，以供后续营销活动使用。

3. 新车发布与促销

在微信平台上发布新车发布会信息、车型介绍和亮点等，通过图片和视频等多媒体内容吸引用户的关注，可以提供限时优惠、特别礼遇等促销活动，鼓励用户前往经销商处购买。

4. 小程序购车体验

开发购车小程序，用户可以在线浏览车型、配置和报价等信息，进行虚拟试驾和预约试驾，甚至线上下订单。小程序能够为用户提供便捷的购车体验。

5. 售后服务与维护

通过微信公众号提供汽车维护提示、维护手册、预约维修服务等，为车主提供全方位的售后支持，使用户可以方便地与经销商沟通、预约服务，提升用户满意度。

6. 用户故事分享

鼓励现有车主分享驾驶体验、旅行故事等内容，构建用户社区，激发口碑传播，增加潜在买家对品牌的信任。

7. KOL 合作和体验活动

与汽车领域的意见领袖合作，让他们体验车型并分享使用感受，借助其影响力吸引更多用户关注和信任。

综合来看，微信营销在汽车行业的应用范围广泛，可以涵盖品牌建设、新车发布、售后服务、用户互动等各个环节。通过巧妙运用微信平台的功能，汽车企业能够更好地与消费者互动，传递信息，提升品牌形象，增加销量和提高用户忠诚度。

> 💡 **小提示**
>
> 党的二十大报告提出："开辟发展新领域新赛道，不断塑造发展新动能新优势""加快发展方式绿色转型""实施全面节约战略""倡导绿色消费，推动形成绿色低碳的生产方式和生活方式"。微信凭借其多样化的功能和强有力的社交关系链迅速占领了市场，由于微信用户具有较强的黏性和精准的定位，微信营销开辟发展新领域新赛道成了当下企业网络营销的新宠。

 学以致用

<h2 style="text-align:center">任务工单　初识微信营销</h2>

专业		班级	
姓名		学号	

一、任务目标

理解微信营销的优势，熟悉微信营销的不同模式和适用场景。

二、任务内容

1. 研究不同的微信营销模式。

2. 比较不同模式的特点和适用场景，分析各自的优势和限制。

三、任务实施

1. 浏览微信 APP 相关文档，深入了解微信公众号、小程序、朋友圈广告等不同模式的特性。

2. 分析成功运用微信营销的企业或个人的经验和策略。

3. 假设你是某汽车品牌营销人员，设计一条朋友圈广告。

任务二　汽车微信公众号营销

任务目标

知识目标

1）了解微信公众号平台类型。

2）掌握汽车微信公众号菜单栏设计。

3）掌握汽车微信公众号软文的要素。

4）了解汽车微信公众号的推广方法。

能力目标

1）具备对汽车微信公众号进行定位的能力。

2）具备设计汽车微信公众号名称和头像的能力。

3）具备创作汽车微信公众号软文的能力。

素养目标

激发学生的创造力和热情。

思维导读

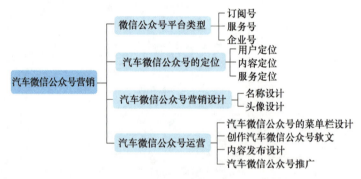

任务导入

小王所在的汽车经销店想要通过搭建微信公众平台来提高知名度和关注度，调动粉丝积极性来宣传自身品牌，从而增加活动热度和影响力。小王先了解公众号平台的类型，确定公众号的定位和营销设计，接着学习微信公众号如何运营。

知识解读

一、微信公众号平台类型

微信公众号是微信内的一个重要功能，允许个人、公司和组织等创建自己的官方账号，与用户分享内容、互动交流。根据内容和功能的不同，微信公众号可以分为以下平台类型。

1. 订阅号

订阅号主要用于发布信息和文章，类似于博客形式，但内容更新不频繁。用户可以选择关注订阅号，每次有新文章或信息发布时，会在用户的订阅消息列表中显示。

2. 服务号

服务号更适合企业和组织，具备更多的功能和定制选项。它可以用于提供各种服务，例如在线预约、购物和售后支持等。服务号允许自定义菜单，有较丰富的形式与用户互动。

3. 企业号

企业号旨在帮助企业内部沟通和协作，提供了强大的企业级功能，如组织架构管理、员工通讯录、审批流程等。企业号已经升级为更为综合的企业微信平台。

订阅号、服务号、企业号对比见表 6-2-1。

表 6-2-1　订阅号、服务号、企业号对比

对比项	订阅号	服务号	企业号
内容类型	主要用于发布信息、文章和新闻等内容	适用于提供服务、售后支持和交互互动等	面向企业内部沟通和协作，可以构建组织架构、进行审批流程、管理员工通讯录等
功能和权限	功能相对较简单，重点在于内容传播。没有高级的开发接口和功能	功能相对丰富，可以通过高级 API 进行开发，实现更多定制化的功能，如支付、地理位置等	拥有更多企业级功能，如员工管理、权限控制、办公应用集成等，适用于内部流程管理和团队协作
粉丝关系和互动性	更适合推送信息，粉丝关系较为松散。用户关注后，新文章会出现在订阅消息列表中	可以更深入地与粉丝互动，通过自定义菜单、消息推送等实现多样化的互动	用于内部员工之间的沟通和协作，强调团队合作和内部互动
账号认证和品牌认知	需要进行个人或企业认证，但认证要求较低，适合个人或小型机构	需要较高级别的认证，可以增强品牌认知，适合中小型企业和组织	面向企业，可以实现组织的品牌统一和内部沟通需求
使用场景	适合个人、媒体、政府机构或其他组织	适合媒体、企业、政府机构或其他组织	适合企业、政府机构、事业单位或其他组织

二、汽车微信公众号的定位

汽车微信公众号的定位涵盖用户定位、内容定位和服务定位 3 个主要方面，这些方面共同决定了公众号的定位策略。

1. 用户定位

汽车微信公众号的用户定位是指确定目标受众的属性、行为和需求特征，以便更好地为他们提供有针对性的内容和服务。

（1）用户属性

年龄和性别：了解你的目标用户的年龄段和性别分布。汽车爱好者的年龄可能跨年轻人到中年人，男性对这个领域可能更有兴趣。

地理位置：确定受众来自哪个地区。城市居民可能更关注城市驾驶经验和交通问题，而乡村地区可能更关注实用性和越野性能。

职业和收入：了解受众的职业和收入水平，以便提供合适的购车建议和汽车选择等内容。

（2）用户行为

阅读偏好：了解受众喜欢阅读哪种形式的内容，是喜欢长文深度阅读，还是更偏好图文结合或视频。

互动习惯：研究受众在公众号中的互动习惯，他们是否更愿意留言、点赞、分享等。

购车意向：了解受众对购车的态度和意向，是否正在寻找新车，是否对特定品牌或类型感兴趣。

（3）用户需求特征

汽车知识需求：确定受众对汽车知识、技术、维护等方面的需求，提供相关的知识分享。

购车指导需求：如果受众有购车意向，他们可能需要购车指南、品牌比较、选车建议等内容。

驾驶体验需求：汽车爱好者可能关心驾驶体验、驾驶技巧、驾驶分享等内容。

（4）用户类型和偏好

汽车爱好者：对汽车感兴趣，关注汽车技术、品牌和驾驶体验等方面的内容。

车主：已经拥有汽车的人群，可能关心维护和用车经验分享等内容。

潜在用户：正在考虑购车的人群，关注汽车评测、选车指南和购车攻略等内容。

行业专家：关注汽车技术、趋势和市场分析等专业领域的专家。

2. 内容定位

在汽车微信公众号内容定位中，汽车企业需要结合自身的品牌定位总结品牌调性，还需要从与用户的关联性、内容的创新性、趣味性、实用性、互动性等方面选取内容。内容定位可以是以下方面。

（1）**汽车评测**　对不同品牌和型号汽车的评测，涵盖外观、性能、驾驶体验等。

（2）**行业趋势分析**　关注汽车产业的动态、技术发展趋势和市场变化等。

（3）**驾驶体验分享**　车主分享自己的驾驶经验、故事，鼓励互动和分享。

（4）**维护知识**　提供关于汽车维护、保养、故障排除等实用知识。

（5）**购车指南**　针对潜在购车者，提供选车建议、购车流程等内容。

（6）**环保出行**　强调环保、节能驾驶、可持续出行的相关内容。

3. 服务定位

要打造独具特色的汽车微信公众号，除了优质的内容，差异化的服务和独特的活动也是至关重要的。服务定位强调在内容提供的基础上，为受众提供差异化的服务和独特活动。汽车微信公众号服务可以包括以下内容。

（1）**答疑解惑**　回答读者关于汽车的疑问，解决他们的问题。

（2）**活动和互动**　举办线上或线下的汽车相关活动，如知识竞赛、线下聚会等。

（3）**合作和赞助**　与汽车品牌、经销商等合作，为用户提供特别的优惠或服务。

（4）**专家问答**　邀请汽车领域的专家进行问答，为用户提供专业建议。

（5）**会员服务**　提供特别的会员权益，如独家内容、折扣等，增加用户黏性。

（6）**实用工具**　开发实用的汽车计算器、驾驶记录本等工具，为用户提供便捷的实用性服务。

综合考虑用户定位、内容定位和服务定位，可以形成一个清晰的汽车微信公众号定位策略。例如定位为汽车销售，受众是车主和潜在用户，内容主要以汽车性能、保养和品牌车型介绍为主；如果是做汽车后市场，受众是以有车一族为主，内容以汽车维护、使用、交通知识等相关内容为主。

范例：

汽车微信公众号定位

假设要创建一个名为"CarExpert 汽车专家"的微信公众号，定位为提供汽车行业深度解析和专业指导。以下是该公众号的目标用户定位。

1. 目标用户

年龄范围广泛，从 20 岁的年轻驾驶人到 50 岁的成熟车主都可能关注。

主要是男性用户，也欢迎对汽车感兴趣的女性用户。

主要来自一线城市和发达地区，有较高的购车能力。

2. 用户行为

喜欢阅读有深度的文章，对汽车技术、行业发展趋势感兴趣。

喜欢与其他汽车爱好者互动，分享自己的驾驶体验、汽车故事等。

对汽车维护有一定的了解，但也渴望获得更多专业指导。

3. 用户需求特征

希望了解汽车行业的最新动态、技术创新和市场趋势。

需要购车指南、车型评测、购车经验分享，希望能够做出明智的购车决策。

希望获得驾驶技巧、驾驶安全知识等内容，提升驾驶体验。

综合以上用户定位信息，"CarExpert 汽车专家"可以提供深度解析的汽车技术文章、购车攻略、驾驶体验分享、行业趋势分析等内容。此外，该公众号可以定期举办专题讲座、在线问答，与受众建立紧密联系，满足他们了解汽车知识和分享经验的需求。

三、汽车微信公众号营销设计

1. 名称设计

汽车微信公众号的名称设计是建立品牌形象、吸引受众和传达核心价值的重要一步，需要考虑到品牌定位、受众群体、内容特点等因素。设计汽车微信公众号名称的指导原则和创意思路如下。

（1）**与品牌定位相关**　名称应反映出汽车品牌定位和特点，在受众心中留下的印象是专业、创新、娱乐还是环保等。

（2）**与内容相关**　名称要与公众号的内容密切相关，能够传达出公众号涵盖的主要主题或领域。例如内容偏向汽车技术、行业分析等专业领域，名称可以反映出专业性和权威性。

（3）创意与独特性　名称要能够吸引目标受众，使用受众感兴趣的词汇或领域，设计有创意的名称，在同类公众号中脱颖而出。例如使用汽车术语进行双关、谐音，或者结合一些有趣的概念，凸显独特性。

（4）简洁易记　名称应简洁明了，易于记忆。避免过于复杂或冗长的名称，这样更容易让用户记住。

（5）地域特点　如果内容与特定地区相关，可以在名称中体现出来，增强亲近感。

 范例：

汽车类微信公众号名称设计

CarInsight 车见智：传达专业汽车知识和洞察力，吸引汽车爱好者和车主。

EcoDrive 环保驾驶：关注环保、绿色出行，传达可持续性的价值观。

AutoTech 汽车科技：专注汽车科技、技术发展的内容，吸引对科技感兴趣的读者。

DriveExplorers 驾趣探险家：强调驾驶乐趣与冒险体验，吸引追求刺激的用户。

AutoTalk 车话圈：以社交性质为主，鼓励用户在这里讨论汽车话题。

CarLife 车生活：以生活为出发点，分享与汽车相关的生活方式和经验。

UrbanWheels 都市轮：适用于城市生活、城市驾驶相关内容，强调城市现代感。

MotoTales 车迹：融合"车"和"故事"，适合讲述汽车背后的故事和历程。

LuxAuto 豪车时代：强调豪华汽车和高端消费市场，适合面向精英用户。

2. 头像设计

头像是微信公众号的重要标志之一，一个优质的公众号头像可以向用户直观地传达公众号的内容方向、调性特点、定位和风格等信息。

（1）企业名称头像　如果公众号代表企业，可以将企业名称作为头像。图6-2-1所示为汽车之家公众号头像。

（2）品牌标志头像　大部分汽车企业和经销商采用汽车品牌标志作为头像，大众、沃尔沃、小鹏等公众号都采用这种品牌标志头像的方式。图6-2-2所示为比亚迪公众号头像。

图6-2-1　汽车之家公众号头像

图6-2-2　比亚迪公众号头像

（3）汽车元素头像　使用简洁的汽车元素，如车辆轮廓、转向盘等，可以让用户一眼看出与汽车有关，如图6-2-3所示。

（4）抽象化头像　使用抽象化的图形，如简单的线条组合，传达出现代感和科技感。图6-2-4所示为懂车帝抽象化公众号头像，是字母A的抽象化写法，像一辆正面行驶的汽车，如果逆时针翻转 90°，就是懂车的首字母 DC。

图 6-2-3　汽车元素头像

图 6-2-4　懂车帝抽象化公众号头像

（5）创意结合头像　将汽车元素与其他元素创意结合，如将轮胎与地球融合，表达环保出行的理念，与文化元素结合来设计等，如图 6-2-5 所示。

图 6-2-5　与中华传统书法结合设计头像

一个优质的微信公众号头像应当简单直接，让用户容易记住；应当高清，不失真，以确保在各种尺寸下都有良好的显示效果；另外，色彩对于传达情感和感觉非常重要，选择适合品牌调性的颜色，例如冷色调可以传递科技感，暖色调可以传递亲近感。

四、汽车微信公众号运营

1. 汽车微信公众号的菜单栏设计

菜单栏设计是为了让用户方便地浏览和访问内容，提供一个清晰的导航系统。一个设计合理的菜单栏可以帮助用户快速找到感兴趣的内容，增强用户体验。菜单栏设计有以下几个要点。

（1）主题分类　菜单栏应根据公众号的主要内容主题进行分类，以便用户能够快速找到自己感兴趣的内容。常见的主题分类包括汽车资讯、购车指南、驾驶技巧、车型介绍、活动与福利等。

（2）层次结构　如果公众号内容较多，可以考虑使用层次结构，将内容分类整理。主菜单可以是大的主题分类，子菜单可以是具体内容。例如，主菜单是"购车"，子菜单包括"选车指南"和"车型介绍"。

（3）关键内容优先　将最重要、最受欢迎的内容放在主菜单中，使用户在进入公众号时能够迅速找到核心内容。

（4）活动和特别内容　如果有特殊活动、抽奖和优惠等内容，可以在菜单中突出展示，吸引用户参与。在菜单中可以加入互动内容，如投票、问答等，鼓励用户参与，增加用户互动度。

另外，还需要注意菜单项的设计要与公众号整体品牌风格一致，包括颜色、字体等；每个菜单项的名称要简洁明了；可以在菜单中放置一个链接到公众号的首页，方便用户随时返回主页，或将外部链接纳入菜单项，指向汽车品牌网站、社交媒体等平台，增强用户互联互通，并根据用户点击和互动情况持续优化菜单栏，确保用户能够快速找到自己需要的内容。

2. 创作汽车微信公众号软文

汽车微信公众号软文是汽车微信公众号营销内容的主要表现形式。新媒体营销者可以通过汽车微信公众号创作并发布新品推广、福利活动、经验分享等不同类型的文章，传达有价值的信息，并提升内容的影响力，吸引用户关注公众号并持续不断地推送文章来留住用户，提高用户对汽车微信公众号的忠诚度。在构思汽车微信公众号软文时，需综合考虑选题、标题、封面图以及内容等多个要素。

（1）确定选题　确定汽车微信公众号软文的选题是运营中的关键一步，不仅影响内容的质量，还关系到读者的兴趣和关注度。可以从以下方面来确定选题。

1）挖掘用户需求和痛点。通过搜索平台挖掘搜索频率高的话题，如在知乎、百度等平台搜索关键词就能看到很多用户提出的问题，这些问题的关注度就可以作为选题的重要参考；还可以通过活跃社群了解用户都在聊什么，如豆瓣贴吧、微信群等。从用户的聊天中能够找到很多选题的灵感，把这些内容收集起来，放到自己的选题库，分析目标用户的兴趣和问题，从而明确他们的需求和痛点，然后围绕这些内容展开创作。

2）热点搭载。关注当前汽车行业的热点事件、新闻和趋势等，以这些热门话题作为背景，切入选题，提高文章的关注度和吸引力。这种方法不仅能够吸引更多读者的关注，还可以展示创作者对行业动态的敏感性。

3）转换视角。从不同的角度来看待汽车话题，或者借鉴其他优质公众号的选题，从人、物、反面、不同时空、微观特写等不同视角出发，加入自己的观点和独特的创意。这样能为同一个话题赋予新的看法，从而创造新的价值。

****

📘 **范例：**

主题："未来汽车趋势"，可以从不同视角来创作软文。

视角1：消费者角度——"如何选择适合未来趋势的汽车？"

视角2：技术角度——"AI技术如何驱动未来汽车发展？"

视角3：环保角度——"未来汽车的环保创新，你不容错过！"

****

4）发散思维。曼陀罗思考法（Mandala Thinking）也被称为九宫格思考法，是一种图形化的思考和记录方法，通过将一个主题分解为不同的方面或维度，以九宫格的形式展示，从而帮助全面思考和探索主题。这种方法可以激发创意，从多个角度思考，拓展思维，为创作提供更多可能性。

****

📘 **范例：**

主题：驾驶安全，运用曼陀罗思考法在九宫格正中间填上"驾驶安全"主题，然后依次填满周围的8个空格，驾驶安全选题可以从以下8个角度进行创作：

技术创新	驾驶技巧	儿童安全
驾驶心理	驾驶安全	行车环境
事故案例	驾驶装备	社会责任

****

1）技术创新：介绍最新的驾驶辅助技术，如自动紧急制动、盲点监测等，讨论如何提升驾驶安全性。

2）驾驶技巧：分享驾驶中的安全技巧，如雨天行车注意事项、夜间驾驶技巧等，帮助读者避免危险。

3）儿童安全：探讨儿童在汽车中的安全问题，介绍儿童座椅的选择和安装方法。

4）驾驶心理：讨论驾驶时可能出现的压力和焦虑等心理因素，如何保持冷静、集中注意力。

5）行车环境：介绍不同路况和天气对驾驶安全的影响，如雾天、雪天等应如何应对。

6）事故案例：分析真实事故案例，从中总结教训，强调安全驾驶的重要性。

7）驾驶装备：推荐安全驾驶必备装备，如急救工具、安全锤等。

8）社会责任：探讨汽车制造商和社会在驾驶安全方面的责任，倡导共同营造安全驾驶环境。

通过这种九宫格思考法，可以从多个角度深入思考一个主题，并为每个方面创作有关驾驶安全的内容。这样的软文可以为读者提供全面的信息，引导其安全地驾驶。

通过这些方法，可以从不同的角度和维度确定汽车微信公众号软文的选题，以满足不同读者的兴趣和需求。多样化的选题有助于提升文章的内容深度和广度，增加读者的参与和互动。

头脑风暴

讨论常见的汽车微信公众号软文选题类型有哪些。

_____

_____

（2）设计标题　公众号文章标题含标点符号限制在 64 字内，但若标题太长，推送或读者转发时标题会被折叠，后面的文字会被省略号覆盖，无法全部展现，而且读者是浅阅读，所以标题最好简单、精练，一般控制在 20 字左右为宜。

标题是读者决定是否点击阅读文章的第一印象。一个引人入胜的标题能够引发读者的好奇心和兴趣，让他们有动力点击阅读文章。因此，标题需要将信息关键词前置，简单、直白、直击痛点，3s 内抓住读者的阅读欲望，这样才能增加点击率，提高阅读量和转发量。以下介绍几种方法和技巧用以设计汽车微信公众号软文的标题。

1）强调式标题。使用强调词汇来突出文章的重要性，制造一种必须点击的紧迫感，比如"最好""注意""必须""一定"等，利用损失厌恶心理，给读者造成"不打开这篇文章，损失就大了"的感觉。

例子："维护你的爱车：这几点绝对不能忽视！"

2）数字式标题。使用数字来吸引读者的注意，数字具有直观的效果，把最核心的信息提炼成数字，穿插在标题中，一目了然，降低用户理解门槛，能够快速传达信息。

例子："10 种省油技巧，你不知道的秘密！"

3）疑问式标题。提出问题引发读者好奇心，激发他们点击阅读的欲望。

例子："自动起停这个功能，到底是省油还是毁车？"

4）设问式标题。以问题的形式开头，然后在标题中揭示答案，引起读者的兴趣。

例子："月薪5000元照样能买10万元的车？看看就知道了。"

5）制造反差式标题。创造意想不到的情况，制造情感冲突，前后信息的反差越夸张，用户的好奇心越浓烈，越容易引发读者点击。

例子："一辆跑车竟然比你的家更安全？揭秘背后真相！"

6）场景式标题。用具体细节描述一个跟读者息息相关的场景。不论是工作上的，还是生活上的，只要能让读者感同身受，产生共鸣，就能引发兴趣。

例子："下雨天开电动车，这些注意事项你都知道吗？"

7）经验分享式标题。引用个人经验，让读者感受到实际应用的价值。在标题中，直接把文章分享的经验、干货技巧透露出来，给读者一个不得不看的理由，营造"花最小力气办最大事"的预期。

例子："我用这种方法，让电动汽车续航提升了30%！"

8）直言式标题。常用于新闻媒体、商城、活动促销类公众号。在标题中将文章核心直接表达出来，避免文字游戏，简洁明了，如"亲测""实测""真相只有一个""一定""都是"等。

例子："新款××车，性能实测报告！"

在选择标题设计方法时，要根据公众号的定位、受众特点和内容类型进行选择。不同的方法适用于不同的情况，目标是吸引读者的注意力，让其点击阅读并获得有价值的信息。同时，要保持真实和一致，不要制造虚假信息，以维护公众号的信誉。

（3）设计精美封面图　设计精美的封面图可以增加汽车微信公众号软文的吸引力和可读性。以下是一些设计封面图的建议。

1）与主题相关。封面图应与软文的主题密切相关。通过与主题相关的图像、颜色和元素来传达软文的核心信息。

2）突出视觉元素。使用醒目的视觉元素，如高清图片、独特的车型外观、标志性的汽车部件、明亮而协调的配色方案等，突出封面图的重要元素，以引起读者的兴趣。

3）品牌一致性。如果是企业或品牌的官方公众号，封面图应与品牌形象保持一致，包括颜色、标志和风格。

4）清晰简洁。封面图应该具有清晰的主题，不要过于复杂。避免在封面图上使用过多文字或图像，以免造成视觉混乱。

（4）打造正文内容　撰写汽车微信公众号软文正文需要关注内容的结构、语言表达和信息的价值。撰写软文正文有以下指导原则。

1）清晰明了的结构。软文正文应具有清晰的结构，包括引言、主体段落和总结。每个主体段落应有自己的重点，有条理地展开内容。

2）吸引人的开篇。引言部分要具有吸引力，能够激发读者的兴趣，引导读者继续阅读。可以使用引人入胜的故事、引用和问题等方式。

3）简洁明了的语言。使用简洁明了的语言表达，避免使用过于复杂的词汇和长句子，使内容易于理解，不让读者感到困惑。

4）图文并茂。插入合适的图片、图表和示意图，以及与内容相关的视觉元素，增强软文的可读性和吸引力，具体而不枯燥。

5）平衡专业性和普及性。根据目标读者的水平，平衡专业性和普及性。用通俗易懂的语言解释专业术语，尽量使用具体的案例、数据和事实等，以增加内容的可信度。

6）结束有力。软文的结尾部分应有一句有力的总结或呼吁行动，引导读者进一步探索、分享或参与。

3. 内容发布设计

（1）发布时间　了解目标受众，确定他们最活跃的上线时间，选择在这个时间段发布内容。

（2）发文数量及次数　根据企业的资源、受众需求、内容质量和运营目标等确定一个合理的发文频率，并保持稳定的更新，保持内容的新鲜度。

（3）排版设计　公众号文章的排版设计要注重可读性和视觉吸引力，合理运用标题、段落、图文排列等元素，使文章内容清晰有序，能够更好地传达信息，提供优质的阅读体验。

1）文章排版。要清晰易读，分段清晰，每段围绕一个主要观点或主题。

2）段落长度。控制段落长度，避免过长的段落；可以使用不同的标题级别，创建层次感，让读者可以快速浏览文章结构；同时，控制段落间距和行距，不要过于拥挤，使阅读舒适。

3）项目列表。使用项目符号或数字，将重点内容以列表的形式呈现，或使用有序列表展示步骤、流程等内容，帮助读者理解顺序。

4）图片和图表。使用高质量的图片和图表，与内容相符，丰富阅读体验，首图按720×400像素设计，可以加入视频，另外为图片添加简短的注释或说明，帮助读者理解图片内容。

5）字体和字号。使用统一的字体风格，保持整体统一性，避免过多字体切换；使用适当的字号，确保文字在不同设备上都能清晰可读。

6）色彩和背景。使用背景色可以帮助营造阅读氛围，但要确保与文字对比度足够高，不影响可读性。

（4）内容多样性　提供多样性的内容，包括新闻、技术分析、购车指南、驾驶技巧、用户故事等，以满足不同用户需求，并在文章中加入互动元素，如投票、问答，鼓励用户参与。

（5）关键词和标签　使用合适的关键词和标签，提升文章在搜索引擎中的可见性。

最后，持续关注用户的反馈和数据分析，了解用户的阅读习惯和反应，根据他们的需求和兴趣调整内容发布策略。在运营汽车微信公众号的过程中，不断优化和改进，与用户建立稳固的关系，提升公众号影响力和关注度。

 想一想

新能源汽车的微信公众号内容怎么做更有特色？

_____

_____

4. 汽车微信公众号推广

汽车微信公众号推广（即圈粉）需要采取多种策略，涵盖朋友圈、其他新媒体平台、微信个人号、活动以及合作方等不同方面。以下是针对每种方法的具体建议。

（1）朋友圈圈粉　创作有趣、引人入胜的软文，在朋友圈分享，并鼓励粉丝转发；使用图片、短视频等多媒体元素，吸引更多人的关注；引导现有粉丝在朋友圈分享你的内容，从而达到裂变传播。

（2）其他新媒体平台圈粉　在其他社交媒体平台（如微博、抖音等）分享微信公众号内容，吸引跨平台关注。利用不同平台的特点，适当调整内容，吸引更多不同平台的受众。

（3）微信个人号圈粉　利用微信个人号分享公众号的内容，吸引个人好友关注，通过个人影响力吸引更多人来关注公众号。

（4）活动圈粉　利用活动吸引人们参与，从而增加粉丝的数量。举办线上或线下的汽车主题活动，如抽奖、有奖征集和讲座等，鼓励参与者关注公众号。

（5）其他合作方圈粉　与其他行业企业、经销商等跨界合作，共同开展推广活动，吸引双方粉丝的关注，实现互通有无。

在采取这些方法时，为了更好地扩大汽车微信公众号的粉丝群体，提高公众号的影响力和知名度，需要注意以下几点。

1）内容质量至上：确保内容质量高，吸引读者的关注。内容有深度、有趣、有价值，才能让人愿意关注并分享；

2）引发互动：制订互动的策略，如抽奖、问答等，鼓励读者参与并关注公众号；

3）多元化内容：在不同平台发布多样性的内容，以满足不同受众的需求和兴趣；

4）持续更新：保持定期发布内容，保持粉丝的兴趣和关注度。

> **小提示**
>
> 要把握时代发展的规律，还要在时代浪潮中有所作为。作为新媒体营销人，在运营汽车微信公众号时，应通过多元化内容策划、创意内容制作、专业知识分享等，传递车企的社会责任和品牌价值观，树立企业良好的声誉，并将企业微信公众号打造成与时俱进、有影响力的平台，以更好地融入时代潮流，为企业的持续长远发展做出积极的贡献。

 学以致用

任务工单 汽车微信公众号营销

专业		班级	
姓名		学号	

一、任务目标

掌握汽车微信公众号的营销要点。

二、任务内容

1. 设计一个汽车微信公众号。
2. 创作一篇汽车微信公众号软文。

三、任务实施

1. 自选汽车相关领域，设计一个汽车相关的微信公众号，包括明确该公众号的定位、设计名称和头像。

2. 创作一篇符合该公众号定位的软文，包括选题、标题设计、封面图片和正文内容。

任务三　汽车微信视频号营销

任务目标

知识目标

1）了解微信视频号的优势。

2）了解微信视频号界面具备的功能。

3）掌握汽车微信视频号的运营维度。

4）了解汽车微信视频号的算法机制。

能力目标

1）具备打造汽车微信视频号独特账号 IP 的能力。

2）具备创作汽车微信视频号内容的能力。

3）具备定位汽车微信视频号账号的能力。

素养目标

培养学生全面理解和应用微信视频号策略的能力，激发学生在这个领域中的创造力和热情。

思维导读

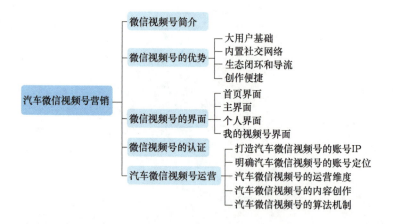

任务导入

在数字化时代，社交媒体平台已经成为人们分享创意、展示才华、建立品牌，甚至获得商业机会的主要渠道之一。在众多社交媒体平台中，微信视频号脱颖而出，以其独特的优势在竞争中占据一席之地。于是小王开始探索如何利用微信视频号展示自己。

知识解读

一、微信视频号简介

在这个快节奏的时代，短视频的浪潮一波接一波，从快手到抖音，无论是质量还是流量都得到了很大提升，微信视频号也紧随其后。微信视频号是微信的一项社交媒体功能，旨在让用户能够轻松地创作、分享和浏览短视频内容，视频号弥补了微信内容形式的完整性。人们不仅可以通过图文在封闭的公众平台里发声，还可以通过视频号和所有创作者站在统一标准下产出内容。

微信视频号是微信走向开放的一个里程碑，它是一个更大的公域朋友圈，比朋友圈开放，但比抖音、快手和微博等更为私密。准确地说，微信视频号的内容形式并不是"短视频"，而是"短内容"。作为微信生态体系的重要组成部分，视频号将会成为一个重要的线上交流渠道。

二、微信视频号的优势

微信视频号作为微信生态系统的一部分，汇聚了庞大的用户基础、多样的创作内容、便捷的社交互动，以及与微信其他组件的无缝链接，构建了一个强大的内容创作和分享平台，为创作者和品牌营销者提供了丰富的机会和潜力。

1. 大用户基础

微信作为中国最大的社交媒体平台之一，拥有庞大的用户基础，这使微信视频号的内容创作者可以迅速触达广泛的受众。这个用户基础为内容传播和受众积累提供了坚实的基础。

2. 内置社交网络

微信视频号与微信的其他功能集成，允许用户直接在微信中浏览、分享和互动，无须跳转到其他应用。这种内置的社交网络让内容在用户社交圈内迅速传播，从而增强了内容的社交性和可共享性。这种开放性的互动可以在私域流量的基础上逐渐形成更大的公域流量，增强社交互动和内容传播。

3. 生态闭环和导流

与许多其他短视频平台不同，微信视频号作为微信生态系统的一部分，可以与其他微信生态系统的组件（如公众号、小程序、企业号等）进行无缝连接，从而形成一个完整的生态闭环。这使内容创作者可以将受众导流到其他平台，同时增加了商业价值的潜力。

4. 创作便捷

微信视频号提供了简单易用的创作工具，允许用户轻松录制、编辑和发布短视频。这降低了创作者的技术门槛，用户可以通过手机快速创作和分享视频。

这些优势有助于微信视频号在竞争激烈的社交媒体领域中占据一席之地。然而，要注意的是，社交媒体平台的环境在不断变化，优势可能随着时间而有所变化。对于新媒体营销人来说，理解这些优势并善于运用它们，可以帮助其更好地建立和发展自己的受众和品牌。

微信视频号和快手、抖音短视频有什么区别？

_____

_____

三、微信视频号的界面

微信视频号既具有工具属性，又具有社交属性，如分享和关注等，下面分析一下微信视频号的界面，看其具备哪些功能。

1. 首页界面

注册并登录微信后，首先出现的就是微信的首页界面，单击底部的"发现"，在朋友圈下方就会有视频号功能显示出来，如图6-3-1所示。

2. 主界面

主界面主要包括关注用户的短视频、朋友点赞的短视频、推荐短视频这3个模块，短视频内容都会自动播放，用户单击视频即可暂停，如图6-3-2所示。

3. 个人界面

单击右上角的人像标志，进入用户的个人界面，其中包括我的关注、赞过的动态、收藏的动态、消息、私信以及我的视频号模块。个人界面下方有发表新动态按钮，如图6-3-3所示。

图6-3-1　首页界面　　　　　图6-3-2　主界面　　　　　图6-3-3　个人界面

4. 我的视频号界面

我的视频号界面包括视频号消息和视频号私信两个模块。单击进入视频号消息，界面包括点赞、评论和关注 3 个主要功能。

单击个人头像进入二级界面，可以看到简介、关注数、我的小商店、动态和被提到模块。长视频功能模块当前在内测阶段。

单击个人头像右边的 3 个点，进入下级界面，该界面主要包括我的二维码、认证、隐私设置、创作指南和我的小商店模块。

四、微信视频号的认证

用户可通过以下操作来申请认证：进入自己的视频号主页→单击个人头像右边的 3 个点→选择认证，进入视频号认证界面→按照提示操作完成认证。

目前，视频号认证分为兴趣认证、职业认证、企业和机构认证三大类。创作者可根据视频号账号的主体身份来选择合适的认证类型，如图 6-3-4 所示。

1）兴趣认证目前分为自媒体、博主和主播三大类。自媒体包括汽车自媒体、摄影自媒体、科普自媒体和旅游自媒体等，如图 6-3-5 所示；博主跟自媒体类似，包括汽车、美食、旅游和互联网博主等；主播包括游戏主播、动漫主播、美食主播和体育主播等。例如，汽车之家、大师说车、家有车百科视频号的认证是汽车博主等。

图 6-3-4　视频号认证

图 6-3-5　兴趣认证

申请兴趣认证至少要满足以下几点要求。

① 最近 30 天内至少发表过 1 个作品。

② 有效关注人数在 1000 人以上。

③ 已填写视频号简介。

④ 在对应领域持续发表原创内容。

选择好认证领域后，就需要填写认证资料，包括真实姓名、手机号码、身份证号、证明材料和申请说明，提交资料后，等待审核就行了。

2）职业认证包括摄影师、经济学者、营养师、演员、记者等。

申请职业认证至少要满足以下几点要求。

① 最近 30 天内至少发表过 1 个作品。

② 已填写视频号简介。

③ 不同职业会有不同的认证要求，具体看提示进行操作。

兴趣认证、职业认证还可以邀请自己的好友辅助认证。好友辅助认证必须同时满足两个条件，条件一，好友是认证身份和你所申请认证的身份相一致的视频号作者。例如，你申请认证的身份是汽车博主，那么辅助你认证的好友也必须是汽车博主。条件二，你和好友必须是认识已经超过 3 个月的微信好友，这些条件体现出微信生态对熟人社交推荐的重视程度。

小提示

兴趣认证、职业认证、企业和机构认证的区别如下：

第一，兴趣认证、职业认证成功后显示的是黄色 V，企业和机构认证成功后显示的是蓝色 V。

第二，兴趣认证、职业认证后账号主页显示的是认证身份，企业和机构认证后账号主页显示的是认证主体公司的名称。

3）申请企业和机构认证，需要有已认证的同名公众号。如果公众号已认证，但名称和视频号名称不一致，可以考虑先修改视频号名称，再申请认证。如果公众号已认证，但名称超过 20 个字符，可选取其中连续的 20 个字符作为视频号名称，再申请认证。如果同名公众号尚未认证，请先到公众号申请认证，然后再为视频号申请认证，如图 6-3-6 所示。

五、汽车微信视频号运营

1. 打造汽车微信视频号的账号 IP

账号 IP（Intellectual Property，知识产权）是指在特定领域内创造出来的独特、具有可识别的特点、内容、形象、标识等。它能够使一个账号或品牌在受众中留下深刻的印象，使受众在看到或听到与之相关的元素时立刻识别出该品牌。一个成功的账号 IP 能够帮助建立品牌忠诚度、提升影响力，并使品牌在竞争激烈的市场中脱颖而出。

在新媒体平台上，特别是视频分享平台，账号 IP 通常是通过独特的内容创作、与受众互动、品牌故事等方式来建立。这可以包括创作者的独特风格、受众喜爱的特定元素，以及与特定领域相关的特色元素。打造汽车微信视频号的独特账号 IP 需要经过一系列策略和步骤，以确保账号在受众心中留下深刻的印象。打造汽车微信视频号账号 IP 需要综合考虑头像、账号名称、个性签名和视频封面等多个要素。

（1）**头像**　突出辨识度：头像应该具有独特性，能够让观众一眼识别出账号。

与账号内容相关：头像应与汽车视频内容相关，可以包括汽车标志、车型图标等。

清晰的像素：头像应该是高像素的，以保证在不同平台上的清晰显示。

大众审美：考虑观众的审美喜好，选择能够吸引广大受众的头像设计。

（2）**账号名称**　独特而简洁：选择一个独特且简洁的账号名称，能够快速传达内容定位。

与汽车相关：账号名称应当直接或间接与汽车主题相关，以便观众明确是汽车领域。

易于拼写和记忆：确保账号名称易于拼写，能够让观众轻松记住。

（3）**个性签名**　准确而简洁：个性签名应概括地描述账号定位，同时尽量保持简洁。

突出独特价值：描述账号在汽车领域内的独特价值和特色。

（4）**视频封面**　突出主题：视频封面应能够迅速展示视频的主题，让观众明确内容。

简洁配色：使用简洁明了的配色，以便在封面上传达信息，避免过于复杂的设计。

图 6-3-6　申请企业和机构认证

美观构图：确保视频封面的构图美观，吸引观众点击观看视频。

定期更换：定期更换视频封面，以保持观众的新鲜感和兴趣。

在打造汽车微信视频号账号 IP 时，关键在于保持一致性和与品牌主题的相关性。每个要素都应该有机地融入整体形象中，以创造一个独特且令人难忘的账号 IP。随着时间的推移，持续改进和调整这些要素，以适应受众的需求和市场变化。

2. 明确汽车微信视频号的账号定位

明确汽车微信视频号的账号定位是为了树立独特的印象和标签，以及确保粉丝对账号的价值和意义有明确的认知。这种定位是通过标签定位、汽车领域定位、人设定位等多个方面来实现的。

（1）**标签定位**　标签定位是将账号所提供的价值和特色浓缩为一个简洁而具有代表性的标签，以便让用户迅速识别并理解账号的核心主题。例如用户标签是"喜欢看车"，平台则匹配式推送标签是"汽车视频"的账号。

（2）**汽车领域定位**　确定特定领域可以明确具体在哪个领域进行定位，如豪华车、电动汽车、SUV 等。

（3）**人设定位**　人设定位是塑造账号创作者的形象，使其在用户心中成为一个具有影响力和专业知识的人物。通过深入了解所在领域、差异化的人设定位，以及准确的用户画像，能够更好地建立独特的账号形象，吸引更多关注和认可，从而实现更高的影响力和成功。

1）专业性。专业性有助于提供更深入、有价值的内容，从而容易在受众中建立起独特的专业形象、建立信任和权威地位，这对于塑造账号 IP 非常重要；

2）人设定位的差异度。考虑如何将创作者自己的特点和经验融入人设中，与其他创作者有所差异，独特的人设能够在粉丝心中建立起与众不同的形象，从而吸引更多关注；

3）用户画像准确度；用户画像越具体越准确，对人设的定位越有帮助。确保账号人设定位和创作内容与用户画像紧密契合，能够更好地引起粉丝的认可和共鸣。如果人设与用户画像不符，可能会导致关注度不高或者无法建立深入的连接。

3. 汽车微信视频号的运营维度

汽车微信视频号的运营涉及以下 5 个关键维度，这些维度有助于打造一个有影响力、有吸引力且与受众互动频繁的视频号。

（1）**垂直度**　垂直度是指汽车微信视频号在特定汽车领域或主题上的专业程度。一个成功的汽车视频号应该在汽车领域内提供深入且有价值的内容。垂直度高的视频号能够吸引到更具针对性的受众，因为他们寻找关于汽车的特定信息。

（2）**原创度**　原创度是指视频号创作独特、有创意的内容的程度。在内容竞争激烈的环境中，原创性是吸引观众的关键。视频号创作者应该努力创作与众不同的内容，以展示自己的独特视角和创意，从而在观众中脱颖而出。

（3）**活跃度**　活跃度表示视频号的频繁程度，即视频号在一段时间内发布新内容和与观众互动的频率。保持活跃度可以让观众保持兴趣，同时在微信视频号的推荐中能获得更多曝光机会。定期发布有价值的内容、与观众的互动以及回应评论都是提升活跃度的重要手段。

（4）**健康度**　关注视频号内容是否合规、有价值和积极，避免发布低俗、虚假或违规的内容，以及负面或有害信息，能够保持视频号的健康度。健康的内容有助于建立观众信任，使他们更愿意与你的视频互动。

（5）**用户喜爱度**　用户喜爱度体现在观众对视频号的情感认同和喜爱程度。观众愿意通过互动、点赞、留言、分享等方式来表达对视频的喜爱。建立用户喜爱度需要创建与观众情感连接，提供内容使他们觉得有价值、有趣且有意义。

这 5 个维度共同作用有助于视频号建立稳定的观众群体，形成持久的影响力。

4. 汽车微信视频号的内容创作

在汽车微信视频号上进行内容创作可以涵盖多个方面，以满足不同受众的需求和兴趣。以下是一些汽车微信视频号内容创作的参考：

（1）**汽车评测与试驾**　创作者可以录制汽车评测视频，介绍不同车型的性能、外观、内饰和驾驶感受等；也可以分享自己的试驾体验，以便观众了解不同车款的优势和特点。

（2）**经典车款介绍**　创建视频来介绍经典的汽车车款，探讨其历史、设计、影响和文化意义，这可以帮助观众更好地了解汽车产业的发展历程。

（3）**驾驶技巧和安全知识**　分享驾驶技巧、安全驾驶知识和规则，帮助观众提升驾驶技能和安全意识。

（4）**DIY 改装与维护**　创作者可以展示汽车 DIY 改装项目，介绍不同的改装部件和效果。同时，分享汽车维护的技巧，帮助车主更好地照顾他们的座驾。

（5）**汽车科技和创新**　探讨汽车科技、电动汽车发展、自动驾驶技术等方面的内容，介绍行业的创新和趋势。

（6）**汽车文化和历史**　分享不同国家和地区的汽车文化，以及汽车产业的历史演变，这可以增加观众对汽车文化多样性的了解。

（7）**旅行和驾车体验**　录制驾车旅行的视频，分享不同路线和风景，帮助观众发现美丽的旅行目的地。

（8）**观点和评论**　分享对汽车产业、市场趋势、环保等议题的观点和评论，帮助观众更好地了解行业动态。

以上只是一些创作方向的参考，创作者可以根据自己的兴趣、专业知识和目标受众来选择适合自己的内容类型。在创作过程中，保持内容的专业性、有趣性和价值，可以吸引更多观众的关注和互动。

> **小提示**
>
> 蹭热点是一种将当前热门话题或事件与内容创作结合起来，以吸引更多关注和互动的方法。广义的热点指"社会热点、新闻热点、问题热点"等，狭义的热点指"某个事件、某个地点、某个观点、某个词汇"等。
>
> 蹭热点是传播产品信息的一个比较讨巧的途径。蹭热点可以持续有效地传递信息，沉淀粉丝，开展长期的用户关系管理，提升品牌忠诚度；针对热点事件造势，迅速提升粉丝互动率，由非粉丝转化为粉丝；有助于软性营销，借力热门话题榜单的高关注度来增加品牌曝光度；事件营销与品牌植入无缝结合，实现品效合一。汽车微信视频号运营者可从以下 5 个路径寻找热点内容：
>
> 1）通过百度搜索风云榜分析数据；
>
> 2）通过爱奇艺指数分析热门内容；
>
> 3）通过搜狗搜索寻找热点；
>
> 4）通过百度指数分析近期趋势；
>
> 5）通过微博热门话题寻找热点。

5. 汽车微信视频号的算法机制

微信视频号的算法机制是为了根据用户的兴趣、社交互动、内容质量和地理位置等因素，为用户提供更具针对性和有趣的视频内容推荐。

（1）**IP 标签—兴趣推荐**　这一算法机制利用视频中的 IP 标签（知名品牌、人物、事件等）来推测用户的兴趣。通过分析用户过去的观看和互动行为，系统可以识别用户感兴趣的 IP 标签，然后将与这些标签相关的视频内容推荐给他们。这有助于提供与用户喜好相关的内容，增加观众的互动。

（2）**朋友点赞—社交推荐**　社交推荐是微信视频号的一个关键特点。当用户的朋友点赞、评论、分享某个视频时，该视频可能会在用户的推荐列表中更高地显示。这是因为社交互动被认为是用户兴趣的重要指示器，用户可能更有兴趣看到自己朋友喜欢的内容。

（3）**优质内容—热门推荐**　热门推荐是基于内容质量和受众互动的算法机制。如果某个视频被大量观众点赞、评论、分享，那么它可能会被认为是优质内容，并被推荐给更多用户。这有助于展示受众喜欢的受欢迎视频，同时提供给创作者更多的曝光机会。

（4）地理定位—附近推荐　地理定位推荐是一种将用户的地理位置纳入考虑的机制。基于用户的地理位置信息，系统可以推荐与他们附近相关的内容，例如附近的活动、景点、经销商等。这有助于提供更具本地化的视频内容，满足用户对周边信息的需求。

这些算法机制共同协作，根据用户的兴趣、社交关系、互动行为以及地理位置，为用户提供个性化和有价值的视频内容推荐。微信视频号的目标是在平台上创造积极的用户体验，同时帮助内容创作者获得更多的曝光和互动。平台算法机制会进行调整和优化，以适应用户和创作者不断变化的需求。因此，新媒体营销人应该熟知汽车微信视频号的算法机制和运作规律，理解平台如何推荐和分发内容，以及如何根据用户互动行为进行推荐，从而更好地优化内容、提高视频号运营能力，以获得更高的曝光、互动和影响力。

 **学以致用**

任务工单　汽车微信视频号营销

专业		班级	
姓名		学号	

一、任务目标

了解汽车微信视频号的运营策略。

二、任务内容

1. 认识汽车微信视频号。

2. 分析如何打造有特色的汽车微信视频号。

三、任务实施

1. 搜索观看几个汽车微信视频号，分析该视频号的账号 IP、账号定位。

2. 分析该视频号哪些方面做得好，还有哪些不足。

3. 如何打造有特色的视频号？写出你的建议。

项目七

汽车音频营销

汽车音频营销主要包含 3 个学习任务：初识音频营销、汽车音频操作技能、汽车音频营销策略。

 任务一 初识音频营销

任务目标

知识目标

1）了解音频营销的优势。

2）掌握音频文件格式。

3）掌握音频文件格式转换技巧。

能力目标

1）具备识别不同音频格式特点的能力。

2）具备音频文件格式转换的能力。

素养目标

1）培养学生的用户思维，以用户为中心。

2）培养学生的规则意识，遵循平台规范，遵守行业法律、法规的意识。

 思维导读

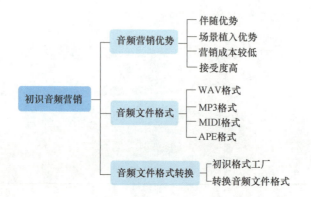

任务导入

小王假期去某汽车经销店兼职，通过与消费者的交流，发现不少车主喜欢一边开车一边收听广播。小王想，既然自己掌握了不少关于汽车的知识，何不开通一个广播频道，定期播放汽车内容，一方面可以发挥自己的特长，另一方面可借助广播推广公司业务，一举两得。广播（音频）如何形成？音频有哪些格式？

知识解读

随着网络技术和移动终端设备的发展，越来越多的消费者逐渐使用手机、IPAD、网络音响等设备收听、收看节目。音频营销逐渐成为一种新兴的网络营销模式。目前我国网络音频主要包括由播客主持的音频节目、有声书以及广播剧、音频直播和网络电台等形式。音频营销是以音频为主要传播载体的营销方式，通俗地说，音频营销就是通过音频来推广，是一种新兴的网络营销模式。广义的音频营销是指网络语音互动交流（如 YY 语音）、歌曲、相声、诗歌朗诵、文章朗读以及其他形式的录音等。本任务介绍狭义的音频营销，就是网络音频内容及相关服务在网络音频平台及其提供的内容中进行广告和营销活动。

一、音频营销优势

随着移动互联网的发展，音频用户规模不断扩大。同时，随着音频设备和车载设备等技术的发展，音频行业逐渐发展为以移动电台、有声阅读和音频直播等模式为主的市场结构。移动音频逐渐形成了蓝海市场。音频营销成了网络营销的重要手段之一。音频营销就是以音频为主要传播载体的营销方式。

1. 伴随优势

从清晨到夜晚，在双眼被占用的场景中，移动音频已成为一个最方便的获取信息的载体。例如，人们在看书、写字、画画、做饭、健身、开车、等车、睡前等碎片化时间里，音频能让人们获取很多信息。相比同样充斥着碎片时间的短视频、公众号、微信微博图文等其他媒体，音频能让用户的眼睛得到最大程度的休息。

2. 场景植入优势

随着科技的不断发展，音频的载体不断变化发展。人们获得音频内容的方式不仅有智能手机，在汽车、卧室、厨房、卫生间等场景的智能硬件中，人们可以随时随地获取音频信息。音频可以覆盖到用户的生活、工作、学习、旅行、娱乐等方方面面以及 24h 的各种应用场景中。音频营销与文字、短视频、直播等营销形式不同，无须用眼睛接收信息，可以利用碎片化的时间随心收听，因此移动音频有很大的用户黏性。同时，为了满足不同用户的需求，音频平台根据用户的喜好和收听习惯等进行大数据分析，为用户精准推送内容，并有机融合智能终端设备使音频营销的场景更加多元化。

3. 营销成本较低

以网络听书、音频直播、知识付费等业务模式为主的网络音频模式已升级为"耳朵经济"。音频营销主要采用主播带入性地植入品牌，利用主播的 KOL 特征和声音的亲和力让音频营销更能吸引平台用户，进而转化为品牌粉丝。音频营销目前仍处于蓝海市场，相比自媒体营销、网红助推等方式，现阶段音频营销的投入成本相对较低。

4. 接受度高

传统广播采取由一点均匀地传向多点的单一方向的信息传播模式,听众在时间和内容上都是被动的。面对转瞬即逝的广播信息,用户只能按照准确的时间准时收听,一旦错过就难以再次捕捉信息。网络音频则表现出更多的优势,用户可以根据自己的需要和兴趣来选择收听的内容,而且用户可以在音频平台上看到以文字和图片的形式提供的节目材料及主持人信息等,通过超链接获得更多背景资料,可以留言、评论、提出意见,还能与其他网友即时交流,互动性非常强。此外,音频平台拥有庞大的信息容量,为用户提供一个丰富的信息资源库。为了吸引更多的听众,企业内容生产者源源不断地提供根据用户需求、符合产品特征、与用户习惯相符合的优质内容。这种更走心的内容进一步吸引用户,提高了用户的接受度,形成良性循环。

想一想

音频能应用到哪些场合?

_____

_____

二、音频文件格式

音频文件的格式有很多种,下面介绍 4 种常见的音频格式:WAV 格式、MP3 格式、MIDI 格式、APE 格式。

1. WAV 格式

WAV 格式文件是在计算机端很常见的、最经典的多媒体音频文件。用户可以用 CD、磁带、麦克风等获取 WAV 格式文件。WAV 格式是最接近无损的音乐格式,所以文件相对比较大。WAV 格式文件的特点:真实记录自然声波形,基本无数据压缩,数据量大。WAV 格式文件具有较好的声音品质,并被多数浏览器支持,但是由于文件体积较大,严格限制了可以在 WEB 页面上使用的声音剪辑的长度。

2. MP3 格式

MP3 是一种音频压缩技术,全称是动态影像专家压缩标准音频层面 3(Moving Picture Experts Group Audio Layer Ⅲ)。MP3 是 MPEG 标准中的音频部分,也就是 MPEG 音频层。MP3 利用人耳对高频声音信号不敏感的特性,将时域波形信号转换成频域信号,并划分成多个频段,对不同的频段使用不同的压缩率,保证信号不失真。但是,它牺牲了声音文件中 12~16kHz 高音频部分的质量。相同长度的音频文件采用"∗.MP3"格式存储时,大小一般只有"∗.wav"文件的 1/10,音质次于 CD 格式或 WAV 格式的音频文件。

3. MIDI 格式

与波形文件不同,MIDI 文件不对音乐进行抽样,而是对音乐的每个音符记录为一个数字,所以与波形文件相比文件要小得多,可以满足长时间音乐的需要。MIDI 只能记录标准规定的有限种乐器的组合,而且回放质量受到声音卡的合成芯片的限制。MIDI 音乐的主要限制是它缺乏重现真实自然声音的能力,因此不能用在需要语音的场合。MIDI 文件并不是一段录制好的声音,而是使用硬件合成器或软件合成器在计算机上合成的特定音乐信息。

4. APE 格式

APE 格式是流行的数字音乐无损压缩格式之一。MP3 是有损压缩格式且不可逆转地删除数据以缩减源文件体积，与 MP3 格式不同，APE 格式以更精炼的记录方式来缩减体积，还原后数据与源文件一样，保证了文件的完整性。APE 格式文件大小要比 WAV 格式至少小一半，在网络上传输时可以节约更多时间。值得一提的是，APE 压缩格式只要还原，仍能毫无损失地保留原有的音质。

三、音频文件格式转换

不同的音频文件格式有不同的优势和劣势，但是，在音频文件的制作与传输过程中，由于某些文件制作工具只支持某些固定格式的文件，某些平台对上传媒体文件的大小或品质有要求，因此，用户需要将目标文件转换为工具或平台所支持的格式。实现格式转换的工具有很多，这里介绍常见的格式工厂如何转换音频文件的格式。

1. 初识格式工厂

格式工厂是一款多媒体格式转换软件，支持几乎所有类型的多媒体格式转换为常用的音频和视频格式，还支持图片格式之间的转换，而且转换过程中可以修复某些意外损坏的视频文件。图 7-1-1 所示为移动端格式工厂"全部功能"操作界面。从该界面可知，格式工厂提供了视频处理、音频处理、图片处理和 GIF 处理等功能。其中，视频处理可以进行视频格式转换、视频剪辑、压缩视频、提取音频、裁剪视频、合并视频、视频去水印、视频下载、视频变速、旋转视频、视频音量调节、视频比例调节等操作；在音频处理界面，可以进行音频格式转换、提取音频、裁剪音频、合并音频、压缩音频、音频变速、音频音量调节等操作，如图 7-1-2 所示。

图 7-1-1 移动端格式工厂"全部功能"操作界面　　**图 7-1-2 格式工厂音频处理操作界面**

2. 转换音频文件格式

利用格式工厂可以把音频文件转换为 MP3、WMA、FLAC、AAC、MMF、AMR、M4A、M4R、OGG、MP2、WAV 格式。下面以提取视频内音频内容为例，具体操作如下：

步骤 1：打开格式工厂 APP，单击"音频处理"操作界面，如图 7-1-2 所示，单击"提取音频"。

步骤 2：通过"本地相册""手机存储""全盘搜索""其他应用打开"等方式选择需要操作的视频。

步骤 3：单击"目标格式"，在弹出的对话框中选择需要转换的目标格式，如 WAV 格式，单击"开始转换"，如图 7-1-3 所示。

步骤 4：对极速编码、软件编码等方式确认无误后，单击"开始提取"，即可提取视频内音频并形成 WAV 格式文件，如图 7-1-4 所示。

图 7-1-3　MP4 格式转换为 WAV 格式

图 7-1-4　格式工厂音频提取界面

 学以致用

任务工单 初识音频营销

专业		班级	
姓名		学号	

一、任务目标

处理音频练习。

二、任务内容

对一段汽车音频进行优化处理。

三、任务实施

1. 收听喜马拉雅、蜻蜓 FM、荔枝等音频平台的汽车栏目，并持续关注相关账号。

2. 把感兴趣的一段音频下载到本地。

3. 对该段汽车音频进行优化处理。

序号	项目实施内容	具体情况
1	总结某汽车音频栏目/账号特点	
2	下载音频	
3	处理音频	

任务二　汽车音频操作技能

　任务目标

知识目标

1）熟悉录制声音流程。

2）熟悉剪辑汽车音频文件的流程。

3）熟悉编辑汽车音频文件的流程。

4）熟悉创建多轨合成项目的流程。

能力目标

1）具备录制音频的能力。

2）具备剪辑汽车音频文件的能力。

3）具备编辑汽车音频文件的能力。

4）具备创建多轨合成项目的能力。

素养目标

培养学生汽车营销行业的基本职业道德，虚心学习，勤奋工作，遵守行业法律、法规的意识，用户思维、产品思维等运营思维。

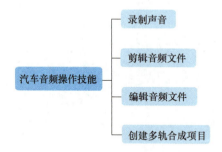　**思维导读**

　任务导入

小王假期去某汽车经销店兼职，发现音频营销以"声"入人心的方式，提升汽车品牌的认知度，能提升用户的专属感与好感度。那么，应如何录制音频？如何剪辑音频？

　知识解读

在新媒体时代，仅仅给用户提供丰富的视觉效果是不够的。在"耳朵经济"时代，利用声音作为辅助能大大提高用户的试听体验。Audition 是一款常用的音频处理软件，本任务将对使用 Audition 处理音频进行介绍。

一、录制声音

录制音频的设备有很多，如智能手机、录音笔等。录制后的音频若要用到商业领域中，则要对音频进行编辑处理，如去除录制过程中产生的电流声、嗡嗡声等。

步骤 1：启动 Audition，在编辑器窗格中单击下方的"录制"按钮 ，打开"新建音频文件"对话框，在"文件名"文本框中输入"新能源汽车优点"文本，其他格式采用默认设置，单击"确定"按钮，如图 7-2-1 所示。

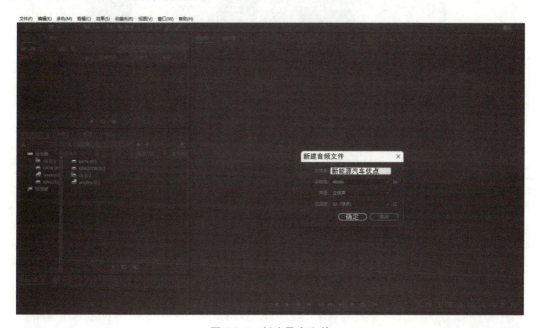

图 7-2-1　创建录音文件

步骤 2：开始录制声音。对准音频输入设备（如麦克风）输入声音信号。"编辑器"窗格中将显示声音的波形。

步骤 3：音频录制完成后，在"编辑器"窗格中的下方单击"停止"按钮 ，即可停止声音的录制。

步骤 4：保存音频文件。在音频录制好后，选择"文件→另存为"，在打开的"另存为"对话框中设置文件的保存位置、格式和文件名，如图 7-2-2 所示。

若要打开录制好的音频，具体操作如下：

选择左上方工具栏"文件→打开"命令，或者同时按<Ctrl+O>组合键，在"打开文件"对话框中选择"新能源汽车优点"文件，单击"打开"文件，即可打开音频文件，如图 7-2-3 所示。

二、剪辑音频文件

剪辑音频就是按照用户的需要对音频进行适当的剪裁，将不要的部分删除，具体操作如下：

步骤 1：选择"新能源汽车优点"文件，在"编辑器"中拖动鼠标选择要删除的部分，

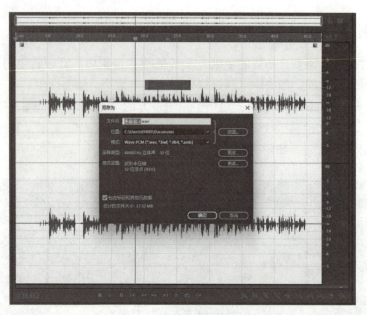

图 7-2-2　存储音频文件

图 7-2-3　打开音频文件

选择的部分呈白色，按<Delete>键删除选择的部分，如图 7-2-4 所示。

　　步骤 2：拖动鼠标选择要移动的部分，按<Ctrl+X>组合键将选择的部分剪切到剪贴板，如图 7-2-5 所示。

　　步骤 3：在要粘贴的位置单击鼠标，按<Ctrl+V>组合键将剪贴板中的音频片段粘贴到当前位置，如图 7-2-6 所示。

　　步骤 4：选择"文件→存储"命令，或者按<Ctrl+S>组合键，保存已修改的音频文件。

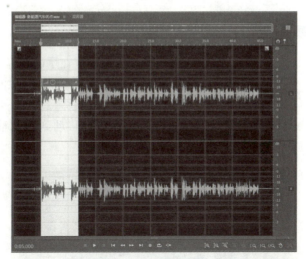

图 7-2-4　选择并删除音频片段

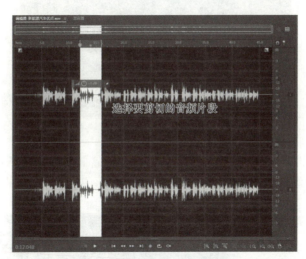

图 7-2-5　选择并剪切音频片段

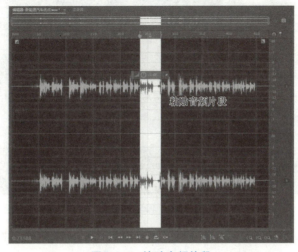

图 7-2-6　粘贴音频片段

三、编辑音频文件

如果录音环境较差，录音后的文件通常会有音量小、存在爆破音等情况。为了使音频效果更佳，需要去除这些噪声。此外，根据使用场景，部分文件需要添加淡入/淡出效果，需要对音频进行编辑优化，使音频文件达到理想的效果。其具体操作如下：

步骤1：选择"新能源汽车优点"文件，将鼠标光标移动到"调整振幅"按钮上，向上拖动鼠标即可达到放大音量的效果，如图7-2-7所示。

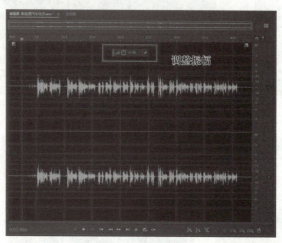

图 7-2-7　调整振幅

步骤2：在"编辑器"面板中拖拽鼠标，选中整个音频文件，选择"效果→在自动修复选区"命令，即可自动修复爆破音，如图7-2-8所示。

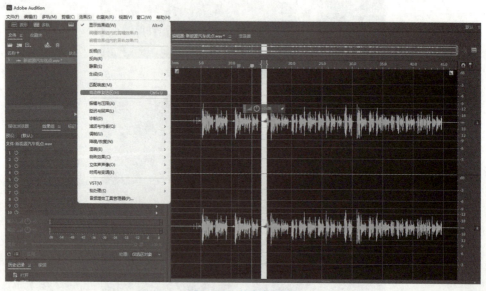

图 7-2-8　修复爆破音

步骤3：选择"新能源汽车优点"文件，拖动鼠标选择需要淡入的部分，选择"收藏夹→淡入"命令，即可设置淡入效果，如图7-2-9所示。

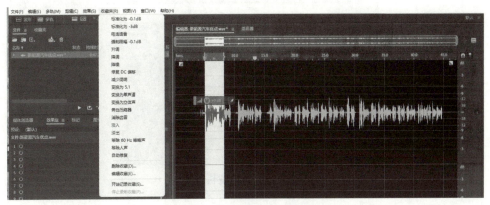

图 7-2-9　设置淡入效果

步骤 4：选择"新能源汽车优点"文件，拖动鼠标选择需要淡出的部分，选择"收藏夹→淡出"命令，即可设置淡出效果。

四、创建多轨合成项目

录音和音频处理都是对单一的音频文件进行操作。细心的用户会发现，有的音频既有背景音乐，也有语音。这就需要使用多轨合成的功能，将多个音频文件合成一个音频文件。

步骤 1：选择"文件→新建→多轨会话"命令，或者按<Ctrl+N>组合键，如图 7-2-10 所示，即可打开"新建多轨会话"对话框。

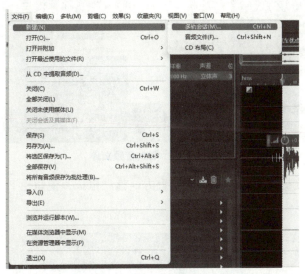

图 7-2-10　选择"多轨会话"命令

步骤 2：在"会话名称"的文本框中输入"合成效果"，其余选项保持不变，单击"确定"按钮，创建一个多轨合成项目，如图 7-2-11 所示。

步骤 3：在轨道 1 右侧的空白处单击鼠标右键，在弹出的快捷菜单中选择"插入→新能源汽车优点"选项，即可在该轨道插入"新能源汽车优点"文件。

步骤 4：同理，在轨道 2 右侧的空白处插入"新能源汽车背景音乐"，如图 7-2-12 所示。

图 7-2-11　新建多轨会话

图 7-2-12　插入音频文件

步骤 5：将鼠标光标移动到音频轨道 2 上方，拖动鼠标，使轨道 2 的音频与轨道 1 的音频右端对齐，如图 7-2-13 所示。

图 7-2-13　移动音频文件

步骤6：调整音频音量大小。背景音乐若音量过大，则会出现"喧宾夺主"的现象。可以把鼠标光标移动到轨道2的音量按钮上方，拖动鼠标，把音量调整到合适的大小，如图7-2-14所示。

步骤7：在工具栏选择"轨道→将会话混音为新文件→整个会话"命令，即可将混音项目合成混音为一个音频文件，如图7-2-15所示。

图 7-2-14　调整音量大小

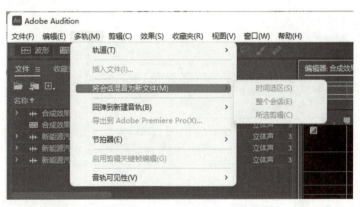

图 7-2-15　混音为新文件

步骤8：在工具栏选择"文件→另存为"，或者按<Ctrl+Shift+S>组合键，打开"另存为"对话框，存储文件。

学以致用

任务工单　汽车音频操作技能

专业		班级	
姓名		学号	

一、任务目标

为某汽车品牌策划一场"五一"促销活动，录制促销音频并利用 Audition 进行音频处理。

二、任务内容

假设该品牌决定于 20××年 5 月 1 日选择××车型（纯电汽车或混动汽车）举办一场"五一"促销活动，回报所有新老客户对本店的支持。请为该活动设计并录制、剪辑一个促销音频。

三、任务实施

1. 了解汽车品牌。

2. 为该活动设计并录制一段音频，突出本次活动特色。

3. 根据实际需要，利用 Audition 对音频进行删除、调整振幅、淡入/淡出、合成、调整音量等处理。

序号	项目实施内容	具体情况
1	了解某汽车品牌	
2	围绕该促销主题活动录制一段促销音频	
3	利用 Audition 处理音频	

任务三　汽车音频营销策略

任务目标

知识目标

1) 了解汽车音频营销策略的特点。

2) 掌握汽车品牌音频营销策略。

能力目标

1) 具备对汽车品牌音频营销案例的赏析能力。

2) 具备汽车品牌音频营销活动策划的能力。

素养目标

培养学生的合作意识和创新意识。

思维导读

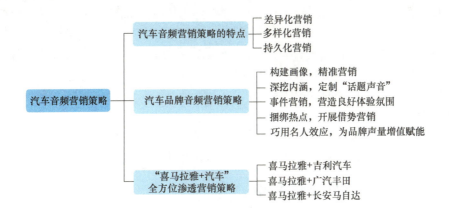

任务导入

小王发现，很多车主喜欢在车里收听音频。越来越忙碌的都市生活让人们难得有时间放松或充电，因此汽车音频营销对企业来说也是不错的营销方式。

知识解读

上下班路上听电台、健身时听音乐、睡前听有声书……以声音为载体的"耳朵经济"已在很多人的日常生活中如影随形。综合性音频平台、在线音乐、网络K歌、有声书、电台自办APP、音频直播、音频社交、播客等互联网音频产品火热，内容付费和直播等新型业务模式促使"耳朵经济"加速驶入发展快车道，形成全域的服务生态，用户规模越发庞大。

一、汽车音频营销策略的特点

目前，在线音频领域形成了以喜马拉雅、蜻蜓 FM 等为代表的移动音频平台，以掌阅、番茄小说等为代表的有声数字阅读平台，以 QQ 音乐、网易云音乐等为代表的在线音乐平台及以得到 APP 为代表的知识服务类平台的"四大细分领域"竞争格局。音频营销具有以下特点：

1. 差异化营销

在碎片化传播时代，音频行业的内容营销为品牌提供了差异化营销机会。内容平台基于其高包容性、高开放性等特点，成了广告主向用户推送硬性广告和软性广告的优质渠道。用户通过收听音频内容，"无意中"接收了相关的品牌信息，并由此触发"认知—兴趣—行动"等一连串反应，形成订单转化率，从而完成内容变现。品牌与优质的音频内容合作，可以使品牌更打动听者。通过推出具有品牌印记的营销方法，不断推陈出新、持续输出，既通过新颖的营销内容为品牌注入了新鲜感，又能持续积累品牌资产，延长品牌的活力与生命周期，成为品牌在市场中强有力的营销利器。

2. 多样化营销

音频市场的营销手段具备多样化的特点，各类音频平台逐渐开发出品牌电台、整合营销、跨界营销和播客营销等多种玩法，同时能够渗透至居家休闲、睡前、饭后、公交通勤、做家务、运动健身、排队等人间隙、开车时、学习/工作时、洗漱/美容时，甚至打游戏时等多个音频内容应用场景。音频帮助广告主精准触达更多的用户群体，快速、有效地构建品牌形象。音频平台踏上了"音频+营销"的阳光大道，与更多的新消费、新科技品牌合作，采用多样化的音频营销策略，精准触达与品牌契合的体育迷、瑜伽族、跑步族、登山族、汽车族等不同圈层，取得了良好的营销效果。

3. 持久化营销

音频营销的力量持久而深远，有着持续的围栏效应，不受时间与空间的限制，渗透于人们生活的各个角落，给人沉浸式的体验，保持传播的温度。

二、汽车品牌音频营销策略

汽车品牌可以采用以下几种音频营销策略：

1. 构建画像，精准营销

画好用户画像，无论对汽车品牌还是对车主而言，都可以实现双赢。用户在选车、购车和用车时，可以获得更好的消费体验；汽车品牌也可以更好地为用户服务，从而实现赢利。在开展汽车品牌音频营销时，可以从年龄、性别、学历、地域、职业、婚姻状态等基础属性，以及个人兴趣、购买行为、决策影响、内容偏好、应用下载、社会话题关注等用户属性进行勾画画像，做好精准营销。

案例分享

沃尔沃精准定位精英人群，贴心打造精品内容。选择购买沃尔沃的用户大部分都是企业界的中层管理岗位、工程师、公务人员、白领、老师等，他们高学历、理性却不张扬，他们注重生活品质，对生活充满自信，处事低调，充满正能量。通过大数据洞察这部分人群的内容场景特点，沃尔沃联合喜马拉雅打通了人文、头条、商财、科技四大用户偏爱的频道，并采取声音流广告投放方式，为品牌制造了内容际遇场景，圈定了沃尔沃的目标用户。品牌圈层营销，要结合各圈层人群的生活习惯、爱好等，以他们熟悉的语言和方式与之沟通，才能真正走进用户心里。

2. 深挖内涵，定制"话题声音"

据易观智库发布的报告《中国在线音频内容消费市场分析2022》显示，在线音频用户的基本画像呈现出年轻、具备高消费能力、居住于大城市的男性的特征。例如在年龄层次方面，以90后为主，24～30岁的用户占比达到46.2%；在城市级别方面，超一线和一线城市用户的比例近60%；在消费能力方面，中高以上消费人群是主流用户，占比高达70%。由此可见，音频APP营销价值越发凸显。此外，当下的年轻人生活压力过大，尤其是城市的上班一族在忙碌过后总有着远离喧嚣的城市，亲近大自然的强烈愿望。而作为在线音频分享平台的喜马拉雅，长期致力于用声音分享智慧，用声音服务美好生活，秉承着"万物有声"的理念深化大众记忆。每天都有数千万人通过喜马拉雅倾听大自然的声音来疗愈自己，抚慰心灵的力量，自然天籁的声音和音乐成了现代年轻人缓解压力和助眠的新刚需。数据显示，自然天籁等纯音乐成了现代年轻人缓解压力和助眠的新刚需。"耳朵经济"在近年来不断被大众所提及，长期活跃在年轻群体中。在线音频的伴随属性使其成为用户在休闲碎片时间偏好的活动之一，而节目主题丰富性的发展是车主喜欢音频的重要因素。营销人员应结合汽车品牌的定位，深度挖掘品牌内容，定制目标客户群喜闻乐见的"话题声音"，培养汽车品牌的忠实听众。

案例分享

作为五菱全球银标首款战略型SUV，为瞄准星辰SUV的目标受众群体，为消费者带来更具人性化、智能化的产品体验和生态服务，在客户心目中建立对新产品的认知度和好感度，2021年4月到11月底，五菱星辰联合喜马拉雅打造沉浸式"城市生态座舱"，邀请独立音乐人马頔为五菱星辰倾心打造了4首主题车机乐曲：《森》《海》《空》《野》，为用户营造亲近自然、惬意舒适的车内空间，如图7-3-1所示。同时，搭载五菱全新Ling OS灵犀系统，为车主量身打造《五菱电台》和喜马拉雅VIP会员等内容和权益福

图 7-3-1　五菱星辰音乐营销

利。喜马拉雅结合五菱星辰品牌定位，以回归自然和寻求内心平静构建产品主张沟通为基础，从视觉、触觉、听觉和嗅觉出发，全方位贴合五菱星辰的最佳定位。

3. 事件营销，营造良好体验氛围

音频媒体可以把握新闻规律，制造具有新闻价值的事件，并让这一新闻事件得以传播，聚集公众、媒体的目光，从而达到广告的效果。

案例分享

五菱星辰联合喜马拉雅打造了一个"手可摘星辰"事件。喜马拉雅邀请独立音乐人×××创作疗愈系音乐，从车机听觉体验到车主精神生活进行丰富，打造从售前到售后阶段的体验营销。

第一步：车机体验提升。独立音乐人×××创作《森》《海》《空》《野》四大自然主题疗愈音乐，同时搭载五菱全新 Ling OS 灵犀系统，乐曲录入车机成为 Ling OS 灵犀系统的听觉亮点，并在五菱全球银标品牌升级发布会上亮相，为车主打造亲近自然、抚慰心灵的自然生态座舱听觉体验，解锁"手可摘星辰"的惬意车内空间体验。

第二步：出行陪伴服务。定制车主行车电台《五菱电台》，接入喜马拉雅海量音频资源，在日常行车过程中陪伴车主，赋予出行生活精彩体验，传递五菱品牌关怀与价值，持续探索出行新生态。

第三步：车主社区福利。前 1 万名购车车主可领取福利，该项喜马拉雅 VIP 会员专享增值福利提升了车主的社区活跃度和私域运营，体现五菱品牌的溢价服务。

五菱星辰联动喜马拉雅创造的这个"手可摘星辰"事件，合作期间，喜马拉雅《都市中的自然之声》总播放量 1220 万+，订阅数 1.4 万+，五菱星辰累计销量 5.4 万+台。本次营销策划活动的成功之处体现在以下 3 个层面：

1）创意层面：五菱星辰的城市生态座舱打造更好的空间，符合当代年轻人的需求。同时，将五菱星辰听山看海、轻松出发的品牌理念传递给消费者，充分利用了音频"车内场景"特征勾勒出"手可摘星辰"的独特体验，随时给消费者带来亲近大自然、纵情山水、聆听诗意田园，打造沉浸式体验。

2）听觉层面：联合拥有治愈声线的创作音乐人马頔，结合自然元素创作四大自然主题车载乐曲，契合大自然的主题打造了声音解锁"手可摘星辰"的车内体验，让出行感受自然美妙之旅，打造有氧出行新生态。

3）内容层面：《五菱电台》24h AI 节目流个性化推荐，量身定制车主电台，在日常行车过程中渗透和陪伴车主。满足一定条件的车主还可在不同场景下收听节目内容，享受 VIP 会员专享权益。

小提示

党的二十大报告中提出："我们坚持绿水青山就是金山银山的理念，坚持山水林田湖草沙一体化保护和系统治理，全方位、全地域、全过程加强生态环境保护，生态文明制度体系更加健全，污染防治攻坚向纵深推进，绿色、循环、低碳发展迈出坚实步伐，生态环境保护发生历史性、转折性、全局性变化，我们的祖国天更蓝、山更绿、水更清。"

五菱星辰联动喜马拉雅创造的这个"手可摘星辰"事件和话题，将五菱星辰听山看海、轻松出发的品牌理念传递给消费者，给消费者带来了亲近大自然的沉浸式体验。营销期间，五菱星辰累计销量超过 5.4 万台，这乐观的销售数据正反映了消费者们对绿色生态的向往，对有氧出行的追求。

头脑风暴

如果你为某个汽车品牌进行音频营销，你将会如何策划？

_____

_____

4. 捆绑热点，开展借势营销

借势营销就是把销售目的隐藏在营销活动中，把汽车品牌的推广融入目标客户群体喜闻乐见的环境里，依靠轻松娱乐的方式潜移默化地引导消费者，通过顺势、造势和借势等方式，让消费者了解汽车品牌并接受该品牌的营销手段，最终促成销售的营销策略。

案例分享

2021 年，在欧洲杯赛场的画面中有很多沃尔沃 XC60 的身影，例如中场休息的插播广告、赛场边的广告牌、精彩回顾的片头广告等。足球是智慧和实力的综合体，集超高悟性、敏捷身手和防守布局于一身的全能手才能拿下冠军。同样追求速度与激情的沃尔沃汽车，要有囊括智能车机、灵动驾控与全局守护的大智慧，方能站上巅峰，抢先"开球"。

沃尔沃 XC60 借此欧洲杯机会展现了与足球运动相符的敏捷智慧精神。像球员一样踢球需要动脑思考问题，一辆好车同样也要有智慧。沃尔沃 XC60 拥有同级唯一原生内置安卓车机系统，不仅安全稳定、操作灵敏、响应精准，同时还可拓展应用生态系统，适用多种不同场景，就像足球运动员一样风雨无阻、任何场地都能灵活得分。

5. 巧用名人效应，为品牌声量增值赋能

借助名人或公众人物（如影视明星、体育明星、商界精英等）的影响力，在其出现的时候达到事态扩大、影响加强的效果，这就是名人效应。音频营销巧用名人效应，能达到事半功倍的效果。

案例分享

在 2021 年的欧洲杯期间，喜马拉雅邀请了一些体育明星、主持人、影视明星，以及足球名将和欧洲杯驻外记者 51 位顶级大咖，通过 31 场音频直播全面陪伴球迷们的观赛之旅。在节目中，沃尔沃通过冠名口播、话题软植入、福利互动等形式出现，完成从足球精神到汽车品牌精神的信息传达转化。除了赛前、赛后的高峰时段植入广告，喜马拉雅还邀请了体育和跨界大咖把车型卖点融入欧洲杯的话题，锁定精英男性群体，在赛前、赛后碎片时间与用户强互动，引爆上市热度，实现了精英男性的认知影响，实现人群破圈。

三、"喜马拉雅+汽车"全方位渗透营销策略

无论媒体的环境发生怎样的改变，人们依然主要依靠视觉和听觉来获取信息，这就意味着营销始终需要从人们的视觉和听觉入手。在移动互联网时代，所有用户不仅在争夺最佳内容桂冠，也在抢夺用户的时间。而音频媒体具有"陪伴"的属性，能与用户360°生活场景深度融合，让用户释放双眼，既不会"打扰"用户当下的行为活动，还能让用户实现时间上的"增值"。音频是个平行时空，其独有的伴随属性决定了音频相对其他媒介形式有着更多的新玩法。人们可以在汽车里听电台，关上灯听各种各样的音频内容等。喜马拉雅音频营销致力于用声音分享人类智慧、用声音服务美好生活，主动挖掘用户场景，将各类硬件产品植入音频内容，并通过内容的多元化定制，不断挖掘营销潜力，帮助更多品牌完成消费者沟通和价值传递，入耳，更入心，拉近与车主的距离。为了将高品质内容分发至汽车端，也利于车主体验系列品牌车系的硬件配置，喜马拉雅主动构建营销场景，打造品牌电台。

1. 喜马拉雅+吉利汽车

喜马拉雅联合吉利汽车开展了多项音频营销，为吉利车型提供一系列定制型的产品服务，致力于围绕核心车载人群，打造极致用户体验的音频服务，为用户带来更加个性化的出行体验。

> **案例分享**
>
> 1）吉利汽车2018款博越正式上市，值得一提的是，这款车型率先搭载了吉利的吉客智能生态系统（GKUI）。该系统旨在打造业界最开放的应用生态，构建涵盖地理位置、娱乐、车控、生活、智能家居等多项服务的应用生态。喜马拉雅FM为吉利提供定制型的产品服务，用户可一键调取平台内海量内容，实现了20个频道分类，拥有1亿多的各种声音，每天更新近10万条最新的声音，还可提供各类幽默搞笑的段子，真正实现手机、汽车和家庭无缝衔接。
>
> 2）自2018年7月起，喜马拉雅与吉利合作定制了车机品牌电台FM1760，包括《吉食》《吉时行乐》等6个不同类型的节目。垂直的渠道运营，不仅利于形成对车主高质量的陪伴，也拉近与消费者的关系，甚至还能成为汽车卖点。
>
> 3）2021年，吉利旗下全新紧凑型SUV——星越L正式上市。喜马拉雅联合亿咖通科技为吉利车型提供一系列定制型的产品服务，设计了全新多媒体中心，帮助吉利汽车构建了跨域融合、场景驱动的全车智能控制中心。针对全新吉利星越L限量版定制会员，甄选50张精选专辑和100张精选专辑两个版本供车主随心选择。喜马拉雅还利用智能算法推荐"千人千面"机制，根据座舱用户信息识别后台标签，为座舱用户定制个性化的内容服务。此外，吉利星越L智能座舱系统与喜马拉雅实现了"账号打通"。用户无须打开手机应用，便可同步历史、订阅、已购和会员权益，在驾车路上畅听精彩内容。此外，喜马拉雅使用24h AI音频流，基于用户喜好和场景深度打造"车主电台"，无论日常通勤还是外出旅游，高品质声音内容时刻陪伴。

2. 喜马拉雅+广汽丰田

有人说："任何一辆汽车所销售的并非是交通工具这一单一价值，而是对某种生活状态的向往。"因此，很多汽车品牌希望通过音频营销建立起用户对品牌的持久信任，最终的落

点是与车主产生共生文化和情感共情。广汽丰田威飒的定位是高品位豪华SUV，喜马拉雅根据车型目标群体的兴趣偏好，锁定品味不凡的新中产实力派。

案例分享

2022年9月，喜马拉雅专门定制了《声势不凡威飒听书馆》项目，甄选生活美学、科幻、名著、商业四大板块的优质专辑，打造线上品牌专属主题听书馆。该项目的特色：一是准确洞察高知车主的人群特征，甄选优质专辑，并以优质内容彰显品牌调性；二是与目标客户互动并以品牌名义发放福利，提升用户专属感、好感度和信任度。在短短3周的时间里，这次营销活动总曝光超过了1.4亿，总点击超过237万。

3. 喜马拉雅+长安马自达

朝九晚五、两点一线的生活使很多车主感慨，忙碌的都市生活没有时间静下心来读书。其实，"读万卷书，行万里路"，实际所需的空间只需要一辆车。喜马拉雅联合长安马自达推出Mazda CX-8拾智移动书斋，只需要在车内就可洞见一个时代的智慧。每天上下班通勤时间反而成了最自由的听书时间。

案例分享

该项目站在客户的角度，为客户解决了三大难题。

难题一：没有时间读书。Mazda CX-8为车主量身定制10扬声器BOSE®高级音响系统，打造殿堂级的声音质感，方便车主利用上下班通勤时间，无须眼睛"看书"，而是用耳朵"听书"，高效利用时间，快速汲取知识，充分体现了"流动的听觉盛宴"。

难题二：没有安静的听书环境。NVH静音技术阻断旅程中各种噪声干扰，控制声音回响，让车主沉浸书斋即可以静心深思，也可以与宾客言欢，充分体现了"行驶的会客厅"。

难题三：没有读书仪式感。Mazda CX-8甄选殿堂级非洲白木阿尤斯实木和非洲白木层压装饰，实木温润与纤细层压工艺完美融合，专属Nappa真皮座椅采用了镜面皮皱工艺还原真皮的细腻柔滑，0.7mm微针工艺，读书氛围感满满。

头脑风暴

有很多汽车品牌利用不同的音频平台开展了音频营销，请了解相关的案例并与同学们分享。

_____

_____

竞赛小知识

在汽车营销技能竞赛中，参赛选手A、B根据背景信息，合理采用新媒体营销手段进行产品推广，选手可以在策划方案中融入汽车音频营销，进行汽车营销策划活动的宣传或汽车产品的推广。

学以致用

任务工单　汽车音频营销策略

专业		班级	
姓名		学号	

一、任务目标

开展汽车音频营销策划活动，从而扩大汽车品牌的宣传阵地。

二、任务内容

1. 小组合作，充分了解感兴趣的某汽车品牌的营销活动，为其设计音频营销系列活动。
2. 录制、剪辑一段音频，并为该音频设计营销海报。

三、任务实施

1. 了解某汽车品牌。
2. 假设该汽车品牌近期即将推出某款车型，小组策划音频营销系列活动。
3. 针对某次音频营销的主题，围绕该营销主题活动录制一段音频，并剪辑优化。
4. 为该音频设计富有创意的营销海报。

序号	项目实施内容	具体情况
1	了解某汽车品牌	
2	策划一场音频营销系列活动	
3	围绕该营销主题活动录制一段音频，并剪辑优化	
4	为该音频设计富有创意的营销海报	

项目八

汽车网络与新媒体营销综合技能

汽车网络与新媒体营销综合技能主要包括两个学习任务：构建汽车网络与新媒体营销矩阵、汽车新媒体营销活动运营。

任务一　构建汽车网络与新媒体营销矩阵

 任务目标

知识目标

1）了解汽车网络与新媒体营销矩阵的含义。

2）了解汽车网络与新媒体营销矩阵的作用。

3）掌握汽车网络与新媒体营销矩阵的类型。

4）掌握汽车新媒体营销矩阵构建步骤。

能力目标

1）具备构建汽车网络与新媒体营销矩阵的能力。

2）具备设计汽车新媒体营销矩阵策划方案的能力。

素养目标

培养学生的策略规划能力，提升职业素养。

 思维导读

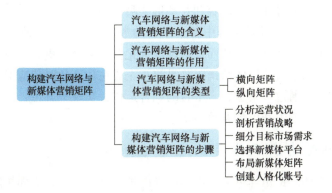

任务导入

为了推广本企业的汽车产品和增强品牌知名度，新媒体团队决定实施一项全面的新媒体营销计划，构建一个新媒体营销矩阵，以确保汽车产品和品牌在不同的在线平台上得到广泛的曝光。小王开始学习：新媒体营销矩阵是什么？如何构建矩阵？

知识解读

一、汽车网络与新媒体营销矩阵的含义

新媒体营销矩阵是指各个新媒体营销账号之间既能协同合作又各自独立的一种战略布局，通过将不同的新媒体平台与营销目标进行组合，帮助企业更好地在不同平台上采取相应营销策略，实现触达目标群体的多种新媒体渠道组合，以达到最佳的营销效果。

汽车网络与新媒体营销矩阵是指汽车企业在数字化时代，根据账号的不同定位进行多类粉丝覆盖，从而影响受众，实现全方位、立体化的传播效果。在新媒体营销矩阵中，各个账号相互协作，形成互补关系，共同推动品牌传播，同时保持独立性，确保在不同平台上都能传递独特的品牌价值和内容，吸引不同类型的粉丝群体，从而扩大汽车品牌的影响力和覆盖范围。这样的战略布局使汽车品牌能够在新媒体领域实现更加全面、立体化的营销效果。

二、汽车网络与新媒体营销矩阵的作用

汽车网络与新媒体营销矩阵对汽车企业具有重要的作用，它为汽车企业在数字化时代实施更具效果的营销策略提供了有力的支持。通过网络与新媒体营销矩阵，汽车企业可以实现以下目标：

(1) 多平台受众覆盖　不同的新媒体平台吸引着不同类型的受众群体。通过汽车网络与新媒体营销矩阵，汽车企业可以覆盖更广泛的受众，增加品牌曝光度和传播范围。

(2) 精准营销和定位　根据不同平台和账号的特点和受众定位，汽车企业可以制订精准的营销策略，向目标客户传递个性化的信息，以增加营销效果。

(3) 多样化内容　在不同平台上提供多样化的内容，如文章、图文和视频等形式，以满足不同用户的信息需求。

(4) 创新营销方式　新媒体营销矩阵为汽车企业提供了更多的营销渠道和方式，可以尝试创新的营销策略，通过独特的内容和互动形式吸引用户。

(5) 数据驱动优化　通过对矩阵中各个平台的数据进行分析和监测，汽车企业可以实时掌握营销效果，了解受众反馈，从而针对性地优化营销策略，提高广告投放效果和 ROI。

综合来说，汽车网络与新媒体营销矩阵是汽车企业在数字化时代应对多样化用户需求和竞争环境的战略选择，通过多渠道、多平台的综合运作，实现全方位、立体化的品牌传播和营销效果，提升品牌影响力和市场竞争力。

三、汽车网络与新媒体营销矩阵的类型

汽车网络与新媒体营销矩阵可以根据不同维度进行分类，包括横向矩阵和纵向矩阵。

1. 横向矩阵

横向矩阵主要指企业在全媒体平台的布局，包括自有 APP、网站和各类新媒体平台，如微信、微博、抖音、快手、淘宝、小红书、今日头条等。这种战略布局强调在多个不同平台上的全面覆盖，以拓展更广泛的用户群体，并实现全方位的品牌传播。这样的布局被称为外部矩阵，因为它关注企业在不同平台上的外部扩张和传播。

例如，一个汽车企业在外部矩阵的布局中，会将营销资源分配到多个不同的新媒体平台，如微信、微博、抖音等，制订相应的营销策略，以吸引更多不同类型的用户，提高品牌知名度和影响力。

2. 纵向矩阵

纵向矩阵主要指企业在某个特定媒体平台上的生态布局，是企业在该平台上各个产品线的纵深布局。这种战略布局强调在特定平台上深入发展，通过多样化的产品线和内容策略，覆盖并满足用户在该平台上的多方面需求。这样的布局被称为内部矩阵，因为它主要关注企业在特定平台上的内部发展和优化，以提高用户满意度和用户黏性。

例如，一个汽车企业在某个汽车论坛上进行纵向矩阵的布局，会在该论坛上开设多个不同的产品线，包括不同车型的讨论区、售后服务区和配件推荐区等，以满足用户在该论坛上对汽车相关内容的多样化需求。通过这种纵向布局，企业可以深入了解用户的兴趣和需求，提供更精准的内容和服务，增强用户黏性和忠诚度。

综合来说，纵向矩阵和横向矩阵是新媒体营销战略中两种不同的布局方式，企业可以根据具体情况选择合适的战略，或者同时采用纵向矩阵和横向矩阵，以实现全面、立体化的新媒体营销效果。

头脑风暴

在汽车网络与新媒体营销矩阵中，横向矩阵和纵向矩阵各有哪些优势和劣势？如何选择适合企业的矩阵类型？

_____

_____

案例分享

五菱汽车搭建四位一体的传播矩阵，粉丝覆盖累计近 3 亿。

第一块是五菱汽车的官方矩阵，重点新媒体平台为抖音、小红书、B 站，辅之平台为微信公众号、视频号、快手、微博、今日头条、知乎等新媒体账号，粉丝量累计约 584 万。其中，截至 2023 年 5 月 1 日，抖音账号，粉丝 241.9 万，作品 1453，获赞 1566.2 万；B 站账号，粉丝 110.2 万，作品 226，获赞 135.2 万，播放数 2009.3 万；小红书账号，粉丝 18.2 万，文篇 823 篇，获赞与收藏 99.9 万；快手账号，粉丝 36.9 万，作品 1125，获赞 460.5 万；微博账号，粉丝 86.9 万，视频累计播放量 1.29 亿；今日头条号，粉丝 3.6 万；知乎账号，粉丝 3.3 万，获赞 6.2 万。

第二块是五菱汽车的在全国的 2000 多家经销商的门店共同组成经销商的传播账号矩阵，粉丝量达 2000 万。

第三块是用户矩阵，粉丝量达 5625 万。五菱汽车通过内容制作能力和传播能力与用户共创，创造用户账号矩阵，用户分享用车心得、用车场景。

第四块是 KOL 达人矩阵，粉丝量达 2 亿。五菱汽车联合汽车核心达人，搭建五菱汽车新媒体传播矩阵。

四、构建汽车网络与新媒体营销矩阵的步骤

汽车企业在进行新媒体营销时，需要综合考虑行业特点、品牌定位以及目标受众的需求，从而制订有效的营销策略。其具体步骤包括：

1. 分析运营状况

汽车企业首先需要对现有的网络与新媒体营销状况进行全面的分析。了解企业在各个新媒体平台上的运营情况，包括粉丝数量、互动情况和内容效果等。通过分析运营状况，找出存在的问题和不足之处，为后续的优化和改进提供依据。

2. 剖析营销战略

营销战略是企业或组织在市场竞争中制订和实施的长期规划和决策，营销战略分析是为了制订有效的市场营销策略，对目标市场、竞争环境和企业自身进行全面、深入的研究和评估，从而帮助汽车企业在数字化时代利用互联网和新媒体平台，精准地定位目标客户，结合创新的营销手段，以更有效地推广和宣传汽车品牌和服务，增强品牌市场竞争力，提升品牌认知度和市场份额。战略分析的方法按层次及主要工具分为宏观环境分析法（PEST 分析法）、行业环境分析法（波特五力模型）和竞争力分析法（SWOT 分析法）。

（1）PEST 分析法　PEST 分析法是基于公司战略的眼光来分析企业外部宏观环境的一种方法。公司战略的制订离不开宏观环境，而 PEST 分析法能从各个方面比较好地把握宏观环境的现状及变化的趋势，有利于企业对生存发展的机会加以利用，对环境可能带来的威胁及早发现避开。P 指政治（Politics），E 指经济（Economy），S 指社会（Society），T 指技术（Technology），企业通过分析这 4 个因素来评估所处的外部环境，进而评估企业营销战略。

1）政治环境：指对企业经营活动产生影响的政治力量和法律法规，包括政治制度，经济体制，政府的方针、政策、法律法规等要素。

2）经济环境：指经济的宏观和微观环境，包括经济增长、利率、税率、通货膨胀、汇率、消费者收入水平、失业率等要素。

3）社会环境：主要指人口情况和文化氛围，人口情况包括人口规模、年龄结构、家庭结构、教育水平等。文化氛围包括价值观念、道德规范、消费习惯、文化习俗、宗教信仰等。

4）技术环境：主要指随着时代发展，给企业带来的新技术因素，包括新发明、新技术、新工艺、新材料等。

通过分析这些因素，汽车企业可以了解市场的整体环境，以便在制订战略时做出相应调整。

运用 PEST 分析法，探讨政治、经济、社会、技术等因素对汽车新媒体发展产生的影响。

（2）**波特五力模型**　五力模型是由美国学者迈克尔·波特（Michael Porter）提出的一种分析竞争环境的工具，用于评估一个行业内竞争的激烈程度和吸引力。该模型包括 5 个竞争力量，涵盖了行业内、外对企业的影响，如图 8-1-1 所示。

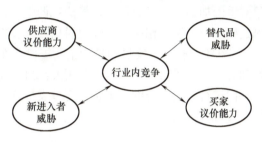

图 8-1-1　波特五力模型

1）行业内竞争。指行业内各竞争对手之间的竞争程度。竞争越激烈，行业内企业的利润空间就越小。这个力量反映了行业中企业之间的相互竞争关系，包括价格竞争、产品差异化和市场份额等。

2）新进入者威胁。指新的企业进入行业所带来的威胁。如果一个行业容易进入，并且新进入者可以快速获得资源和市场份额，那么现有企业就可能面临竞争加剧和利润下降的风险。

3）替代品威胁。指其他行业或产品的替代品对该行业带来的威胁。如果存在其他替代品，消费者可能会转向使用更便宜或更具性价比的产品，从而降低该行业的吸引力。

4）供应商议价能力。指供应商对行业企业的影响力。如果供应商较少且垄断力强，他们可以通过提高价格或限制供应来对企业施加影响，导致企业成本增加或生产受阻。

5）买家议价能力。指消费者对行业企业的影响力。如果消费者较少且需求弱，他们可以通过要求更低的价格或更高的品质来对企业施加影响，导致企业利润下降。

通过对这 5 个竞争力量的分析，汽车企业可以了解汽车行业的竞争环境和吸引力，制订相应的竞争战略。如果汽车行业内竞争激烈，新进入者威胁大，替代品威胁高，供应商议价能力强，买家议价能力大，那么汽车企业需要采取不同的策略来应对这些挑战，以保持竞争优势和市场地位。五力模型被广泛应用于战略管理和竞争分析领域，帮助企业制订更具针对性和有效性的战略决策。

（3）**SWOT 分析法**　SWOT 分析法是一种常用的战略管理工具，用于评估企业内部优势（Strengths）、劣势（Weaknesses），以及外部机会（Opportunities）和威胁（Threats）。通过 SWOT 分析，企业可以全面了解自身的竞争优势和劣势，抓住市场机会，应对潜在威胁，为制订战略提供重要参考。

1）优势。指企业在内部具备的能够使其在市场上获得竞争优势的有利条件和资源。这些优势可能包括技术专长、品牌知名度、产品质量、成本优势、专利技术、优秀的人才团队等。SWOT 分析时，企业应认真评估自身的优势，以便进一步发挥这些优势，强化企业的核心竞争力。

2）劣势。指企业在内部存在的相对弱势的因素和问题。这些劣势可能涉及运营管理、产品质量、品牌形象、资金状况和内部流程等方面。通过识别和了解这些劣势，企业可以采取措施加以改进和解决，防范劣势因素对企业发展的影响。

3）机会。指外部环境中，企业可以利用的有利条件和市场机遇。这些机会可能来自市场需求增长、技术创新、法律政策变化、行业发展趋势等。SWOT 分析时，企业应当审视这些机会，挖掘潜在的商机，并根据自身优势制订相应的营销和发展策略。

4）威胁。指外部环境中，企业可能面临的潜在威胁和不利条件。这些威胁可能来自竞争对手的加强、市场变化、政策法规调整、技术风险等。SWOT 分析时，企业需要识别和预测这些威胁，制订相应的风险应对措施，以降低不利因素对企业的影响。

SWOT 分析的最终目的是为企业提供全面的竞争环境评估，并在此基础上制订更有针对性和有效性的战略规划。这一分析方法可应用于汽车企业整体战略规划，也可针对特定项目或部门进行评估，帮助汽车企业充分发挥优势，解决劣势，抓住机遇，应对威胁，提高竞争力，实现持续发展。

SWOT 分析模型见表 8-1-1，通过 SWOT 分析法分析企业营销战略时，应结合企业实际条件，将对企业影响较大的关键因素排序在前面，不太重要的因素排序在后面。

表 8-1-1 SWOT 分析模型

S（优势）	W（劣势）
O（机会）	T（威胁）

头脑风暴

运用 SWOT 分析法，评估一种汽车品牌在新媒体领域的优势、劣势、机会和威胁，讨论如何优化其新媒体营销、提升品牌影响力和用户参与度。

_____

_____

在分析营销战略的基础上，可以明确汽车企业的新媒体营销目标。新媒体营销目标应该与企业整体营销目标相一致，例如提高品牌知名度、增加线索量、提高销售量等。明确战略目标有助于指导后续的具体策略制订。

3. 细分目标市场需求

在明确当前营销战略的基础上，企业需要进一步细分新媒体目标受众，并深入了解他们的需求和兴趣。汽车企业在 STP 战略基础上制订新媒体营销策略的具体步骤如下：

（1）市场细分（Segmenting） 汽车企业根据本企业不同产品的细分市场，细化新媒体营销目标用户，通过年龄、性别、收入、购车用途、购买意向等因素进行细分，例如，细分市场可以包括年轻人、家庭用户、商务用户等不同的受众群体。

（2）目标市场（Targeting）　通过评估每个细分市场的潜在规模、增长潜力和竞争情况等因素，从中选择最具潜力的新媒体目标市场。例如，如果汽车企业发现年轻用户是一个有潜力的目标市场，因为他们对时尚、科技感强的汽车有较高需求，那么可以将年轻人定为新媒体营销的重点目标人群。

（3）市场定位（Positioning）　确定目标市场后，汽车企业需要根据不同目标市场的特点和需求进行新媒体市场定位。这意味着企业要明确自己在目标市场中的定位和差异化优势。例如，对于年轻人这个目标市场，汽车企业在新媒体平台上推广本企业的定位为时尚、年轻、创新的汽车品牌，并展示时尚、潮流的形象和产品特点。

通过目标市场营销战略 STP 来制订新媒体营销策略，可以更精准地满足不同目标市场的需求，提高品牌影响力和用户参与度，进而促进销售和品牌的长期发展。

4. 选择新媒体平台

选择适合的新媒体平台是汽车企业构建新媒体矩阵中至关重要的一步。不同的平台具有不同的特点和受众群体，因此需要根据目标受众的特点和营销目标来选择合适的平台，以确保能够与目标受众建立有效的连接，并取得良好的营销效果。以下是汽车企业选择媒体平台开展新媒体营销活动考虑的因素：

（1）目标受众特征　首先要深入了解目标受众的特征，包括年龄、性别、地理位置、兴趣爱好等。不同的平台具有不同的特点和受众群体，因此需要根据目标受众的喜好和行为习惯来选择平台，了解目标受众在哪些平台上更活跃，喜欢与他人互动和分享内容。例如，年轻人可能更喜欢在抖音、快手等平台上观看有趣的短视频，而中老年人更倾向于在微信上获取信息，女士更倾向于使用小红书。

（2）平台特点　不同的新媒体平台有不同的特点和功能，例如，抖音和快手是以短视频为主的平台，适合展示有趣、有创意的内容；而微信和微博更适合发布图文内容和与用户互动。汽车企业需要选择与其品牌形象和产品特点相符的平台。

（3）平台受众匹配度　根据目标受众的特征和媒体平台的用户群体进行匹配度分析。选择与目标受众高度契合的平台，可以更有效地吸引他们的关注和参与。

（4）营销目标和品牌形象　不同平台的效果和适用场景不同。汽车企业需要确保选择的媒体平台与其品牌形象和营销目标相符合。例如，对于高端豪华品牌，可以选择在知名的专业汽车论坛和垂直媒体上展示，以提升品牌形象和专业度。

（5）竞争情况　研究竞争对手在不同媒体平台上的活动和营销策略。借鉴竞争对手的成功经验，也可以找到差异化的选择。如果竞争对手已经在某个平台建立了强大的品牌形象和用户群体，本企业需要权衡是否加入该平台或寻找其他差异化的平台。

（6）预算和资源　选择适合的平台时，还要考虑企业的营销预算和资源。一些平台可能需要更多的投入和运营资源，企业需要确保能够提供足够的支持。

在开始全面投入之前，可以先在少数媒体平台上进行测试和试验，观察反馈和效果。根据实际效果，不断优化和调整营销策略。

5. 布局新媒体矩阵

新媒体矩阵有两种常见的布局方式：先打造纵向矩阵，再打造横向矩阵；或者直接打造横向矩阵。

（1）**先打造纵向矩阵，再打造横向矩阵**　汽车企业首先在一个或少数几个媒体平台上打造纵向矩阵，即在特定平台上进行深度运营，建立品牌形象和用户基础。例如，在抖音平台上发布有趣、有创意的短视频，吸引目标受众的关注，建立较大的粉丝基础。在纵向矩阵建设较为稳固后，汽车企业再将注意力转移到其他媒体平台，打造横向矩阵，即多平台同时运营。例如，在快手、微博、小红书等平台上展示不同风格的内容，覆盖更广泛的受众群体，实现跨平台合作和联动。

案例分享

五菱汽车在不同的新媒体平台均做到精准定位客户喜好，根据不同平台特点，五菱宏光MINIEV 的新媒体营销内容不同：

在小红书平台，因小红书用户群体主要为女性，因此五菱汽车重点营销汽车颜值，新媒体营销内容主要突出产品的少女心改装和马卡龙色系，以其清新可爱的改装吸引小红书主要用户（女性）的关注。

在抖音、微信视频号平台，根据平台的用户群体特征，五菱汽车重点宣传产品的高性价比和低廉的价格，以价格优势吸引年轻用户群体购买产品。

（2）**直接打造横向矩阵**　汽车企业直接在多个媒体平台上同时打造横向矩阵，即在多个平台上进行广泛运营和推广。这种方式可以更快地覆盖更广泛的受众群体，但需要更多的资源和运营能力。在横向矩阵布局中，汽车企业需要确保在不同平台上展示的内容和形象是统一的，保持一致的品牌风格和定位；尽管在多个平台上进行运营，但汽车企业需要制订不同平台的策略。因为不同平台的用户特点和行为习惯有所差异，需要针对性地制订内容和互动方式。

汽车企业需要根据自身资源和品牌定位，选择最适合的布局方式。同时，不管采取哪种方式，都需要持续投入时间和精力来维护新媒体矩阵，与目标受众建立持久的关系，提高品牌认知度和用户参与度，从而实现营销目标和长期发展。

6. 创建人格化账号

建设汽车新媒体人格化账号是为了在不同平台上展示不同的角色和风格，以更好地吸引目标受众并传递企业的品牌形象和价值观。人格化建设简单来说是定调性。企业在建设在不同平台上展示的人格化账号时需要遵循"1+N"模式，其中"1"指的是企业的"基因"，"N"指的是在不同平台上创造的角色要有所不同，新媒体营销人员应按照各平台的风格属性对其进行相应的调整。

（1）**明确企业的"基因"**　汽车企业需要明确自己的品牌基因和核心价值观。这是企业的品牌定位和特点，要贯穿于所有的新媒体账号，构建统一的品牌形象。

（2）**分析不同平台的风格属性**　不同的新媒体平台有不同的用户群体和特点，因此在每个平台上展示的角色要有所不同。例如，抖音平台偏向轻松、有趣的内容，微信平台更注重专业性和互动性。汽车企业需要了解每个平台的特点，根据不同平台的风格属性来调整角色的定调性。

（3）**设计不同人格化账号**　基于企业的"基因"和不同平台的风格属性，汽车企业可以设计不同的人格化账号，每个账号代表不同的角色和形象。例如，在抖音平台上可以创建一个活泼、时尚的账号，展示汽车的时尚潮流形象；在微信公众号平台上可以创建一个专业、商务的账号，展示汽车的商务价值和技术特点。

不同账号间可以相互协调，形成整体传播效果。同时，建设人格化账号不仅是发布内容，还要与用户进行互动和交流。汽车企业需要保持账号的活跃度，及时回复用户的评论和留言，积极参与互动。

通过以上循序渐进的步骤，汽车企业可以有针对性地构建网络与新媒体营销矩阵。新媒体环境不断变化，用户需求也在不断演变。因此，汽车企业需要定期评估和优化新媒体营销矩阵，以适应潮流和满足用户需求。

案例分享

我国自主汽车品牌吉利汽车进入汽车行业第一阵营。2017—2021年，吉利汽车连续5年获得中国品牌乘用车年度销量冠军，每年产销均突破百万辆。下面来了解吉利汽车的新媒体营销矩阵。

一、多渠道整合营销，打造新媒体营销矩阵

吉利汽车在各大新媒体平台发布量大，品牌官方账号在行业排名保持领先。截至2023年4月19日，吉利汽车已经打造微博、微信公众号、今日头条、知乎、小红书、B站、快手号、1760频道、抖音号、微信视频号等新媒体矩阵账号，开展多渠道营销。吉利汽车不仅在主流新媒体平台开通官方账号，还联合KOL，孵化KOL账号，培养自己的新媒体营销团队，见表8-1-2。

表8-1-2　吉利汽车新媒体矩阵账号

序号	新媒体账号	传播效果数据	开通时间
1	微博	粉丝346.7万，微博总曝光量累计超百亿，互动量累计超2亿，视频累计播放量1.38亿	2010年
2	微信公众号	阅读量累计超2.5亿	2014年
3	今日头条	粉丝17.7万，作品数量6894篇，展示量累计超13亿，累计获赞65万	2015年
4	知乎	粉丝5623，文章35篇，获赞1393次	2018年
5	小红书	粉丝3.2万，获赞与收藏10.5万，曝光量累计超4000万，单一话题最高浏览量超500万	2019年
6	B站	粉丝2.2万，作品数量165，获赞3.8万，播放量170.6万	2019年
7	快手号	粉丝52.3万，作品数量550，获赞247.2万	2019年
8	1760频道	微信频道，视频辐射用户超1亿，超300位KOL的内容联盟矩阵	2019年
9	抖音号	粉丝421.7万，获赞6638.7万，视频累计播放量超14.5亿	2019年
10	微信视频号	作品数量超1000，累计点赞超100万，评论累计超6万	2020年

二、借助新媒体营销矩阵，实现精准营销

吉利汽车依托数字化手段在数字化营销、产品设计、在线售车等方面打破传统营销模式，借助新媒体营销矩阵，开展精准营销。

活动内容：2020 年，吉利汽车组织线上主题活动"一诺千金，为爱增倍"。在 2 月至 3 月期间，想选购吉利汽车的消费者都可以通过 APP 享受到"线上下订、线上看车、预约上门试驾、购车优惠、上门交车"等多重优惠政策和一站式购车服务。本次线上宣传活动吸引了大批吉利汽车高潜用户，纷纷在官网、小程序、APP 及各大自媒体等平台进行了留资。

精准营销：吉利汽车根据潜在客户的线上行为数据，进行数据分析与处理，创建潜在客户标签，开展精准营销。

1）针对用户已经添加经销商信息，吉利汽车将用户信息同步于供应商，由供应商对用户进行跟踪、联系和邀约，提升购车转化率。

2）针对未添加经销商信息的留资用户，吉利汽车对用户数据进行二次判断、归类、分析，将高意向营销线索导入相应供应商，进行整体跟进管理。

3）依托数字化手段，吉利汽车发现 1100 多万粉丝用户中，有接近 30% 用户是赛事运动爱好者。吉利汽车缤瑞 COOL 的用户中有超过半数爱好赛车运动和改装文化。因此，吉利汽车针对这些潜在客户，开展精准营销。2022 年，吉利汽车"2022 吉利缤瑞 COOL 赛道嘉年华"，一场专为赛车和改装车爱好者量身打造的活动，助推缤瑞 COOL 在年轻消费者心中树立起年轻、个性、运动的形象。此外，吉利汽车邀请潜在用户共创产品，共创品牌，搭建以用户为中心的精准营销模式。吉利汽车抓住与年轻人共鸣的切入点，分析用户的兴趣爱好，举办相关活动，与年轻消费者沟通、建立长期的友好关系，为吉利汽车拉新和将粉丝转化为客户做出巨大贡献。

 学以致用

任务工单 构建汽车网络与新媒体营销矩阵

专业		班级	
姓名		学号	

一、任务目标

学会构建汽车网络与新媒体营销矩阵。

二、任务内容

任选一个汽车企业，查阅资料，总结其新媒体营销矩阵结构，分析其在各平台运营的特点，并提出优化建议。

三、任务实施

1. 收集汽车企业新媒体营销资料。

2. 总结其新媒体营销矩阵结构。

3. 分析汽车企业如何通过横向矩阵的布局实现在多个新媒体平台上的协同合作，形成整体营销效果的提升。

4. 分析汽车企业在新媒体平台人格化账号的特点。

5. 分析如何根据不同新媒体平台的特点和受众群体制订针对性的内容策略，并提出优化建议。

任务二　汽车新媒体营销活动运营

任务目标

知识目标

1）熟悉汽车新媒体营销活动策划的步骤。

2）熟悉汽车新媒体营销活动执行的步骤。

3）了解汽车新媒体营销活动复盘的内容。

能力目标

1）具备策划汽车新媒体活动运营的能力。

2）具备执行汽车新媒体营销活动的能力。

3）具备复盘汽车新媒体营销活动的能力。

素养目标

培养学生的工作责任感和专业素养，求真务实的工作态度、耐心细致的工作作风和严肃认真的科学精神。

思维导读

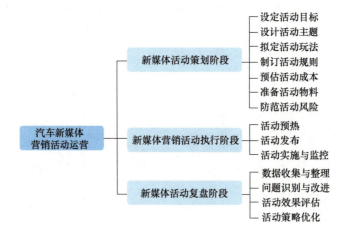

任务导入

小王和团队需要制订活动策略，通过一系列的活动来确保企业的新媒体营销策略有吸引力、有价值，并与目标受众的需求和兴趣相契合。小王开始了解：新媒体活动运营策划阶段、执行阶段和复盘阶段要做的工作。

知识解读

在当今数字时代，新媒体活动运营已成为汽车企业推广产品和增强品牌知名度的关键策略。随着越来越多的用户聚焦在社交媒体、视频分享平台和在线社区，传统的营销方式已难以满足多元化的用户需求。

新媒体活动运营是一种利用各类数字化媒体平台和工具，通过策划、组织和执行各类在线活动，吸引目标受众的参与和关注，以推广产品、增强品牌知名度，实现营销目标的策略和实践。

新媒体活动运营是一项系统化的工作，它涵盖了策划阶段、执行阶段和复盘阶段3个重要阶段。每个阶段都有关键性的任务和工作，运营者需要认真规划和执行每个阶段的工作，以确保最终实现活动运营目标。

一、新媒体活动策划阶段

活动策划阶段，新媒体团队需要搭建活动的整体框架，规划好活动运营工作的每个步骤，并完成活动开始前的所有准备工作。活动策划主要完成的工作如下：

1. 设定活动目标

新媒体活动策划阶段的第一步是明确活动的具体目标，这可以是推广新车、增加品牌知名度、提高用户参与度等。制订了活动目标后，需要对活动目标进行拆解，并将活动分为多个重要的环节。每个环节都是实现最终活动目标的关键步骤，因此新媒体团队必须认真规划和执行每个环节的工作，才能顺利达成活动的最终目标。为此，运营者可以为每个重要环节设定一个具体的目标，并制订相应的运营方案，见表8-2-1。确立明确的目标有助于指导后续策划和执行，并确保活动与公司的整体营销目标相一致。

表 8-2-1　针对不同阶段用户的运营策略

步骤	活动流程	考核指标
第1步	老用户观看抖音短视频	点击率、完播率
第2步	老用户参与活动转发短视频	转发率
第3步	新用户在老用户推荐下打开视频	新用户点击率
第4步	新用户参与活动，关注账号并转发短视频	账号关注率和转发率

2. 设计活动主题

根据活动目标和目标受众的特点，设计活动的主题。活动主题是活动的核心思想和灵魂，它在活动策划和执行中起着至关重要的作用。一个好的活动主题能够深入人心，让用户对活动产生浓厚的兴趣和印象，从而吸引他们积极参与。对于新媒体运营人员来说，活动主题是引发用户关注和参与的重要工具，它能够清晰、明确地向用户传递活动信息，并调动用户的积极性，增加他们参与活动的意愿。好的活动主题通常具备以下共性：

（1）易于理解　一个好的活动主题应该简单明了，让用户能够在短时间内理解活动内容和目的。简单直接的主题能够有效吸引用户的注意力，让他们快速产生兴趣。

（2）富有趣味　活动主题应该有趣味，能够引发用户的好奇心和兴趣。有趣的主题往往能够让用户感到愉悦和愿意积极参与，从而增加活动的参与度。

（3）引人入胜　一个引人入胜的主题能够让用户产生共鸣，并愿意主动参与其中。活动主题应该能够与用户的需求和兴趣相契合，让用户觉得活动对他们有价值。

（4）**强调利益**　好的活动主题往往能够直接表达活动给用户带来的利益和收益。这种主题能够让用户清楚地知道他们参与活动后会得到什么好处，从而更有动力参与活动。

（5）**突出个性**　活动主题应该突出活动的个性和特点，让用户感受到这是一个与众不同的活动。独特的主题能够让活动在竞争激烈的市场中脱颖而出，增加活动的曝光度和影响力。

总之，活动主题是活动成功的关键因素之一。一个好的活动主题能够吸引目标受众的兴趣，并与品牌形象相契合。一个独特而吸引人的活动主题有助于增加用户参与度和活动的传播力，从而为活动的成功运营奠定坚实的基础。

3. 拟定活动玩法

活动玩法是在运营者设定的活动规则下，引导用户参与并完成预先设定的动作，以实现活动目标的运营手段。这是一种在新媒体活动中常见的策略，通过吸引用户参与和互动，增加活动的趣味性和吸引力，从而提升活动运营效果。

活动玩法是活动的关键组成部分，决定了活动的形式和用户参与的方式。运营者可以根据不同的活动目标和受众特点，设计不同类型的活动玩法，以达到最佳的活动效果。以下是几种常见的活动玩法：

（1）**互动挑战**　设置有趣的挑战任务，要求用户在规定时间内完成特定动作或回答问题。这种玩法可以增加用户参与的积极性和紧张感，同时增加了活动的趣味性。

（2）**抽奖活动**　鼓励用户参与活动，通过抽奖的方式获得奖品或优惠。抽奖活动能够吸引大量用户参与，同时增加了用户参与的动力。

（3）**用户生成内容（UGC）活动**　要求用户参与创作和分享与活动相关的内容，如照片、视频、故事等。UGC活动能够增加用户的参与感和归属感，同时帮助企业获得更多有趣的用户内容。

（4）**社交分享活动**　鼓励用户在社交媒体上分享活动信息，吸引更多的用户参与。社交分享活动能够扩大活动的传播范围，增加活动的曝光度。

（5）**参与打卡**　要求用户在一段时间内每天或每周完成特定动作，并打卡记录。参与打卡活动可以增加用户的黏性和持续参与度。

（6）**众筹活动**　通过集合众多用户的力量，共同达成某个目标，如筹集一定金额、集齐一定数量的参与者等。众筹活动能够凝聚用户的共鸣和合作意愿。

在选择活动玩法时，运营者需要考虑活动的目标和目标受众的特点，确保玩法与活动主题和品牌形象相契合。好的活动玩法能够激发用户的兴趣和参与热情，提升活动运营效果，从而帮助企业达成活动目标。

4. 制订活动规则

活动规则是在新媒体活动中，由运营者设定的用户参与活动所需遵守的基本原则和规范。这些规则对于确保活动的公平性、秩序性和顺利进行非常重要。活动规则应该明确规定活动的时间、参与条件、参与方式、领奖方式以及一些需要特别注意的事项，以便用户了解和遵守。在设计活动规则时，运营者应该注意以下3点：

（1）**简洁明了**　活动规则应尽量简单明了，避免使用过于复杂或晦涩难懂的语言。简洁明了的规则能够让用户快速理解活动的要求，减少误解和混淆，提高用户参与的积极性。

（2）**突出核心规则**　在规则中，应该突出活动的核心规则，即影响活动结果的最重要的规则。这样做可以确保用户在参与活动时重点关注关键规则，避免因疏忽而影响活动效果。

（3）使用示例　为了更好地解释规则，可以使用示例来说明。通过实际案例演示如何参与活动和遵守规则，可以帮助用户更好地理解和掌握活动要求。

案例分享

有一家汽车企业要举办线上抽奖活动，以下是该活动的规则设计示例：

活动时间：20××年 7 月 1 日至 7 月 31 日。

参与条件：年满 18 周岁，且为合法居民。

参与方式：在活动期间，关注企业官方微信公众号，并在指定活动页面上填写个人信息和联系方式。

领奖方式：活动结束后，工作人员将在公众号上公布中奖名单，并通过电话或电子邮件联系中奖者领取奖品。

注意事项：每个参与者只能参与一次，重复参与无效；确保填写的个人信息真实有效，以免影响中奖资格。

通过以上规则设计示例，用户可以清楚地了解活动的时间、参与条件、参与方式以及领奖方式，并且特别强调了一些需要注意的事项。这样的规则设计有助于确保活动的顺利进行，用户能够明确了解参与活动的要求和流程。

5. 预估活动成本

活动成本是在活动运营中必须考虑的重要因素之一。在策划和执行活动之前，运营者需要完成活动预算，详细罗列出活动中可能产生的所有费用，以确保活动在预算范围内进行，避免不必要的费用超支。

（1）活动筹备成本　活动筹备成本包括活动策划、设计、创意和准备活动所需的物料等费用。运营者需要预估筹备阶段的开支，确保活动的初期投入不超过预算。

（2）活动推广成本　在活动执行阶段，为了吸引更多的用户参与，可能需要在各类数字化媒体平台上进行广告投放、付费推广等，这些都是活动推广成本的一部分。

（3）奖品与礼品成本　为了激励用户参与活动，通常会提供奖品或礼品作为回报。运营者需要预算活动奖品与礼品的费用，并确保奖品的价值与用户参与活动的动力相匹配。

（4）人力成本　活动的执行过程中可能需要人力资源的投入，如活动执行团队的工资、外包服务费用等，这也是需要计入活动成本的一部分。

（5）其他费用　一些未预料到的费用，如技术支持、宣传费用等，也需要纳入活动成本的考虑范围。

在活动运营过程中，新媒体团队需要严格控制活动成本，确保不超出预算，并灵活调整策略，以应对可能的费用变化。活动成本的有效控制是活动运营成功的关键之一，它直接影响活动的盈亏情况和运营效果的评估。

同时，在最终考核活动运营效果时，活动成本是必须纳入综合评估的因素之一。通过比较活动成本与活动的实际效果，可以评估活动的投入产出比，判断活动是否值得继续推广，以及为未来活动的策划和预算提供经验教训。

6. 准备活动物料

（1）宣传物料　海报和宣传册是活动中常用的宣传物料，用于吸引用户的注意力、传达活动信息和展示活动亮点。它们可以在线上平台发布，也可以作为线下宣传资料分发。

（2）视频素材和动画　在线上活动中，视频素材和动画可以用于制作吸引人的活动宣传片和互动内容，增加用户的参与度。

（3）活动背景板和道具　在线上活动中，可以准备一些虚拟的活动背景板，用于增强视觉效果和主题氛围，以及互动道具，如直播中设置抽奖转盘、摇号球等，以增加活动的趣味性和吸引力。

（4）活动奖品　在设置奖品时，应综合考虑活动的目标、用户特点以及预算等因素，确保奖品的设置能够最大限度地吸引用户参与，并使活动达到预期效果。在设置奖品时，需注意以下3点：

1）奖品具备层次感：设置不同价值和吸引力的奖品组合，确保奖品有层次感，例如设定一等奖、二等奖等级，以满足不同用户的需求和期望，增加活动的吸引力和用户参与的积极性；

2）向用户说明奖品规格：提前向用户清晰地说明奖品的规格、价值和领取方式，确保用户对奖品有准确的了解和期待。避免模糊不清的描述，防止用户对奖品产生误解或不满；

3）证明活动真实性：通过透明的规则和证据来证明活动的真实性和公正性，建立用户对活动的信任和参与的信心。这样可以增加用户的参与积极性，避免用户对活动产生怀疑和质疑。

这些物料类别可以根据具体活动的性质和目标进行选择和组合，以达到最佳的活动效果。同时，在准备这些物料时，需要注意设计风格和内容要与活动主题相符，以增加用户的参与感和吸引力。

7. 防范活动风险

汽车新媒体营销活动风险预估及防范是在进行汽车产品推广和品牌宣传的过程中必不可少的一环。考虑到汽车行业的特殊性和竞争激烈的市场环境，运营者需要充分意识到可能面临的风险，并采取相应的措施进行预防和应对。

（1）品牌声誉风险　在活动中，不可避免地会有一些用户对产品或品牌表达不满或负面评价，这可能会影响品牌的声誉和形象。为了防范这种风险，运营者需要建立紧密的监控机制，及时发现并积极回应用户的反馈。确保与用户沟通畅通，并采取措施处理负面事件，增强品牌的公信力和用户满意度。

（2）数据安全和隐私风险　在活动中，可能涉及用户的个人信息和数据，如注册信息、参与记录等。运营者需要确保合法收集和存储用户数据，严格遵守相关法规和隐私政策。加强数据安全防范措施，防止用户数据泄露和被恶意利用，维护用户信息的安全和保密。

（3）活动欺诈和作弊风险　汽车新媒体活动中可能用户会有欺诈行为和作弊行为，例如虚假参与、恶意抢占奖品等。为了防范这类风险，运营者需要设置有效的反欺诈措施和规则，确保活动的公正性和公平性。同时，对于怀疑有作弊行为的参与者，需要进行严格审核和排查。

（4）合规风险　在汽车新媒体营销活动中，可能涉及广告法、消费者权益保护法等法律法规的合规性要求。运营者必须确保活动的内容和规则符合相关法律法规，并避免使用虚假、误导性的宣传手法。合规性审查和法律咨询是必要的，以确保活动的合法性和稳妥性。

（5）**技术故障和服务器压力风险**　在线上活动中，可能会面临技术故障、服务器崩溃或不稳定的情况。为了避免这种风险，运营者需要提前进行技术测试和稳定性评估，确保系统和平台能够承受预期的用户流量和访问压力。

汽车新媒体营销活动中需要运营者综合考虑活动的各个方面，及时发现潜在风险并采取相应的预防和应对措施。只有在风险有所准备的情况下，活动才能更加顺利、安全地推进，达到预期的营销效果和品牌目标。

二、新媒体营销活动执行阶段

汽车新媒体营销活动的执行阶段是整个活动策划的实际落地阶段，包括活动预热、活动发布、活动实施与监控 3 个主要环节。

1. 活动预热

汽车新媒体营销活动预热的顺利执行可以有效增加活动曝光度和吸引力，提高用户参与和转化率。在活动正式开始之前，新媒体团队应制订详细的预热计划，包括预热时间、内容发布渠道、预热活动手段等。常见的活动预热手段包括：

（1）**多渠道宣传活动**　新媒体团队可以利用多个新媒体渠道进行活动的宣传，通过发布活动预告、奖品揭晓、用户故事分享等方式，吸引用户的关注和点击，扩大活动的影响力，也可以利用倒计时的形式营造紧迫感来提醒用户活动即将开始，激发他们参与的意愿。

（2）**用户签到奖励**　在预热阶段，可以设置用户签到活动，鼓励用户每天签到参与，获取相应的积分或奖励。签到奖励可以是虚拟货币、积分、优惠券等，以增加用户对活动的积极性和连续参与度。

（3）**用户转发奖励**　设置用户转发活动信息的奖励机制。当用户转发活动相关内容到自己的社交媒体时，可以获得一定的积分、抽奖机会或其他奖励。这样可以扩大活动的传播范围，吸引更多潜在用户参与。

（4）**建群维护用户**　建立活动相关的用户社群或微信群等，集中维护和管理活动参与者。在群内可以及时发布活动最新动态、回答用户问题、提供专属福利等，增强用户的参与感和归属感。

 想一想

活动预热阶段，需要注意哪些方面，以确保活动的宣传信息准确传递，避免产生误导或混淆？

_____

_____

2. 活动发布

活动发布是活动正式开始的阶段，新媒体团队根据预定时间表，在各个新媒体渠道上正式发布活动信息。此时，所有预热活动和宣传工作将发挥作用，吸引用户的关注和参与。

（1）**发布时间选择**　活动发布时应选择合适的时间，尽量避开竞争激烈的时段，以提高活动在新媒体平台上的曝光率。

(2) **发布渠道多样性** 汽车新媒体营销活动可以通过多种渠道发布，以确保活动信息能够覆盖到更广泛的受众。

(3) **内容创意和引导** 活动发布的内容要具有创意和吸引力，能够引导用户主动参与。可以利用图片、视频、互动元素等多种形式，吸引用户点击和分享，以提高活动的传播效果。

(4) **即时响应和互动** 活动发布后，新媒体团队需要即时响应用户的评论和反馈，积极与用户互动、解答疑问，增强用户对活动的信任和参与意愿。

3. 活动实施与监控

活动实施是整个活动策划的核心阶段，包括用户的参与与互动、奖品发放与兑现等。新媒体团队需要及时回应用户的评论、问题和反馈，保持活动的互动性和趣味性，促进用户活跃度。同时，需要建立监控机制，密切关注活动的数据和效果。通过数据分析，可以了解活动的参与情况、用户反馈和转化效果，为后续活动提供参考依据。需要及时处理和解决可能出现的问题和挑战，确保活动顺利进行，为品牌和活动的长期发展打下基础。

三、新媒体活动复盘阶段

汽车新媒体活动复盘阶段是活动执行阶段之后的重要环节。复盘是对整个活动进行总结、分析和评估的过程，旨在发现活动中的优、劣势，总结经验教训，为未来的活动策划提供有益的参考和改进方向。

1. 数据收集与整理

在活动执行阶段，新媒体团队需要及时收集各类数据，包括活动参与人数、用户互动情况、转化率、奖品兑现情况、用户反馈等。在复盘阶段，需要将这些数据进行整理和归纳，以便后续分析和评估。

2. 问题识别与改进

识别活动中出现的问题和挑战，并找出解决方案和改进措施。这些问题可能涉及活动策划、执行、奖品设置、用户互动等各个方面。

3. 活动效果评估

根据数据分析，对活动的整体效果进行评估。通过评估活动效果，可以了解活动的优势和不足，找到活动的亮点和改进点。

4. 活动策略优化

将复盘结果进行总结，分析在活动定位、目标受众、内容创意、奖品设置等方面是否需要进行调整和优化，为未来的活动策划提供指导和参考，实现活动效果的不断优化和提升。

复盘是活动营销中不可或缺的环节，只有通过不断的总结和改进，才能取得更好的效果和持续的成功。

> 💡 **小提示**
>
> 汽车新媒体营销活动复盘要遵循实事求是、求真务实的原则，即在复盘中要客观、真实地反映活动的实际情况和效果，避免主观臆断或虚假夸大，要以实际数据和事实为依据做出客观的评估和总结。

学以致用

任务工单　汽车新媒体营销活动运营

专业		班级	
姓名		学号	

一、任务目标

设计汽车新媒体营销策划方案。

二、任务内容

根据汽车新媒体营销策划阶段的步骤和要求，自选汽车品牌设计一份新媒体营销策划方案并制作PPT，汇报作品。

三、任务实施

自选一种汽车品牌，为该品牌设计汽车新媒体营销策划实施方案，内容包括：

1. 制订本次汽车新媒体营销策划的目标。
2. 明确本次营销活动的营销对象。
3. 设计营销主题。
4. 制订活动规则。
5. 编制营销费用预算。
6. 编制活动执行进程表等。

参 考 文 献

［1］陈道志. 新媒体营销策划与实施［M］. 北京：人民邮电出版社，2022.

［2］李凌宇，李丛伟. 新媒体营销［M］. 北京：中国人民大学出版社，2021.

［3］白东蕊. 新媒体营销与案例分析［M］. 北京：人民邮电出版社，2022.

［4］肖凭. 新媒体营销实务［M］. 北京：中国人民大学出版社，2021.

［5］倪莉莉，郑侩俐. 新媒体营销与案例分析［M］. 北京：人民邮电出版社，2022.

［6］山峰. 微信视频号实战［M］. 武汉：华中科技大学出版社，2021.

［7］钟志. 汽车销售-微信营销十八招［M］. 成都：四川大学出版社，2018.

［8］杨立君，苑玉凤. 汽车营销［M］. 北京：机械工业出版社，2019.

［9］周建国. H5页面设计与制作［M］. 北京：人民邮电出版社，2020.

［10］刘学明. 汽车营销策划实务［M］. 上海：上海交通大学出版社，2012.